米中摩擦下の中国経済と日中連携

産業高度化及び日中産業・ビジネス連携の新動向

郭 四志 編著

同友館

はしがき

　昨今，中国をはじめとする新興国の台頭に伴い，世界政治経済構造が大きく変わりつつある。中国のGDPの世界経済シェアは30年前の僅か1％台から同16％に達し，アメリカのGDPの6割強になり，財貿易と外貨準備高が世界1位，工業生産能力も世界25％シェアをもってトップになっている。こうして中国の台頭が世界政治経済の構造の多極化を加速させている。アメリカ一極支配の単極構造から中国・新興国が参加する多極構造に変わりつつある中，米国をはじめとしてポピュリズムや保護貿易主義が高揚し，米中両大国の世界主導権を巡って米国の仕掛けた貿易戦争が勃発し，米中摩擦が長引いている。

　2018年以来，米中摩擦が激化する中，債務削減やシャドーバンキングなどへの金融規制，インフラ・固定資産投資の減速などにより，2018年の中国の実質GDP成長率は前年比6.8％（17年は同6.9％下方修正）から6.6％に減速している。これは天安門事件翌年の1990年以来，28年ぶりの低水準で，中国経済や世界経済成長への懸念材料となっている。

　このように中高速成長・「ニューノーマル」段階に入った中国経済は，労働力と固定資産，不動産投資による投資型，鉄鋼や石炭など重化学工業依存型といったこれまでの成長パターンの限界が顕在化になりつつある。中国政府はこの限界を乗りこえるために経済構造の転換や産業の高度化を目指し鉄鋼や石炭業界をはじめとする過剰能力・過剰債務の削減に取り組みながら，IoT，AIなどインターネット技術を活用するための新興・戦略的産業を推進し，経済成長をけん引させようとしている。

　こうした中，2018年下半期から，米中貿易摩擦がさらに過熱・激化してきた。中国の輸出や海外M&Aが影響を受けるのみならず，中国国家に掲げたイノベーション戦略「中国製造2025」も直撃されている。したがって中国経済を取り巻く国際環境が厳しくなり，その影響により，中国経済の直面しているリスクが増大し，先行きに不確実性が高まっている。長引く米中摩擦により，

中国経済成長のさらなる減速が懸念されている。

　米中摩擦の下で，中国は近年進めてきた供給側改革に伴う重厚長大産業の余剰生産能力の削減，膨らんだ企業債務のデレバレッジと中国の産業構造の変化，技術グレードアップはいかに進んでいるか，そして，政府が取り組む供給側の改革・産業高度化及び戦略新興産業に基づく新しい成長はどうなっているかが興味深い。

　他方，日本企業の対中ビジネスが拡大し，投資・貿易の拡大によるあたらしい日中産業補完・ビジネス連携が再認識・展開しつつある中，米中摩擦に見舞われている対中ビジネスの先行きは米中交渉の成り行きに左右されている。比較的順調に拡大してきた日本の対中事業，日中ビジネス連携は，どのような影響を受けているか，今後はどうなっていくかが，看過できない。

　かつて60年代に勃発した繊維・鉄鋼などを巡り，80年代〜90年代に半導体・自動車などで激化した日米の貿易・ハイテク摩擦が思い出される。その摩擦は米中摩擦に比べどのような特性をもつか，そして日本にどのような影響を与えたのかを認識することを通じて，現在の米中摩擦の本質への認識を深める。それとともに米中摩擦が日中企業に及ぼす影響は，どのようなものであったか，新しい情勢下での日中の産業補完と企業連携がいかに展開しているかが注目される。

　本書は上述の問題意識に基づいて，米中摩擦下の中国経済の動向を概観し，産業構造転換・供給側改革への政府の取り組み・結果や直面している問題点を検討し，米中摩擦による中国産業高度化・イノベーション，産業政策への影響を分析し，中国経済発展や産業高度化やイノベーションの特徴・方向性を明らかにする。加えて日本の産業構造と消費構造の変化や日米貿易摩擦の日本に及ぼす影響及び中国へのインプリケーションを検討し，新しい情勢での日中の連携・展開及び米中摩擦への影響を考察することにする。

　本書は，帝京大学，東京大学など日本側の研究者たちと，中国国家発展改革委員会産業経済・技術研究所，中国社会科学院工業経済研究所及び中国吉林大

学北北東アジアセンターの専門家との共同研究の成果である。研究調査にあたっては，関連企業・団体へのヒアリング，現地での実態調査を行った。

米中摩擦の長引く中，中国経済転換期における供給側改革や産業高度化及びイノベーションの動向や特徴，米中摩擦の影響及び日中産業連携の新動向を考察することを通じて，中国経済の変化及び日中産業・連携の新しい動き，及びそれに伴う日中の経済関係の展開すべき方向性を提示・発信してゆきたい。

本書は，上述の問題意識に基づいて，次の10章から構成されている。

まず，第1章「新しい情勢下の中国経済発展の特徴と課題」では，転換期における中国経済の動向を概観し，重厚長大産業である鉄鋼・石炭産業における生産・供給過剰・過剰債務問題へ政府の実施した取り組み・対策と結果を考察し，さらに，中国の新しい経済の成長力を見て経済発展の主な特徴を明らかにする。それを踏まえ，米中摩擦が長引く中，2期目習近平政権が直面している問題を検討し，今後の中国経済のゆくえを見てみたい。

第2章「中国工業構造グレードアップの特徴と中米貿易摩擦の影響分析」では，まず現在中国の工業発展変化のいくつかのの特徴と傾向を検討し，それを踏まえ，工業発展の直面する実体経済の弱体化と主体地位の不安定をはじめとする問題を指摘し，そして中国の産業発展に関する米中貿易摩擦の中国の各産業への影響度合いを分析する。最後に，中国工業発展主要政策措置を考察する。

第3章「「中国製造2025」と中国ハイテク産業の現状」では，まず第1節で「中国製造2025」が何を目指しているのか，その概要を説明する。第2節で「中国製造2025」が産業政策としてどのような特徴を持つのかを明らかにし，それが中国の現在の発展段階にはもはやそぐわないものであることを論じる。第3節で，「中国製造2025」を受けて専門家委員会によって作成された「技術ロードマップ」について紹介する。この「ロードマップ」は「中国製造2025」の政府介入主義的，保護主義的な特徴をいっそう強調するものとなっている。第4節では「中国製造2025」の進捗状況に関するレポートを手掛かりに中国のハイテク産業の現状を，情報技術産業とNC工作機械・ロボット産業の事例

によって明らかにする。

　第4章「中国自動車産業の自主革新と米中貿易衝突の影響」では，2006年以来，中国の自動車企業による独自の革新の困難な模索に関する実証的研究を行い，大量の調査・研究に基づいて，中国自動車産業の「自主開放」の革新モードを提出し，それを踏まえこのモードの主な特徴，経路，成果及び問題を明らかにする。さらに2018年に激化した中米貿易戦争の影響を分析し，中国自動車産業と世界の自動車産業に対する影響を分析し，中国の自動車産業の今後5～10年の発展傾向と自主革新のポイントを展望する。

　第5章「「二重の不確実性」を越えて：米中貿易摩擦で揺れ動く中国のイノベーション―大規模企業データベースを用いた定量的検討」では，中国のイノベーションについて，二点から議論する。第一に，これまで中国のイノベーションの中心であった「第二世代イノベーション」が企業の成長に真に貢献したというD.ブレズニッツとM.マーフリーの研究成果を定量的に実証する。第二に，米中貿易摩擦や知的財産権問題の深刻化に伴い，中国のイノベーションは「二重の不確実性」に加えて，米中貿易摩擦により出現した米国による「外生的な不確実性」―に直面しているのではないかという問題意識のもと，米中貿易摩擦について政治経済学的に考察し，中国のイノベーションの行方を展望する。

　第6章「中国の金融債務の実態と影響及び将来展望―近憂と遠慮がともに求められるデレバレッジ」では，中国における構造化，重層化，長期化となった金融債務問題を捉えるために，まず債務状況の全般動向を概観したうえ，4部門（非金融企業，家計，政府と金融部門）別の債務状況を考察したあと，その異同点や問題点を指摘し，また債務問題と投融資，貨幣供給など相関性を検証し，これらを踏まえて，政策上のインプリケーションとしたうえ，米中貿易摩擦による新たな外的ショックへの対応と金融債務の将来課題を提起し，全篇を結ぶものとする。

　第7章「1980年代後半の日米半導体摩擦：米中ハイテク摩擦への教訓」では，研究の目的は，日米のハイテク摩擦が，両国，およびその通商関係にどの

ような影響を与えたのかを考察することを通じて，現在の米中のハイテク摩擦に対する教訓を導き出すことである．構成は以下の通りである．まず第1節では，現在の米中ハイテク摩擦の背景とその全容を概観する．第2節では，日米ハイテク摩擦を半導体摩擦を中心に振り返り，その2国間交渉とその影響を評価することで，米中摩擦への教訓を導き出す．

第8章「日本の産業構造と消費構造の変化及び日米貿易摩擦の影響」では，事例研究として1960年代から1980年代までの日本の産業構造と消費構造の変化及びその関連性について概観し，中間所得層の拡大の意味について考察する．その過程で，発展する中国経済についてもどのような類推が可能か言及する．最後に，補足的ではあるが，本研究の趣旨にあわせて，日米貿易摩擦の対象となった品目を取り上げ，その産業構造と消費構造に変化がみられたかどうか概観し，米中貿易摩擦に直面する中国経済への含意について考える．

第9章「中米貿易摩擦と中国産業政策の行方」では，米国の仕掛けた貿易戦争によって中国の「中国製造2025」などの一連の産業政策を停止・遅延させることができるのかという問題意識をもって経済学的な分析を行うことにする．まず第1節では，中米貿易摩擦の発生と展開を考察する．第2節では，市場原理と産業システムの検討を通じ米中貿易摩擦の経済学を分析する．第3節では，中国の産業政策の行方を検討し，最後結論としてトランプが仕掛けた貿易戦争が産業革命の潮流に逆行し，中国の自主開発を促すことを指摘する．

第10章「新しい情勢下での日中の産業補完と企業連携の展開」では，まず日本企業の対中ビジネスの現局面について，日中産業の補完性を日中貿易の主要品目から概観するとともに，日系企業の対中ビジネスの方向性を検証する．次に，日中の政治・外交関係の改善状況について，18年の両国首脳の相互訪問の結果を基に確認する．また，中国の事業環境の変化および政策動向を踏まえた第三国市場やイノベーションなどの新たな日中企業連携の展開について，最近の事例を検討する．その上で，米中貿易戦争が日中の企業に及ぼす影響を検証することで，新しい情勢下での日中の産業補完と企業連携の展開を包括的に考察する．

本書が大学・研究機関の研究者のみならず，企業業務や日中ビジネスに携わっている人々の参考になれば幸いである。
　最後に，本研究を支援していただいた帝京大学・公益財団法人産業構造調査研究支援機構に心から謝意を表したい。

平成31年4月

編者・研究者代表　郭　四志

◉目次◉

はしがき　iii

第1章　新しい情勢下の中国経済発展の変化と課題 ……………… 郭　四志

1. はじめに　1
2. 緩やかな減速が続く中国経済　3
3. 構造転換・産業高度化への新しい取り組み　13
4. 中国経済の新しい成長力と経済発展の特徴　30
5. 直面する問題点　42
6. 結びに代えて　54

第2章　中国工業構造グレードアップの特徴と中米貿易摩擦の影響分析 …………… 付　保宗

1. はじめに　59
2. 現在中国の工業発展の特徴と傾向　59
3. 中国の産業発展が直面する主要な問題　68
4. 中国の産業発展に対する中米貿易摩擦の影響　73
5. 中国の工業発展の主要な政策措置　79

第3章　「中国製造2025」と中国ハイテク産業の現状 ……………… 丸川知雄

1. はじめに　91

2.「中国製造2025」の概要　93
3.「中国製造2025」の特徴と問題点　98
4. 技術発展のロードマップ　101
5. 中国ハイテク産業の現状　106
6. おわりに　111

第4章　中国自動車産業の自主革新と米中貿易衝突の影響　……………　趙　英

1. 中国の自動車産業の「自主開放」の革新モデルの形成　115
2.「自主開放」革新モデルの取得の進展　138
3. 中華V7──自主開放革新モデルの1つの例　144
4.「自主開放」の革新モデルに存在する主要な問題　147
5. 中米貿易戦争の中国の自動車産業と自動車市場への影響　150
6. 今後5〜10年間の中国の自動車産業の見通し　154

第5章　「二重の不確実性」を越えて：米中貿易摩擦で揺れ動く中国のイノベーション　……………　三竝康平
──大規模企業データベースを用いた定量的検討

1. はじめに　159
2. 先行研究──中国におけるイノベーションの歩み　163
3. 実証分析　167
4. 推計結果と考察　170
5.「二重の不確実性」を越えて：米中貿易摩擦で揺れ動く中国のイノベーション　177
6. 結びにかえて　184

x

第6章　中国の金融債務の実態と影響及び将来展望 ……………… 邵　永裕
　　　　──近憂と遠慮がともに求められるデレバレッジ

1. はじめに　189
2. 中国金融・債務リスクの現状認識と債務動向の概観　190
3. 非金融企業の債務動向　194
4. 家計債務の変化動向と原因　199
5. 金融分野の債務拡大とその対応　204
6. 政府債務の動向と財政収支情勢　208
7. おわりに　212

第7章　1980年代後半の日米半導体摩擦：米中ハイテク摩擦への教訓 ………………… 堀内英次

1. はじめに　223
2. 米中ハイテク摩擦と経済覇権をめぐる戦い　224
3. 1980年代から90年代にかけての日米半導体摩擦とその教訓　231
4. おわりに　253

第8章　日本の産業構造と消費構造の変化及び日米貿易摩擦の影響 ……………………… 長田　博

1. はじめに　257
2. 経済発展過程における中間所得層増大と経済構造への影響　258
3. 日本の消費構造，内外需比率，産業構造の変化
   （1960年−1990年）　265
4. 貿易摩擦の消費及産業構造への影響　277

第9章　中米貿易摩擦と中国産業政策の行方 ……………………… 趙　儒煜

1. はじめに　285
2. 中米貿易摩擦の発生と展開　285
3. 中米貿易摩擦における経済学　292
4. 中国の産業政策の行方　307
5. 結論　313

第10章　新しい情勢下での日中の産業補完と企業連携の展開 ……………………… 真家陽一

1. はじめに　317
2. 日中経済関係の現局面　320
3. 新たな局面を迎えた日中の経済関係　329
4. 新たな経済協力分野と日中企業の連携　333
5. 米中貿易戦争の日中連携への影響　343
6. むすび―米中貿易戦争をめぐる今後の焦点　349

索引　352

第1章
新しい情勢下の中国経済発展の変化と課題

1. はじめに

　中国経済は，昨今「ニューノーマル」の中高速成長段階に入っている。中国政府は，経済構造の転換や産業高度化を目指し，供給サイドの構造改革を進め，鉄鋼・石炭中心に過剰設備削減，過剰債務・ゾンビ企業の処理のために「三去一降一補」（即ち：余剰能力削減，在庫解消，債務削減，企業のコストダウン，弱点の補強）の政策やイノベーションの強化，海外進出の推進に積極的に取り組んでおり，その効果が現れ始めている。しかしながら，この改革の効果が表われはじめたものの，経済の中高速成長を持続させるために，生産性を高めるべく，市場化を中心とする制度改革の推進やイノベーション，より適切で合理的な資源・生産要素分配などの課題が残っている。中国政府の景気対策や構造転換への取り組みはさまざまな問題に直面している。今後，過剰設備能力の削減やゾンビ企業の整理・淘汰に伴う難点やイノベーションの制約，企業債務の膨張および過剰生産能力の海外移転のリスクなどの問題をいかに克服するかが重要なカギとなる。

　2018年以来，米中摩擦が激化する中，債務削減やシャドーバンキングなどへの金融規制など，インフラ・固定資産投資の減速などにより，2018年の中国の実質GDP成長率は前年の6.8％（17年は同6.9％下方修正）から6.6％に減速している。これは天安門事件翌年の1990年以来，28年ぶりの低水準で，中国経済や世界経済成長への懸念材料となっている。

中国経済は過剰生産能力削減の対象である重厚長大産業とIT関連の新興産業の二重構造を併存し，新興産業は経済の新しいエンジンとして経済の成長を押し上げている。

　昨今，中国経済における「二重構造」あるいは「二面性」が顕在化しつつある。重厚長大産業・伝統的工業の第2次産業のシェアは産業構造の調整・産業高度化に伴い，低くなったものの，60％以上を占めている[1]。

　全産業の総資本ストックからみても，重厚長大の重化学工業が工業の比重が極めて高い。中国工業企業データベースによると，全産業総資本ストックにおけるに31省・自治体の重化学産業の資本ストックの割合は，広東省が一番低くても59％であり，山西省，内モンゴル自治区，河北省および山東省は，それぞれ93％，91％，89％，77％にも達している[2]。

　一方，中国の新興産業は台頭・発展しつつある。アリババ，テンセント，華為技術などのIT・IoT（モノのインターネット）関連企業が新興産業の主役として，インターネットやスマホを土台にし，IoT，AIを活用して電子決済サービス，ビッグデータ応用，シェアリング経済，ドローン，5G，EV，自動運転，ロボット，音声・画像認識，指紋識別などの分野におけるイノベーションと製品化を推進させ，中国の新しい経済の発展に寄与している。

　本章では，転換期における中国経済の現状とその背景を概観し，重厚長大産業である鉄鋼・石炭産業における生産・供給過剰への政府の取り組み・対策状況を考察し，さらに，中国の新しい経済の成長力を見て経済発展の主な特徴を明らかにする。それを踏まえ，米中摩擦が長引く中，2期目の習近平政権が直面している問題を検討し，今後の中国社会経済のゆくえを考えてみたい。

---

(1) 中国工業化情報部『中国工業的発展研究報告2018』p.39
(2) 陳詩「通過供給側改革推動霧霾治理」『中国改革論壇』2016年11月16日。

2. 緩やかな減速が続く中国経済

(1) 現状と背景

　中国経済は30年間あまりの高度成長を経て，2015年に6.9％まで鈍化し，中高速成長段階に入り，緩やかな減速が続いている。2018年の中国の実質GDP成長率は前年の6.8％（17年は同6.9％下方修正）から6.6％に減速し（図表1-1），天安門事件翌年の1990年以来，28年ぶりの低水準となる。四半期ごとのGDPの成長率をみると第1四半期（1～3月）6.8％，第2四半期（4～6月）6.7％，第3四半期（7～9月）6.5％，第4四半期（10～12月）6.4％で，年末に向けてさらに減速した。

　2019年1月21日の中国国家統計局公表によると，中国の2018年の実質GDP総額は90兆301億元となっている。そのうち第1次産業，2次産業，3次産業の増加値はそれぞれ6兆4,734億元，36兆6,001億元，46兆9,575億元で，前年比3.5％，5.8％，7.6％に減速，それぞれ17年成長率から0.4，0.3，0.4ポイント鈍化した。

　図表1-2に示したように，GDPに占める第3次産業のプレゼンスが高まっており，産業構造の高度化が進んでいる。新産業や「ニューエコノミー」の発展によりGDPや就業人員のサイドで，第1次，第2次産業から第3次産業へ経済の重心がシフトしてきている。

　2018年に工場や住宅の建設など固定資産投資は前年比5.9％増え，伸び率は17年（7.2％増）より縮小した。背景は政府のデレバレッジ（過剰債務削減）方針を受けて鉄道や道路などインフラ投資の伸びが3.8％と17年（19％増）から大幅に減速したことにある。消費分野における百貨店やスーパー，インターネット通販の売上高を合計した社会消費財小売総額は，自動車やスマートフォン販売の低迷などにより2017年の10.2％から伸び率が縮小し2桁を割り込んで9.0％となった。2桁を割り込むのは2003年以来15年ぶりであるさらに社会消費財小売総額の18年12月の伸び率は8.2％にとどまった。

　第2次産業・工業生産は18年通年で前年比6.2％と米中貿易摩擦の激化に伴

【図表 1-1】中国主要経済指標（GDP・産業付加価値・投資・小売売上高の増加率）の推移

出所：中国国家統計局統計年鑑・速報より作成。

【図表 1-2】第1次・2次・3次産業増加値のGDPに占める割合

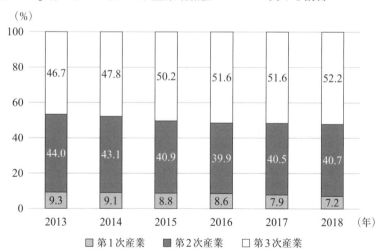

出所：中国国家統計局『2018年国民経済和社会発展統計公報』より。

【図表1-3】激化する米中貿易摩擦（掛け合った追加関税）

米国			中国		
関税発動日（公表日）	追加関税（対中）	対象品目	関税発動日	追加関税（対米）	対象品目
7月6日（6月15日）	340億ドル相当 25%	産業機械 電子部品	7月6日	340億ドル相当 25%	大豆・農産物 水産品 自動車
8月23日（8月7日）	160億ドル相当 25%	プラスチック製品 集積回路	8月23日	160億ドル相当 25%	化学製品 医療機器 石油・エネルギー製品 自動車
9月24日（7月10日）	2,000億ドル相当 10%	食料品 家具	9月24日	600億ドル相当 5〜10%	LNG 電気製品 飲食料品
発動予定（時期未定）	2,570億ドル相当 25%	―			

(注) 米国は18年9月24日の時点で19年1月1日より25％に引き上げる予定だった。だが、18年12月1日の米中会談によって税率引きあげが19年3月1日まで延期し、さらに米中の交渉で延期している。
出所：各種資料より。

う輸出の減少などの影響から2017年の同6.6％から伸び率が鈍化した。自動車やスマホ、パソコンの生産が振るわず、18年12月の伸び率は5.7％にとどまった。

　米中貿易摩擦が激化した2018年7〜9月に米中両国は互いに関税引上げに踏み切、最大25％の追加関税を互いに掛け合った（図表1-3）。米国の対中輸入製品は計2,500億ドルが追加関税の対象で、中国のこれら製品は対米輸出が落ちこんだ。米中貿易戦争が本格化する中、中国経済の減速傾向は足元で鮮明になっている。貿易摩擦の激化に伴う貿易摩擦の影響が顕在化してきたことから、消費、生産ともに18年秋以降低迷しており、一方、国内ではデレバレッジ（過剰債務の削減）の行き過ぎによる信用収縮で大手国有企業以外、民間企業特に中小零細企業の多くは、金融が引き締まり、資金繰りが悪化している。背景として2017年からのデレバレッジ政策の副作用が出たことが挙げられる。

　2018年の工業・製造業の付加価値の成長率は5.8％と2017年に比べ0.4％ポ

イント低下した。特に自動車製造，電機製造，汎用設備製造及び紡績業の成長はそれぞれ7.3%，3.3%，3%鈍化している。

一方，産業高度化に伴い，新旧原動力の産業転換が進められ，ハイテク製造業，戦略的新興産業，設備製造業の付加価値生産高は，際立って，それぞれ11.7%，約9%，8.1%増加し，工業生産の全体を5.5ポイント，2.7ポイント，1.9ポイント上回っている。それに対し，主要エネルギー多消費産業の生産高は全体を3.1ポイント下回った。特に注目すべきは新興工業製品生産量の伸びであり，新エネルギー自動車，バイオ繊維，スマートテレビ，リチウム電池，集積電路の生産量は，それぞれ40.1%，23.5%，18.7%，12.9%，9.7%と大幅に増加した。

需要面では，投資と消費が大きく鈍化している（図表1-3）。固定資産投資の増加率は2010年から約25%，2015年には9.7%，2016年に8.1%，2017年に7.2%，さらには2018年に5.9%まで大きく鈍化している。インフラ投資は供給側改革の強化の背景の下，地方政府の債務処理が優先されたことから，2017年比3.8%しか増加せず，17年の同約2割増から大幅に減速している。一方，18年の第2次産業の投資は前年比6.2%増と17年の同3.2%増から持ち直したものの，9月下旬から米中貿易摩擦の激化を受けて投資マインドが低下しつつあり，月次ベースでは，2018年10月同10.1%増，11月が同9.8%増，12月が6.7%増と，次第に減速している。

地域別の固定資産投資は，中部・西部絵の投資は東部の5.7%に比べ前年比10%，4.7%増となっており，その伸び率は東部の0.1ポイント低下に対して，前年同水準と0.8ポイントの上昇となった。都市化率の高い東部・沿海地域よりも，都市化整備に取り組んでいる内陸部へのインフラ。固定資産投資の度合いが大きくなっている。なお，18年不動産開発投資は再び拡大されている。前年比9.5%増と，17年の7%増から2.5ポイントを増加した。背景には米中摩擦の影響により低迷・下落した株式市場への投資から，住宅投資へシフトしたことが考えられる。加えて不動産の在庫が2014年来の低水準となったことも，不動産の投資を支えた原因である。

他方，18年に社会最終消費・小売り売上高は17年比9.0％増と，17年同10.2％増から減速している。これは主に社会消費品小売額の約1割を占めた自動車が同2.4％増したことによるのである。ただEVなど新エネルギー自動車の販売は政府の補助金政策などによる推奨で18年にはE好調に推移し前年比62％大幅増の125.8万台に達している。加えてネット通販も前年比約26％増となり，社会消費財小売総額の4分1以上に達している。

中国の内需・国内消費は減速しているものの，依然として，経済成長の第1原動力となり，経済の成長をけん引している。その経済成長へ貢献度が76.2％に達し，前年比18.6％ポイントの増加となった。消費が引き続き経済発展をけん引したのは，消費力の全国拡大である。これは国民の可処分所得が増加したことにある。2018年に全国住民の可処所得は前年9％増の28,288元であった。

【図表1-4】中国の国民可処分所得とエンゲル係数の推移

単位：元・％

	可処分所得	エンゲル係数
1978	239	60.0
1980	568	55.0
1990	1,098	45.0
2000	4,266	40.0
2010	12,514	35.7
2015	21,281	30.6
2016	23,636	30.1
2017	25,974	29.3
2018	28,288	28.4

出所：『中国統計』，『2018年国民社会経済発展公報』より作成。

ここで特筆すべきは中国の消費が拡大するのみならず，消費構造も変化し，エンゲル係数が下がってきたことである（図表1-4）。中国国民所得の向上は，消費を拡大させ，さらに消費構造にも変化を促してきた。2018年に食品や被服といった生活必需品の占める割合が前年比0.9ポイント減の28.4％となって

いる。それに代わって娯楽，通信・交通などの消費が増加して，消費パターンの変化に伴い生活水準が向上している様子がうかがえる[3]。

これまで固定資産投資・固定資本形成がGDPの約5割を占め，投資が経済の高成長の牽引役になってきた。しかし，経済の転換期において，中高速の経済成長を持続させるため，投資主導の経済成長から消費（個人消費）と投資主導の経済成長へ転換していることがうかがえる。

（2）米中貿易摩擦による輸出への影響

これまで，中国の貿易は経済成長に大きく貢献してきている。貿易額は1990年代以降，市場経済体制への移行や2001年のWTO加盟に伴い，大きくその数字を伸ばしてきた（図表1-5）。2005年に10兆元，2010年に20兆元台を突破し，さらに2018年に30兆元の大台を超えている。一方，18年の輸出は，前年比9.9％増と，17年の7.9％増を上回った。ただ月ごとに見ると，10月の同14.3％増をピークに11月は同3.9％増，12月は4.4％となっている。12月輸入も同7.6減で，輸入と輸出ともマイナスとなり，11月よりそれぞれ8.3ポイントと1.9ポイント大幅に低下している。輸出は2016年12月，輸入は2016年7月以降の最大の下落となった。

とりわけ，主要輸出先である先進国への輸出は18年12月米国が同3.5％減，EUが同3.0％減，日本が，同1.0減と，いずれもマイナスとなっている。背景には米中両国による追加関税の影響や外需の不振，輸出相手国の消費市場の低迷などがある。

なお，中国税関総署の発表によると，2019年1月，中国の輸出は18年同月比9.1％増の2,175億ドルであった。2カ月ぶりに前年同月の水準を上回った。ただ，2月初めの春節休暇の影響で輸出を1月に前倒ししたことから，輸出がまだ回復傾向に戻ったと言えない。対米貿易をみると輸出は18年同月比2.4％

---

[3] 中国は初めて国連の定義する豊かさのライン20〜30％に突入したと指摘されたため。

【図表1-5】中国輸出入の推移

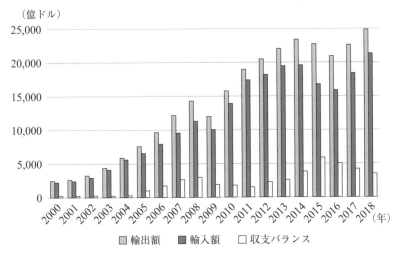

出所:中国『海関統計』商務部資料より作成。

減の365億ドル,輸入は41.2％減の92億ドルとなっている。その輸出は2カ月連続,輸入は5カ月連続で17年同期水準を下回り,18年7～9月に米中両国による追加関税の影響が深刻化している。

中国全体の輸入は前年同月比1.5％減の1,784億ドルで2カ月連続減少している。内需の減退を反映している可能性がある。米国製品に追加関税をかけている影響で,対米輸入が大幅に減ったことが響いた。

世界経済は下振れ圧力が増大し,米中貿易摩擦が長期化するなか,今後中国の輸出入環境が増々厳しくなり,輸出入減速傾向が続き,収支バランス・貿易黒字がさらに縮小する可能性があると考えられる。

(3) 新技術・新産業及び供給改革などによる支え

2018年の中国経済成長は,中米摩擦などの影響により,6.6％に減速したが,政府の経済成長率目標6.5％前後を実現した。こうした中国経済の成長を支えた前述の投資・消費以外にもいくつかの点が挙げられる。

まず第1は，新技術・新興産業が経済成長の新しい牽引役となったことである。

　新技術において，2018年に戦略的新興産業とハイテク技術製造業の増加値は，それぞれ9％と12％に達し，工業付加価値の約14％を占め，機器製造業の付加価値は8.1％増加し工業付加価値の33％を占めている。C919大型飛行機や復興号高速列車，量子通信・衛星および深海探測など数多くの重要な技術成果が生み出されてきた。新製品では，従来の産業用ロボット，ドローンの存在感が高まるほか，電気自動車（EV），プラグインハイブリッド電気自動車（PHEV），燃料電池車（FCV）などの新エネルギー自動車の生産量は前年比66.2％増の115万台に達しており，さらに2020年までに生産能力の拡大[4]に伴い，生産台数300万台になると見込まれている。スマートテレビ生産量は同17.7％大幅増の11,378万台となっている。

　なお，中国は，集積回路やオペレーションシステムなどの基盤技術で追い上げを加速し，人工知能やビッグデータ，クラウドコンピューティング，モノのインターネットなどの先端技術の研究を進め，量子通信や高性能計算で大きなブレークスルーを達しており[5]，後述の中国のデジタル経済の規模は2017年に24％大幅増の27兆2,000億元になり，GDPの約33％を占め，2018年前期の同規模は16兆元に上っている。

　第2に供給サイドの改革は，大きな進展を取得している。2018年，鉄鋼業は3,000万トン以上，石炭業は1億4,000万トンの生産能力を削減した。中央政府の鉄鋼・石炭産業における余剰生産能力削減目標は完了し，鉄鋼・石炭産業の経営生産の効率化が促進されている。

---

(4) 例えば，中国広州は新エネルギー自動車の電動化，スマート化，コネクテッド化に注力し，研究開発やデザイン，製造能力を伸ばしてきた。同市は2020年末にまで年間売り上げ利益が100億元以上となる企業を2～3社育て，新エネルギー自動車の完成車の生産能力を拡大し30万台以上，産業規模1,000億元を計画し，国際レベルの「新エネルギー＋コネクテッド」自動車産業集積区を構築しようとする。
(5) そして中国は世界最大規模の固定光ファイバーネットワークや4Gネットワークを完成し，IPv6の大規模配備も加速させた。

【図表1-6】中国の労働生産性の推移

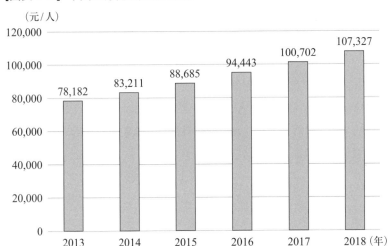

出所：中国国家統計局『2018年国民社会経済発展公報』より。

　2018年には中国大中企業の利潤総額が前年比10.3％増加している。コストダウンでは，政府は2016年に比べ，企業の税負担を1兆元減少した。こうしてさらなる供給サイド改革により，2018年に大中企業の売り上げ100元当たりのコストは前年同期比0.28元削減した。

　第3は，労働生産性が上昇している。全従業員の労働生産性は2018年に107,327元／人で，前年より6.6％増加し，5年前の2013年より1.4倍増大した（図表1-6）。生産性上昇に伴い，生産コストが下がってきた。2018年に大中工業企業の主な事業所得の100元あたりのコストは83.88元で，前年比0.2元減少した。

　中国は，近年生産過程における生産労働の効率が高まりつつある。生みだされた生産額を投下した労働の量で割った値，すなわち労働者1人1時間あたりの生産額で示される労働生産性の上昇は，中国で主に従業員の教育・技能・熟練度の向上のほか，IoTやAIをはじめとする新興技術の活用による技術的要因によると考えられる。

中国政府は2016年より新たな指標として「労働生産性」を導入し，労働力の「質」や設備，管理能力の向上で労働生産性を高め，2020までに5年間の一人当たり労働生産性の年平均伸び率を6.6％以上とし，GDPの年平均成長率目標の6.5％に沿った数値となっており，労働生産性の向上で経済成長のポテンシャルを拡大する(6)。目下中国労働生産性は上昇しているものの，先進諸国との差がまだ大きく，今後の伸びしろが大きい。今後さらなる労働生産性が，企業の競争力の低下と経済成長の鈍化を抑制し，中高速の経済成長を持続させるための推進力につながると考えられる。

　最後は，中央政府による財政と金融政策上の取り組みである。財政政策では，地方政府の特別債券の発行を拡大し，収益のあるインフラ投資を増加させる。加えて個人と企業への減税である。18年10月から実施された個人所得の減税規模は年間3,200億元にのぼる。基礎控除を毎月3,500元から5,000元（年間6万元，約96万円）にして，中間層の消費の拡大を刺激させている。また，政府は18年5月1日から，製造企業の増値税（付加価値税）を17％から16％に引き下げ，さらに中小企業への課税条件(7)を緩和して，企業の活動を促進した。

　金融政策では，預金準備率の引き下げを実施，流動性を増加し，金融緩和を行っている。中央銀行は2018年4月以来，10月まで3回も預金準備率を引き下げ，2019年1月にも4回目の引き下げ（13.5％）を実施した。これにより，資金繰り難の民間企業と中小零細企業の資金調達を潤し，民間企業・中小企業を支える狙いである。中国政府は，目下，民間中小企業の減税や資金調達コストの軽減・融資拡大を中心に積極的に財政・金融政策を実施して，経済成長を促進しようとする。

---

(6) 『BTMU中国月報』2016年4月号，p.2
(7) 例えば，小規模薄利企業に認定されると，企業所得の課税が半減となる。2018年1月から2020年12月までそれまでの小規模薄利企業の認定条件（年間課税対象額が50万元以下）を100万元以下に変更した。

3. 構造転換・産業高度化への新しい取り組み

(1) 供給側改革の新動向

　昨今供給サイド改革を通じて中国の過剰問題を軽減させ，中国産業の高度化や経済の成長を図っている。つまり2016年3月の「13次五ヵ年計画（2016～2020年）」において，供給側改革を中心とする取組として，①過剰な生産・設備能力の解消，②企業のコスト削減，③不動産在庫の解消などの対策が打ち出されている。即ち供給サイドの構造改革を進め，鉄鋼・石炭中心に過剰設備削減，過剰債務・ゾンビ企業の処理のために「三去一降一補（即ち，（余剰能力削減，在庫解消，債務削減，企業のコストダウン，弱み補強）」の方針を実施し始めた。これを通して供給側の構造改革を深めようとしている。2018年に，中国経済を取り巻く環境が厳しく，特に米中摩擦が激化する中，上述の取り組みの展開が注目される。

① 過剰生産能力のさらなる解消

　鉄鋼・石炭産業の過剰生産能力解消に関しては供給側の構造改革深化を進め，モデル転換と高度化を加速，鉄鋼産業の様相は大きく変化し大きな成果を上げた[8]。

　前述のように18年，鉄鋼業は3,000万トン以上，石炭業は1億5,000慢トン以上の生産能力を削減した。2019年1月21日国務院新聞弁公室の発表によると，「開発を緩和するための鉄鋼業における余剰生産能力の解消に関する国務院の意見」による削減目標は基本的に完了した（図表1-7）。

　一方，中国の2018年の粗鋼生産量は9億トン以上と前年比約7％増加，歴史的にピークに達した。国内の需要増や鋼材価格の上昇により鉄鋼企業の増産が促進された。中央政府のスクラップを原料とする劣悪な違法鋼材「地条鋼」に

---

(8) こうして，2017年に中国の全体の工業・製造業の設備の稼働率が77％に達し，前年比3.7ポイントが上昇した（中国国家統計局『中華人民共和国2017年国民経済和社会発展統計公報』）。『BTMU中国月報』2016年4月号，p.2

対する除去政策も生産の拡大につながった。ただし，米中貿易摩擦の影響を受け，2018年の鋼材輸出量は前年比8.1％減の6,900万トンぐらいとなっている。米中貿易摩擦などでの景気減速に伴い2019年に内需が減る見込みで鉄鋼の生産量が伸び悩むと考えられる。

【図表1-7】産業別生産過剰の現状及び削減目標

産業別	鉄鋼	石炭	セメント	電解アルミ	平板ガラス
生産能力	12億トン	57億トン	33.3億トン	3,216万トン	10.6億重量箱
生産量	8億トン	20億トン	25.0億トン	2,206万トン	7.3億重量箱
余剰能力	4億トン	20億トン	8.3億トン	1,010万トン	3.3億重量箱
稼働率%	67%	65%	75%	68.6%	69%
20年までの削減目標	16年から5年間で1〜1.5億トン	16年から3〜5年間で5億トン以上	n.a.	491万トン（15年）	n.a.
完成された削減量（トン）	16年：6,500万 17年：5,500万 18年：3,000万	16年：1.5億 17年：2.5億 18年：1.4億	18年：1.36億	18年：250万	n.a.
従業員数	363万人	442万人	90万人	n.a.	n.a.
失業者数	50万人	130万人	n.a.	n.a.	n.a.

出所：国家発展改革委員会など各種資料より作成。

　2018年には，鉄鋼の過剰生産能力を3,000万トン削減する鉄鋼目標を超え，18年末第13次5カ年計画で定められた2020年までに鉄鋼生産過剰能力削減の上限である1億〜1億5,000万トンとの目標が予定より早く達成された。但し一部の省では，国の「第13次5カ年計画"鋼鉄の生産能力の目標は，完成しておらず，今後約2,000万トンを削減する必要がある[9]。

　河北省は，2019年に，鉄鋼生産能力は1,400万トン，石炭1,000万トン，セメント100万トン，コークス300万トン，600万重量箱，火力50万キロワット，そして張家口と廊坊の鉄鋼生産能力を削減する予定である。山西省は「削減，卓越性，グリーン」の道をしっかりとたどり，過剰な石炭生産能力を削減するために市場ルートを通じ，閉鎖された炭鉱の資産と債務処理に取り組む。

---

(9)「2019去産能発出僵尸企業"出清令"」『人民網』2019年2月1日。

四川省は，2019年には，鉄鋼，セメント，石炭などの主要産業の再編，変革，産業グレードアップを加速させようとする。

他方，中央政府は積極的に地方政府に「ゾンビ企業」の処理を促し，効率の悪い生産能力を断固として撤廃させる。国務院国資委は2016年に「ゾンビ企業」や経営困難な企業計約400社の処理・統治を完了した。経営が困難な中央政府系国有企業10社は，スリム化し，全体で損失を50％削減した。2017年末時点で中央国有企業はゾンビ・経営困難な会社を1,200社解決・処理し，そのうち，400社を淘汰した[10]。地方も積極的にゾンビ企業の処理を行ってきている。例えば2017年には広東省・広州市および江蘇省では，それぞれ94社，30社のゾンビ企業を処理した[11]。2018年には，1,900社超の「特別な困難を抱えるゾンビ企業」が処理された。こうして鉄鋼・石炭産業のスリム化・生産合理化・効率化が進められている。

② 企業のコストの低減及び企業利益の米中摩擦による影響

供給サイド改革の重要な柱としての企業コスト削減は，主に税負担コスト，制度的取引コスト，融資コスト，労働コスト，エネルギー使用コスト，物流コストに対する削減である。国務院は積極的に企業の税負担コストへの軽減に取り組んでいる。まずは，「小微企業（小企業・零細企業）」に対する支援を強化し，その企業所得税半減徴収優遇措置の適用枠を拡大し，その年度課税所得額の上限を30万元から50万元に引き上げ，そして，技術型中小企業の研究開発費の加算控除の割合を50％から75％にまで高め，技術革新型・ハイテク企業の所得税を15％に軽減させた。

その背景として多くの企業がさまざまな名目の費用徴収に耐え切れなくなっているため，税外負担を大幅に低減する必要があることや，イノベーション型の企業発展および企業のIT活用を促進することがあげられる。

---

(10) 『人民日報・人民網』2018年2月28日。
(11) 中国『毎日経済新聞』2018年1月10日。

2018年には中国大中企業の100元当たり売上高に占めたコスト額は，84.71元で前年比0.21元減少，さらに2018年1月～2月にそのコスト額は83.98元で前年同期比0.33元減少した[12]。近年，企業の技術進捗や従業者の熟練度の上昇に伴う企業の労働生産性の向上[13]（図表1-6）により，企業の生産コストが引き下げられた。

　こうして2018年には中国大中企業の利潤総額が前年比10.3％増加している。しかしながら，12月にはその利潤額は8.4％と前月比1.9％を減少した。中国国家統計局によると，2018年12月の中国工業部門企業利益は前年比1.9ポイント減少し，6,808億元（1,009億ドル）となり，2カ月連続でのマイナスとなっている。米中貿易摩擦が長引くなか，数多くの企業は国内物価の鈍化・低迷や弱い生産活動の悪影響を受けたと考えられる。企業は沿海部の一部輸出型の企業が米国との貿易摩擦の影響で受注が減少したり，リストラしたりして工場閉鎖や廃業に見舞われている。今後も米中摩擦の激化につれ，輸出企業をはじめとする製造業の生産活動が厳しい展開が見込まれている。中国の企業利益は2018年通年では10.3％増の6.64兆元で前年の21％増から，10.7ポイントも大幅に減速した[14]。

③ **不動産在庫の解消**

　不動産住宅在庫の増加は，経済の発展に大きな影響を及ぼしている。2015年末の時点で中国の不動産在庫面積が7億1,853㎡以上，中でも住宅在庫面積は4億5,000㎡以上に上った。これが不動産投資の減速につながり，不動産の投資は2.8％まで大幅に低下，投資全体の伸びを押し下げ，経済の成長の足を引っ張っている。そこで，中国政府は金利の引き下げ，購入制限の取り消しの

---

[12]「国家統計局解読2018年1～2月の工業企業利潤数拠」『中国政府網』2018年3月28日。
[13] 例えば，2018年の中国企業における一人当たり労働生産額は前年比6.7％増の107,912元となっている（中国国家統計局『国民社会経済発展公報』2018年2月28日）。
[14] ロイター，2019年1月29日。

中止，購入頭金引き下げなどの措置によって，在庫面積を減少させた。2016年の不動産在庫面積は6億9,539万㎡で15年より2,314万㎡減少し，住宅在庫面積は4億257㎡で4,743万㎡減少した。

また，2016年以来，中央政府・地方政府が旧住宅や中小都市再開発などの対策で積極的に不動産の在庫の解消や住宅購入の増加に取り組んできた。さらに在庫面積が減少し，住宅投資・着工面積が増加している。2017年に不動産在庫面積は5億8,923㎡で，前年より15.3％減少し，さらに2018年末全国5億2,414万㎡で前年比11.0％減少している。

2018年に不動産・住宅市場は回復し，比較的顕著な発展を見せている。それは，地方都市や三・四線都市（中小都市）の需要が高まった原因によると考えられる。

近年，中国政府は，都市化を進め，旧住宅・仮住まいを改造させる計画を打ち出し内陸部などの中小都市の都市開発・整備を強化させている。旧住宅・インフラなどが完備されていない住居から，引っ越しさせ，新しい住居を購入するために費用・支援金を支給したことにより，住宅在庫面積の減少や新規投資・着工の増加をもたらしてきた。例えば，18年に沿海部の住宅の販売面積は，6億7,641万㎡で前年比5％下がっている。一方，中部・西部の内陸部の住宅販売面積は，それぞれ5億695万㎡，4億5,396万㎡で17年比6.8，6.9％増加している。

しかしながら，不動産在庫の解消においては，全体の在庫面積は低下させたものの，まだ5億2,414万㎡残っており，在庫状況が依然として･厳しいと言わざるをえない。

なお，図表1-8に示したように，2018年には全国の住宅販売面積と販売額は，17年比1.3％，12.2％増となっている。なかでも中部・西部の販売面積と金額は，目立っている。販売面積の増加率は全国平均1.3％よりそれぞれ5.5ポイント，5.6ポイント高い。そして販売額は同5.9ポイント，11.2ポイント増加している。

【図表1-8】中国における不動産販売状況（2018年，地域別）

地区	不動産販売面積		不動産販売額	
	万㎡	前年比（％）	億元	前年比（％）
全国合計	171,654	1.3	149,973	12.2
東部地区	67,641	−5.0	79,258	6.5
中部地区	50,695	6.8	33,848	18.1
西部地区	45,396	6.9	31,127	23.4
東北地区	7,922	−4.4	5,740	7.0

出所：図表1-4と同じ。

④ 債務削減・ゾンビ企業の退出

　中国政府は積極的に企業の保有資産の活用を促し，債務の株式化をサポートし，エクイテナンスにさらに力を入れ，過剰債務の削減に取り組んでいる。16年10月公表した『企業のレバレッジ比率を積極的かつ着実に引き下げることに関する意見や『市場化した銀行債権の株式化に関する指導意見』により，下記のような措置を取ってきた。つまり①企業の合併と再編，②コーポレートガバナンスの強化，③企業資産の活用，④企業の債務構造の最適化，⑤市場ルールによる銀行債権株式化の推進，⑥法に基づいた企業倒産の実施，⑦エクイティファイナンスへの取り組み，を行うことである。

　こうして，17年上半期まで，債務株式化の契約プロジェクト企業は56件，45社に達し，その契約は7,095億元となっている。そのうち，鉄鋼・石炭などの国有企業は債務株式化主体で契約した企業の98％を占めている。18年末，全国大中企業債務率は，51.5％に下がり前年比0.4ポイント減少した。大中工業企業の債務率は前年比0.5ポイント減の56.5％となっている。うち，国有持ち株会社の債務率は58.7％に下がり，1.5ポイント減少した。

　しかしながら，単月のデータからみると，2018年12月末時点の工業部門企業の負債は前年同期比5.2％増の64兆1,000億元，11月末時点は前年比5.8％増加していた。

　なお，2018年に中国政府がとりわけ経営が好転する見込みのない，いわゆる「ゾンビ企業」について，債務処理や合併・再編を推し進めることで，市場

からの退出を強化させている。18年8月に中国国家発展改革委員会，人民銀行，財政部，銀保監会，国資委5省庁は，企業の負債比率を引き下げていくための今年の取り組みのポイントを発表し，ゾンビ企業を退出させるための税制政策などもしっかり実施し，負債比率引き下げの手段として，債務の株式化を一層推進させている。

　また，同年12月4日，国家発展改革委員員会が「ゾンビ企業」の更なる実施に関する通知および能力低下企業の債務処分」という通知を発表しそして12月21日の中央経済作業会議は，適者生存を着実に促進し，「ゾンビ企業」の退出を加速し，その実施措置を策定し，そして新しい技術，新しい組織形態，新しい産業クラスターの形成と発展を促進する必要があると提案した。

　このように中央政府の努力で2018年末までに1,900社超の『特別な困難を抱えるゾンビ企業』の処理を終えた。これらの企業は2017年と比べ373億元，2015年と比べ2,007億元，それぞれ損失を削減し，増益となった。しかしながら，ゾンビ企業の処理に伴う従業員配置転換及び財務処理が依然として難点で，今後，ゾンビ企業の市場からの退出をさらに進め，同企業の減損処理や人員配置や再就職に重点的に取り組む課題である[15]。

　最近，中央政府は，「ゾンビ企業」の立ち上げの困難さ，実施の困難さ，人員の再定住の困難さ，市場清算などの問題への適切な対処を強化する必要があると強調した。18年末に発表された「ゾンビ企業のさらなる任務の遂行に関する通知」によると，地方政府および関連する国有資産管理部門は，債務処分を行う必要のある「ゾンビ企業のリストを決定し，リストを決める作業は，2019年2月23日までに完了させるという[16]。

　地方政府は上述の中央政府の通知・指示を受け，動き出している。例えば，陝西省の劉国中省長（知事）によると，2019年に，同省は78ゾンビ企業を退出し，210万トンの石炭の過剰生産能力を削減する計画である。

---

(15)「国資委：截至去年底超1900戸"僵尸特困企業"完成処置」(『人民網』2019年1月17日)。
(16)『中国経済参考報』2019年2月1日。

「ゾンビ企業」の取扱い/解決の進展に伴い，国有の「ゾンビ企業」の後遺症，特に従業員の救済・再就職対策が，政府政策上の注目の対象となっている。これまでゾンビ企業の処理・淘汰させる場合，中央財政部からゾンビ企業処理補助金を支給されることになる。

　例えば，経緯紡績機械グループは，2017年3月，2018年1月に2回も財政部から補助金を1.17億元，3,705万元もらった。それを主にそのゾンビ子会社・部門の従業員の救済・再就職に活用させている。今年もらった補助金（3,705万元）を傘下の青島宏大紡績機械などの6社の従業員の失業補助金としている。

　なお，国務院国営資産監督管理委員会によると，2018年末現在，中央国有企業の平均資産負債比率は65.7％に低下し，前年同期比で0.6ポイント低下した。現在，中央企業のデット・エクイティ・スワップ累計金額は2,800億元を超え，そのうち2018年には873億元に達した[17]。中央政府は現下，債務リスクを厳密にコントロールするという視点から，国務院国有資産管理委員会は債務管理の目標を実現し，中央政府系国有企業がデレバレッジに努め，債務削減を促進し，債務規模と資産負債比率の二重管理を強めようとしている。

　最後に，脆弱部分の補強にとして，公共サービス，インフラ，イノベーションの発展，資源・環境など基盤力の向上を注力している。こうした分野への投資面で，政府が全体投資伸び率の7.2％に比べ，さらに投資の度合いを強化している。例えば，公共サービス・環境保護などへの投資は21.2％増加している。イノベーションに関し，R&Dへの投資は前年比11.6％増の1兆7,500億元に達し，GDPの2.12％を占めた。2018年に特許申し込み件数が前年比16.9％大幅増の432.3万件となっている。

　18年後半から政府は脆弱部分の補強のために積極的に政策支援を強化し，地方の特別社債発行を加速し，主要インフラプロジェクトの承認を加速させ

---

[17]「国資委：央企金融衍生（デリバティブ）業務厳禁投機」『新華網』2019年1月16日）。

た。すべての部門および地域は積極的に政策を導入し，政策の実施に細心の注意を払い，多数の建設中のプロジェクトの円滑な実施を促進し，そしてプロジェクトの稼働率を効果的に向上させた。多くの主要な建設プロジェクトの実施を促進するために懸命に働いており，インフラ，農業，農村地域および人々の生計などへの投資の伸びは着実な傾向を示している。

18年のインフラ投資は前年比3.8％増加し，成長率は年初比で大幅に低下したものの第4四半期には着実に回復した。その中で，道路輸送業界の投資は8.2％増加し，特に生態保護および環境保全・管理のための投資は43％と大幅に増加している。

また，農村振興・活性化戦略は着実に進んできた。18年，農業関連分野への投資は19.8％増加し，成長率は総投資を13.9％ポイント上回った。その中で，農業投資や畜産投資及び漁業投資は，それぞれ17年比15.4％，11.7％，19.4％と大幅に拡大している。

18年，社会部門への投資は2桁の成長を維持し前年比11.9％増加し，うち，教育への投資は7.2％，健康への投資は10％，文化，スポーツ，娯楽への投資は21.2％の大幅増となっている。

なお，中国では貧困地区と貧困人口はまだ数千万人以上で，2020年に政府が小康社会を全面的に遂行させる最も脆弱な部分で，政府は近年的確な貧困救済・貧困脱却措置を強力に推進したことにより，18年に農村貧困人口は1,660万人（全国人の約1.2％）で17年より1,386万人減少し，貧困地域の住民の可処分所得は，前年比10.6％増の10,371元になっている。こうして貧困地域の住民の可処分所得は中国農村部における可処分所得の平均の71％に相当し，12年より約9ポイント上昇した。

(2) イノベーションによる構造転換・産業高度化への推進

注視すべきもう一つの対策・取組は，中国政府が経済失速を防ぎ，経済の安定成長（20年までにGDP成長率6.5％）をめざし，イノベーションによって，経済の構造的転換を狙うことだ。13次五カ年計画は次のように強調している。

イノベーションは発展を牽引する第一の原動力である。イノベーションを国家の発展全体の中核に置き，理論・制度・科学技術・文化など各方面のイノベーションを絶え間なく推進する。

　中国政府は景気減速が続く中，人件費などの製造コスト上昇に伴う労働集約型産業の衰退や生産能力過剰による重工業・素材産業の低迷への対処に苦慮している。現在，政府は従来の高度成長から中高度成長へと，成長速度をシフトダウンさせ，労働・資本投入の量的拡大に依存した発展の限界を克服しようとする。そのために，新たな成長のけん引役・原動力であるイノベーションにより，産業構造調整・経済構造の転換を図ろうとしている。

　そのイノベーションはローエンドの製造業から，中・ハイエンドの製造業への転換を主眼にしている。具体的に過剰生産能力の解消と中速成長を両立させるには，これまでの重厚長大産業に代わる牽引役，即ち従来の中国の得意ではないハイエンド産業を創出・構築することだ。技術集約度・付加価値の高い産業の発展や経済の新たな成長を促すにあたり，中国政府は「中国製造2025」と「インターネット＋」という戦略を掲げている。

　「中国製造2025」は，IoT（モノのインターネット）・AI（人工知能）をはじめとする世界の第四次産業革命を契機に，2025年までに製造大国から製造強国への転換を推進していく。イノベーションを通して製品品質の向上，国産ブランドの確立を図り，先端的な10大重点分野（次世代IT，ハイエンドNC工作機械・ロボット，航空宇宙関連設備，海洋プロジェクト用設備・ハイテク船舶，先進的軌道交通設備，省エネ・新エネルギー自動車，電気設備，新素材，バイオ医薬・高性能医療機器，農業機械設備）における自主開発技術を実現し，そのハイエンド製造業の地位を確立させる。

　一方，「インターネット＋」は，IT技術と従来型産業との融合で，サービス産業を中心に電子商取引，工業インターネット，インターネット金融，教育，環境保全，医療福祉など新経済を拡大させる戦略だ。

　中国政府は，こうしたイノベーションを通じて新しい産業を育成し，従来の重厚長大な伝統産業を淘汰・再編する一方で，産業構造のグレードアップや経

済の成長パターンの転換を図って行こうと考えている。加えて中国政府は，2020年までにGDP原単位当たりのCO2排出量を2005年比40％〜45％に削減することを公約しており，「第13次5カ年計画（2016〜2020年）綱要」においてもGDP原単位のエネルギー消費量とCO2排出量に関する拘束性目標を定めている。こうして中国政府は，グリーン・省エネ・産業の高度化に取り組み，工業構造を資源・エネルギー多消費型，環境負荷の大きい重厚長大産業から，技術・知識集約をはじめとする産業へと転換することを目指している。

2016年3月，中国政府は全人代において第13次五か年（2016〜2020年）計画により経済発展とイノベーションの目標を打ち出している。経済発展と革新駆動（イノベーションドライバー）の2つの分野の主要指標を示している。まず（1）の経済発展分野における革新的駆動とは，新たな指標として労働生産性が導入されたことである。

つまり革新的駆動は，イノベーションによりモノやサービスの質が改善され労働生産性が上昇させて経済成長を図っている。そのために16年から20年までの5年間で労働生産性の年平均伸び率を6.6％以上に設けており，実質GDP成長率6.5％よりやや高い伸び率を目標としている。その背景として，17年の初めごろから労働人口が減少すると予測されており，実質GDP成長率の目標を達成するためには，1人当たりの労働生産性の引き上げの必要性があげられる。（2）革新駆動（イノベーションドライバー）分野をみると，15年から20年で，研究開発費の対GDP比を2.1％から2.5％，1万人あたりの発明特許保有量を6.3件から12件，科学技術の経済成長に対する貢献度を55.3％から60％としている。更に初めてインターネット普及率が主要指標に加わり，固定ブロードバンド家庭普及率を15年から20年で40％から70％，移動ブロードバンド普及率を57％から85％まで引き上げることが盛り込まれている。研究開発において，民間企業による研究開発費の貢献度が76.6％を占めるため，民間企業により一層の研究開発が促進されることが期待されている[18]。

---

(18) 片白恵理子「中国のイノベーション政策」（調査レポート）住友商事グローバル

【図表1-9】中国研究開発費の推移

出所：中国国家統計局『2017年国民経済和社会発展統計公報』より作成。

　近年，中国は研究開発への投資を拡大している。2018年には研究開発の支出金額は11.6％増の1兆9,657億元に達し（図表1-9），GDPの2.18％を占めるようになった。中国は，イノベーションの進展に伴い，新技術産業・ハイテク産業など関連製品が大きな発展をみせた。C919大型飛行機や復興号高速列車，量子通信・衛星および深海探測など数多くの重要な技術成果が生み出されてきた。また，年間38回の航空宇宙打ち上げに成功，4号機は月の裏側に着陸し，データをリレー星により地球に送り返した。そして北斗3号機の基本システムが完成し，世界規模のサービスを提供し始めた。

　特に中国は，図表1-10に示したような「六新」という新しい成長動力により，経済成長パターンの転換・産業の高度化を推進させている。

リサーチ2016年5月18日。

【図表1-10】新しい成長の動力

		内容	代表例
六新	四新	新技術	C919大型飛行機，復興号高速列車，量子通信，深海探査
		新産業	戦略性新興産業，ハイテク産業，装備製造業
		新業態	ネット小売り，宅配速達
		新経営モデル	シェア経済，デジタル経済，プラットフォーム経済
	新産品		ロボット，新エネ車
	新動力		大衆創業，万衆創業，規制緩和

出所：各種資料より。

　なお，国家統計局によると，中国の研究開発はますます発展している。中国は特許において，世界有数の出願大国になっている。2018年特許出願件数は17年に比べ17％大幅増の432.2万件であった[19]。中国の付加価値の高いソフトウェア・情報技術サービス産業の事業収入は15％増加し，GDP1万元あたりのエネルギー消費量は3.1％減少した。技術革新・R&D投資の拡大に伴う産業構造の転換・産業の高度化により，企業とくに新興産業の付加価値が上昇するのみならず，エネルギー使用効率も高められつつある。

　なお，PwC（Price waterhouse Coopers）は，2018年に中国の研究開発投資が34％増加し世界で最も成長率の高い国となったとの報告を発表している[20]。同報告書によると，2018年には，研究開発の分野における世界最大のイノベーション企業は，前年比11％増の7,820億ドルに達している。その中で，中国イノベーション型の企業研究開発投資は，600.8億ドルで世界イノベーション型企業研究開発投資全体の僅か7.7％を占めるにすぎないが，投資増加率（34％）がヨーロッパ（14％），北米（7.8％），日本（9.3％）をはるかに上回っている（図表1-11）。

---

(19) 中国統計局『中国2017年国民経済和社会発展統計公報』2019年2月28日。
(20) PwC中国「中国企業研発領跑全球」2018年11月1日。https://www.strategyand.pwc.com/cn-s/press-release/2018-innovation1000-cn

【図表1-11】調査対象企業の国・地域別R&D支出額の推移（10億ドル）

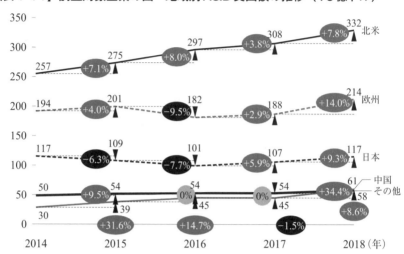

出所：Bloomberg, Capital IQ, PwC Strategy & 2018年グローバルイノベーション1000調調査（Pwc）より。

　2018年に中国企業のイノベーションの研究開発費総額は17年の1,000社イノベーション総額の6.4％から7.8％を占めるようになっている。イノベーション型の1,000社に入った中国企業の数は125社から145社に増えている。

　中国はイノベーション主導による成長が急拡大期に入っている。今年に入ってから中国製造業のイノベーションシステムは徐々に整備が進み，製造業イノベーションセンターの建設プロジェクトは，集積回路（IC）とインテリジェントセンサー，軽量化材料，デジタル化設計製造の4つの国家級センターの設立が新たに承認された[21]。また，中国国家科学技術重大特定プロジェクトは着実に推進しており，水陸両用機AG600が水上飛行に成功，世界初となる40万トン級AI搭載スマート超大型鉄鉱石運搬（VLOC）の引き渡しも完了した。

---

(21) 中国工業情報化部の苗圩部長は2018年12月27日の全国工業情報化工作会議での講話。

【図表1-12】中国の対外直接投資・M&A

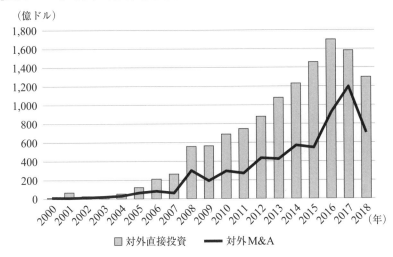

出所：中国商務部資料などより作成。

工業分野では供給サイド構造改革も本格的に進められ、生産能力の削減強化で設備稼働率は穏やかに向上している。

要するに中国政府は研究・開発を推進し、イノベーション・革新的駆動に積極的に取り組んで、中国産業の高度化、技術集約型・付加価値の高い産業・経済構造や経済発展パターンへの転換を目指しているのである。

(3)「一帯一路」による海外移転の加速

他方、国内余剰能力の解消・削減のためのもう一つの取り組みの動きとして、鉄鋼など中国企業の海外進出が挙げられる。近年、国内の産業能力の解消、海外技術資源の獲得などのために対外直接投資・M&Aを拡大してきた（図表1-12）。

鉄鋼産業などの生産能力過剰の深刻化につれ、中国政府が「一帯一路」戦略の下で、過剰能力を抱えている鉄鋼など素材企業の海外移転を推奨している。「13次五カ年計画」期間中、中国はインフラ関連で17兆円を投資してカザフ

スタン，ワルシャワ，マドリード，ハンブルグ，アムステルダムなどに向けた鉄道関連で8,000億元以上，交通道路には1兆6,500億元を投資する予定である。一方，海のシルクロードでは西アフリカから西アジアや南アジア・東南アジアに投資する，民間の沿岸投資に1.6兆円，政府系金融機関からは500件，5.兆1,000億円に上ると見込まれている。

【図表1-13】中国鉄鋼メーカーの海外進出（2016～2018年）

会社	進出先	投資形態	事業内容
河北鉄鋼集団	セルビア	買収	製鉄
広西盛隆冶金	マレーシア	合弁	350万トン総合製鋼子会社
宝山鉄鋼集団	インド	100%	鋼材加工
文安鉄鋼・中冶集団	マレーシア	100%	鉄鋼500万トン セメント300万トン コークス200万トン
青山集団	インドネシア	100%	ステンレス鋼プロジェクト （18年に年産200万トン）
中国（国際産能合作）	ブラジル	100%	750万トン鉄鋼
広西盛隆冶金と北部湾港務集団	マレーシア	100%	製鉄所（350万トン）
一冶集団	パキスタン	100%	製鉄所契約（年50万トン）
山西建邦鉄鋼	インドネシア	100%	製鉄所設立計画
国機集団	アゼルバイジャン	100%	製鉄所建設（年産125万トン）
中冶華天	オマーン	EP契約	SOHAR STEEL 年産50万トン
青山集団	ジンバブエ	100%	製鉄所年産200万トン （MOU締結）

（注）青山集団は13年にすでにインドネシアに進出，15年にニッケル鉄を30万トン生産。
出所：中国商務部『中国対外投資発展報告』2017年版と2018年版より作成。

　こうした投資を通して鉄鋼などのインフラ関連の素材産業の海外シフトを推進し，余剰生産能力の削減につなげたい中国政府の戦略の下，鉄鋼会社による海外進出の動きが活発化してきている（図表1-13）。河北鋼鉄は2014年11月，鉄鋼商社であるデュフェルコ社（スイス）の子会社の株式51％を取得。15年3月24日，河北省の張潔輝副省長によると，河北鋼鉄は，生産能力の11％（過剰分に相当する500万トン）を南アフリカに移転させることに南アフリカと合

意している。なお，2016年4月5日セルビア経済省の公表によると，河北鋼鉄は4,600万ユーロで同国Zelezara Smederevo鋼鉄企業の買収，ならびにセルビアのスメデレヴォにある製鉄工場を買収することで同国政府と合意した。河北鋼鉄は海外への投資・生産移転を進めることで，国内の生産過剰の解消を図ろうとしている。

　この他に首鋼集団は，マレーシアで現地側と合弁によるミニ高炉を稼働した。宝鋼集団はタイで鋼管工場，ベトナムで製缶工場をそれぞれ操業中であり，現在，自動車用鋼板の海外工場建設を計画中である。

　近年，河北省政府は，『河北省鉄鋼セメント板ガラスなど生産・供給過剰能力の移転の促進』文書を公布し17年までに海外に500万トンをシフトし，鉄鋼製品2,000万の目標を達成させる計画。その投資地域は主に東南アジア，アフリカおよび西アジア地域だ。河北省発展改革委員会の高官である喬暁林は，近年，河北省は「外向的」開発戦略を積極的に実施し，優秀な企業に国際的な能力協力を促す一連の支援政策を導入したと述べた。17年末現在，河北省の約1,000の企業が約80の国と地域で150億ドル以上を投資しており，投資分野は鉄鋼，セメント，ガラスを中心する素材産業など20以上の業種にわたっている[22]。

　過剰企業は積極的に対外投資を通して事業ポートフォリオの多角化を進めている。例えば河北鉄鋼集団では，カナダ，オーストラリア，南アフリカなどに進出した子会社は，20余りがある。投資は鉄鋼，鉱石，金融，不動産などにわたっている。また，同省の徳龍鉄鋼公司とタイPermsin鉄鋼公司など3社はタイに年間60万トン熱延鉄鋼製品を生産することで合意している。

　中国は，官民を挙げて中東やロシア・中央アジア，欧州等に投資を拡大してきた。中国企業による「一帯一路」沿線エリアの鉄道，道路，港，空港，エネルギー，電力などインフラ建設プロジェクトは，中国の設備プランの輸出を促

---

[22] 周亜彬「一帯一路国際産能合作推介商談会召開看河北企業如何抓住機遇境外開花」『長城網』2018年8月7日。

進した。中国企業はすでに36の国家に77の経済協力区を設置，紡績や家電，鉄鋼，建築材料，化学，自動車，非鉄金属などを生産するための投資が，18年末，ストックベースで1,700億ドル以上に達している。

業種は繊維や家電，移動・固定通信のほかに，インフラ設備や，生産能力の余剰している建材・素材等多岐にわたっている。例えば，中央アジアのカザフスタンへの投資は，18年6月にまでに156億ドルに上って，鉱山採掘や冶金，セメントなど素材産業に集中している。また，中国ステンレス民間大手の青山集団は，16年12月にインドネシアで青山鉄鋼公司を設立，2018年にステンレス鋼200万トンプロジェクトを稼働する予定である。こうして中国の鉄鋼など素材メーカーは，活発に「一帯一路」沿線国・途上国に進出し，現地生産・販売を目指している。18年の同エリア投資額は156.4億ドル[23]で前年同期比約9％増加し，進出企業は1,000社以上に達している。

中国政府は積極的な海外投資を通して，国内の過剰生産能力など製造部門の海外移転を積極的に促進しつつある。13年以来，対外投資は1,000億ドルを超え，素材産業などの「一帯一路」沿線エリアを中心とする投資を進めてきている。

総じて，中国政府は，海外進出を生産余剰能力の対策の一つとして，「設備製造の海外進出」・「国際産業能力合作」[24]戦略を打ち出し，シルクロード基金や融資優遇措置などを実施し，「一帯一路」・途上国を中心に鉄鋼や素材産業・生産能力過剰など企業の海外進出を促進している。

4. 中国経済の新しい成長力と経済発展の特徴

中国工業・製造業は，過剰生産能力の削減がより踏み込んで推進した。18

---

(23) 非金融系投資。
(24) 2015年5月16日に国務院が『国際産業設備能力と設備製造協力に関する指導意見』を公表し，中国の産業状況に合わせ，途上国を中心に鉄鋼や金属，建材など素材産業・機器製造業の海外シフト・現地との協力を目指している。

年は鉄鋼の過剰生産能力3千万トン削減という目標を目標値以上に達成したのは、新たな原動力が下支えの役割を果たした。2018年、ハイテク製造業の付加価値額が17年比11.7％増加し、設備製造業の付加価値額は同8.1％増加し、工業全体の増加率6.2％を明らかに上回った。加えてニューエコノミーの台頭は中国経済の新しい成長の源となっている。

(1) 中国経済の新しい成長力

中国の新経済については、李克強総理が2016年春の全次代で次のように述べた。経済発展のための新たな推進力を醸成し、中国の経済変革を促進することであり、その範囲と含意は非常に広く、3つの産業における「インターネット＋」、モノのインターネット、クラウドコンピューティング、電子商取引などの新興産業およびフォーマットのみならず、工業生産における知的生産、大規模な特注生産なども含まれる。

近年中国は伝統的重厚長大産業の過剰性生産能力をはじめとする供給サイド改革に取り組みながら、新経済を新興させ、経済発展を推進させている。

2018年11月の中国国家統計局計が初めて新経済的付加価値のある中国経済データを公表している。それによると、17年の全国の新経済（新産業、新業態、新ビジネスモデル）[25] 経済成長率は12億9,579万元で、GDPの15.7％に相当し、前年比0.4ポイントの増加となった。17年には、第一次産業の「三新」産業の経済付加価値はGDPの0.7％、第二次産業のそれはGDPの6.6％、第3次産業では、GDPの8.4％に相当する。第三次産業の「三新」経済は急速に成長しており、現在の付加価値成長率は17％であり、これはGDPの0.4％の増加に相当している。

昨今、中国経済が減速している中、新産業と新事業の新モデルを核とする新たな経済活動の動力が絶えず強化され、それが中国の安定した経済成長と経済

---

(25)「3つの新しい」経済は、新しい産業、新しいフォーマット、そして新しいビジネスモデルという生産活の集合である（「我国首次正式発布"三新"経済増加値数据」2018年11月22日『新華社網』）。

構造の変革とアップグレードを促進する重要な力となったと分析している。

　また，18年2月27日，『中国シェア経済発展年次報告（2018）』によると，中国ではモノやサービスを個人間で貸し借りするシェアリングエコノミー（共有経済）が急成長を続けている[26]。17年の中国シェアリング経済市場の取引額は前年比47.2％大幅増の4兆9,205億元に上っている[27]。うち，非金融分野におけるシェア経済の取引額は前年比約67％％増の2兆941億元（図表1-14），シェアリング経済の融資額は同25.7％増の約2,160億元になっている。

　シェア経済の市場構造をみると，金融分野のシェアリングエコノミー取引額が全体に占める割合は前年の62.4％から57.4％と5ポイント低下したものの，非金融分野のシェアリングエコノミー取引額が全体に占める割合は前年の37.6％から42.6％へと5ポイント上昇した。こうした構造変化は，中国のシェアリング経済の市場取引は，金融・投資・支払い手段などの分野から，知識機能や生活サービス，住宅・宿泊，交通分野など多様な分野にまで広がっている。しかも増加のスピードが速く，17年に，知識機能や生活サービス，住宅・宿泊のシェアリング取引額はそれぞれ大幅に前年比126.6％，82.7％，70.6％増加している。

　注目すべきは中国のシェアリング経済分野におけるイノベーションやユニコーン企業が極めて大きな成果をあげ，世界的なシェアリング経済イノベーションを先導する役割を果たしている点である。

　17年末時点で世界のユニコーン企業[28] 224社のうち，ofoや滴滴をはじめとする中国企業は60社あり，うち従来型のシェアリング経済属性をもっている企業は31社と，中国のユニコーン企業全体の約52％を占めている。

　図表1-15に示したようにシェアリング経済は，雇用を拡大している。2017

---

(26)「中国のシェアリングエコノミー市場規模，2017年は前年比47.2％の大幅」『中国網 Japanese CHINA.ORG.CN』2018年2月28日。
(27) 中国国家信息中心『中国共享経済発展報告』2018年，p.6
(28) ユニコーン企業とは，企業価値が10億ドルを超える非上場のベンチャー企業である。

第1章　新しい情勢下の中国経済発展の変化と課題

【図表1-14】シェアリング経済の市場規模（2017年）

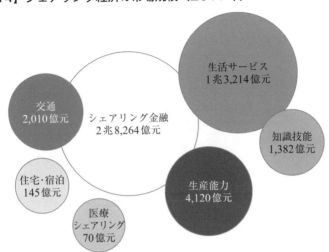

出所：中国国家信息中心『中国共享経済発展報告』2018年。

年，中国のシェアリン経済にかかわった従業員数は，16年比131万人増と716万人に達している。それはまず雇用面で中国の経済転換・産業高度化に貢献していると考えられる。17年に鉄鋼など素材産業（石炭，セメント，化学，非鉄金属）の過剰生産能力削減に伴った失業者を393.1万人再就職させた

また，シェアリング経済は，IoT・製造業とインターネットとの融合を通して製造業生産能力シェアリングの発展をもたらしている。生活サービス分野のようにシェアリングの浸透度合いは大きくないものの，製造業のシェアリング市場はますます拡大しており，前述のように製造業のシェアリングの取引額は4,120億元に達した。

今後，中国のシェアリング経済市場は，向こう5年にわたって年平均30％以上の急成長を持続し，農業，教育，医療，介護などがシェアリングエコノミーの新たな成長分野になる見通しで，中国は世界のシェアリング経済の革新

33

【図表 1-15】シェアリング経済型企業の就職状況

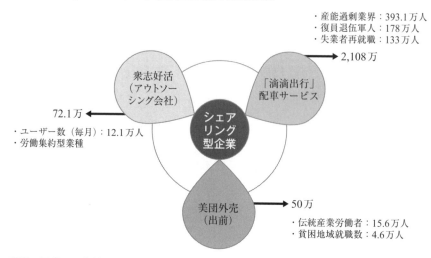

出所：図表1-14と同じ。

者，牽引役になりつつある(29)。

　シェアリング経済が大きく発展した背景は，中国の13億人以上の厖大なインターネット市場やIT産業の発展と産業構造の高度化などに加え，中国政府によって促進されたことにある。例えば2017年6月に中国国務院が打ち出した，シェアリングエコノミーの健全な発展の促進措置が上げられる。すなわち①異なる業界・分野のシェリングエコノミーの業態・属性を合理的に定め，市場主導の維持，分類指導の強化，条件を備える業界，地域，各種市場主体の大胆な探求の奨励で，シェアリングエコノミーを発展させること，②シェリングエコノミー発展に不適当な行政許可や商業登記などの項目及び関連制度を整理・調整し，古い方法で新しい業態を規制することを避けること，③イノベーション奨励，包容・慎重の原則に基づいて，新規参入基準と監督管理政策を打

---

(29)「中国は世界のシェアリングエコノミーの革新者・牽引役」『人民網』2018年3月6日。

ち出すことである。また，業界と地域の障壁を打破し，シェアリングエコノミー・プラットフォームでの企業の独占行為に対する監督管理と防止を強化させること，④各当事者の責任を決め，シェリングエコノミーの規範的で秩序ある，持続的で健全な発展を促進し，公平な競争を奨励する，ことである(30)。

17年1月に中国工業情報化部が公表した『国家インターネット発展研究報告』によると，インターネット経済をベースにする情報・データ経済は経済成長をけん引し，産業グレードアップの主要エンジンとなりつつある。同報告書によると中国のインターネット経済は2015年の時点ですでに18兆6,000万元になり成長率は17.5％とGDPの成長をはるかに上回っている。そして中国のインターネット経済はGDP増への貢献率が68.6％と，先進諸国並みにあるいは幾つかの先進国を超えている。

中国は，インターネットと実体経済とが融合し，「中国製造2025」の戦略の下で，IoTやビックデータなど技術を活用し，製造から「製造＋サービス」への転換に取り組みつつある。

なお，カーシェアリング大手の滴滴出行会社のデータによると，16年5月末に17の省における鉄鋼・石炭など余剰能力削減によりリストラされた失業者のために，100万人以上のポストを提供した。16年10月のドイツRoland Bergeコンサルティング『2018年中国自動車シェアリング市場分析報告』によると，中国はすでに625億ドルの自動車シェアリング市場規模と54％の増加率を持っている。同報告書の予測では，中国の自動車シェアリング市場は，18年にさらに2,300億ドルの規模になり，世界シェアは現在の33％から44％にまで上る見通しである。加えて自動車シェアリング市場の需要・利用回数は，15年の816万回/日から18年には3,700万回/日にまで拡大していく予測である。

さらに中国工業情報化省の信息通信研究院（『中国数字経済発展与就業白皮

---

(30)「中国政府，シェアリングエコノミーの健全な発展に四大措置」『中国網Japanese CHINA.ORG.CN』2017年6月24日。

【図表1-16】シェアリング経済型企業の従業員数の拡大

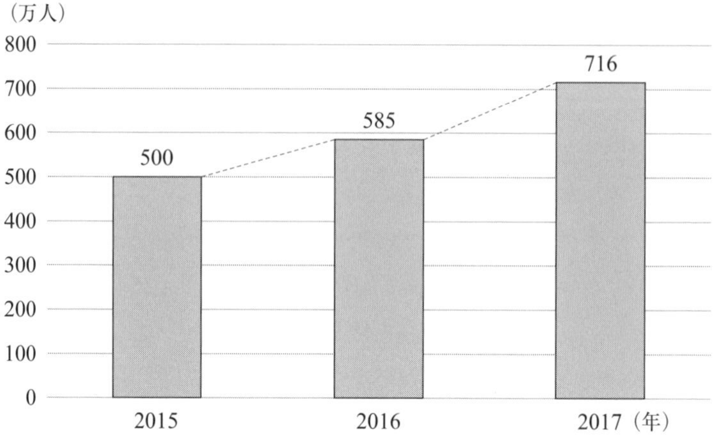

(万人)
- 2015: 500
- 2016: 585
- 2017: 716

出所:図表1-14と同じ。

所2018』)によると,17年の中国デジタル経済の規模は,16年比20.3％大幅増の27兆1,737億元となり,GDPの約33％を占めており,前年比同2.6ポイント上昇し,一部の先進国水準に近づくあるいは超えている。そしてデジタル経済の発展は,中国の雇用も拡大している。目下1億7,000万人がデジタル経済分野に務めている。デジタル経済は近年来,経済成長のメイン・パワーとして,経済パターンの転換・産業の高度化を推進しつつあり,17年のGDPに対する寄与率は55％に上昇した。

このように,デジタル経済をはじめとする情報経済は経済成長をけん引し,産業高度化を促進する駆動力となっている。

そしてシェアリング経済は,経済転換期を迎えた中国にとって,伝統的産業の生産能力が余剰している中,輸送道具など資源供給・配置が1人当たりの不足・アンバランスを克服するための有効な道である。足元の中国は発展の原動力転換という重要な時期にあり,シェア経済の発展は新たな経済成長エンジンの育成,転換期における供給側改革に伴う痛みの解消・軽減に良い影響を与えている。たとえば,中国配車アプリ「滴滴出行」はこの4年間30万倍成長し

て新しいビジネスとして，庶民の生活スタイルを変えるだけではなく，雇用機会・従業員収入・副収入も拡大させている。

　前述のように中国は17年，情報通信・ソフトウェアと情報技術サービス業の付加価値は前年比3割近くもの大幅増の2兆7,500億元となり，インターネット経済と関連サービス業の伸び率が高く，転換期における中国の新しい経済成長に対する寄与率が上昇しつつあり，新たな成長エンジンになっている。

　今後，中国は第4次産業革命の下で，経済成長パターンの転換・産業高度化を目指しAIやIoT，ビッグデータ，クラウドコンピューティングを活用した新たなビジネスモデルの創出に取り組んでいくことになると考えられる。

　なお，中国工信部が19年1月31日に公布した『2018年インターネット及びインターネットサービス統計データ解読』によると，中国大中企業におけるインターネット及びその関連サービス企業の売上高が前年比大幅増の9,562億元に達している。インターネットサービスの発達により，2018年に中国のインターネットによる小売売上高は，前年比25.4％大幅増の7兆102億元に達し（図表1-17），全国全体の小売売上高の18.4％を占め，中国の内需拡大を促進している。

　昨今，中国は産業高度化に伴い，ソフトウェア産業が大きな発展を遂げている。2018年1～10月の中国ソフトウェア・情報技術サービス産業のソフトウェア事業収入は完成ベースで5兆507億元と前年同期比15.1％と大幅に増加している。ソフトウェア・情報技術サービス産業は国民経済全体に比べ成長著しい産業であり，デジタル経済（図表1-18）に代表されるニューエコノミーが経済発展を促す新成長エンジンとなりつつある。中国国民経済の各分野のソフトウェア・情報技術サービス産業に対する需要は高まっており，ソフトウェア産業の発展の原動力は強まっている[31]。

---

(31)「中国ソフトウェア産業の拡大基調続く—18年1～10月売上高は15.1％増」「中国網（チャイナネット）」2018年12月3日。

【図表1-17】中国におけるインターネット業務の利益推移

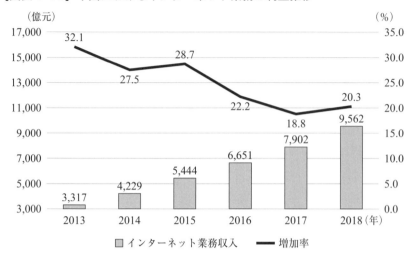

出所：中国工業和信息部『2018年のインターネットおよび関連サービス産業の経済運営」に関する報告書』（2019年1月31日）より。

【図表1-18】中国のデジタル経済規模の推移（2008〜2018年）

出所：中国工業信息化部通信研究院資料より加筆作成。

(2) 経済発展の特徴

　中国経済の発展についてそのいくつかの主な特徴が注目すべきである。まず第1は，経済発展における「二重構造」であり，つまり重厚長大産業・伝統的工業・製造業と新興産業の並行である。

　昨今，中国経済における「二重構造」あるいは「二面性」が顕在化しつつある。重厚長大産業・伝統的工業の第2次産業シェアは産業構造の調整・産業高度化に伴い，低くなったものの，重厚長大産業・伝統的工業・製造業は，第2次産業シェアの60％以上を占めている[32]。

　全産業の総資本ストックからみても，重厚長大である重化学工業が工業の比重が極めて高い。中国工業企業データベースによると，全産業の総資本ストックにおけるに31省・自治体の重化学産業の資本ストックの割合は，広東省が一番低くても59％であるが，山西省，内モンゴル自治区，河北省および山東省が93％，91％，89％，77％にも達している[33]。

　一方，中国の新興産業は台頭・発展しつつある。前述のように，新興産業の主役とするIT・IoT（モノのインターネット）関連企業（アリババ（阿里巴巴集団），テンセント（騰訊），バイドゥ（百度），JDドットコム（京東集団）及び通信大手の華為技術，ZTE，BYDなどは，IoT，AIなど新技術・新ビジネスモデルのプラットフォームを活用し，SNS，Eコマース，電子決済サービス，ビッグデータ応用，シェアリングサービス，ドローン，5G，EV（電気自動車），自動運転，ロボット，音声・画像認識，指紋識別などの分野で，イノベーションを起こし，内外市場のシェアを拡大させつつある。上述の新興産業は中国の経済の新たな成長のけん引役となっている。

　2017年のハイテク製造業，機器製造業の付加価値増加額は工業付加価値増加額の12.7％と32.7％に達している（図表1-19）。新興産業が産業発展をリードする度合いは上昇しつつある。図表1-19に示したように，2018年1月～9

---

[32] 中国工業化情報部『中国工業的発展研究報告2018』p.39
[33] 陳詩「通過供給側改革推動雾霾治理」『中国改革論壇』2016年11月16日。

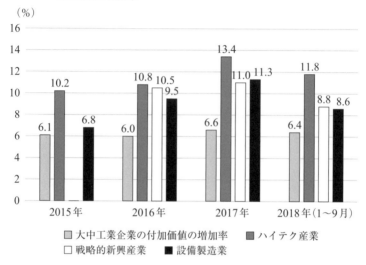

【図表1-19】ハイテク産業，戦略的新興産業，設備製造業，大中工業企業の付加価値増加率

出所：工業情報化省『中国工業の発展研究報告2018』p.20

　月の大中工業企業のハイテク技術産業，戦略的産業及び機器製造業の付加価値増加額は前年同期比それぞれ1.8％，8.8％，8.6％増加している。
　第2は地域発展の格差（沿海部（東部），内陸部（中部・西部）の格差）の活用による経済発展である。
　沿海地域における1人あたりのGDPは2017年の時点で北京，上海，天津など沿海大都市がそれぞれ，12万9,000元，11万7,000元，11万9,000元以上となっている[34]。江蘇省，山東省，福建省，広東省など沿海部の人当たりのGDPは8万元以上となっている。
　一方，中部・浅い内陸部では，4万元台にとどまっている。例えば，河南省，江西省，安徽省の一人当たりのGDP額はそれぞれ4万7,000元，4万5,000ドル，4万4,000元となっている。さらに西部・奥内陸部では，殆どの地域が3

---

(34) 中国国家統計局『2018中国統計年鑑』中国統計出版社，p.34・39

40

万元台あるいは3万元以下となっている。例えば，貴州省，雲南省，甘粛省はそれぞれ3万8,000元，3万5,000元，2万9,000元となっている。

　GDPの格差のみならず，地域の都市化率もまた格差が目立っている。北京，天津，上海という3大都市圏の都市化率が80％を超え，それぞれ86.5％，82.9％，87.7％，江蘇省，浙江省，広東省など主要沿海地域の都市化率は70％近くとなっている。一方，中部の河南省，江西省，安徽省はそれぞれ50.2％，54.6％，53.5％となって，50％前半にとどまり，内陸部の甘粛省，貴州省，新疆などは50％以下となっている。

　こうして，遅れた内陸部の経済発展の推進・都市化整備のために，インフラなど投資が拡大している。2018年には中・西部の内陸地域で投資建設のプロジェクト数は，前年比でそれぞれ30.1％および26.3％増加し，東部地域の増加率の3.1％をはるかに上回っている。

　中西部地域は中国産業の高度化に伴う労働集約産業・資本集約産業の沿海地域から内陸地域へのシフトの受け皿として，インフラ建設や固定資産投資が拡大している。2018年内陸部（中・西部）への投資は前年比7.4％，特に中部への投資は同10％も増加し，東部（同5.7％）に比べ4.3ポイント高くなっている。中部と西部の内陸部は固定資産投資に依存する度合いが大きく，その固定資産投資の対GDP比がそれぞれ93％，94％と，東部の58％よりはるかに高い。例えば，鉄道投資では，2018年に中国政府が中西部地域の鉄道建設は引き続き増加し，中西部地域では全国鉄道の66.7％を占める3,714億元の鉄道インフラ投資が完了し，16件の新規プロジェクトが開始され，1,676億元の投資規模となった[35]。

　こうした交通インフラ整備や住宅・商業施設などの固定資産投資が経済成長を牽引している。2018年，中部・西部のGDP成長率は東部の6.7％，全国平均の6.6％より高く，それぞれ7.8％，7.4％に達し，なかでも江西省8.7％，安

---

(35)「中国鉄道総公司：川蔵鉄道力争今年三季度末具備開工条件」『第一財経』2019年1月2日。

徽省8.3％，四川省8.0％，陝西省9.1％となっている。このように中国経済の成長はかなりの度合いで中西部・内陸部の経済成長により支えられている。2018年6月から2019年まで高速鉄道プロジェクトが建設され，投資規模は1兆元を超えている。そのうち中西部・内陸部のプロジェクトが17件で全体の63％を占めている。今後5年間中西部をはじめとする高速鉄道建設投資が毎年8,000億元程度投資し続ける。2019年建設予定の川蔵（四川省—チベット）鉄道は2,700億元投資される。

このように中西部の経済成長は主にインフラ投資を通して押し上げられており[36]，ひいては中国全体の経済発展を支えている。この意味で，沿海地域と中部・西部のGDP格差，地域発展格差・都市化率格差が，中国全体経済に発展する余地をもたらしている。こうした区間・地域の格差を縮小させるためには，今後10年，20年かかると考えられる。当分の間，中国経済は成長の終焉とはいえず，中高速・中速の成長を保っていくであろう。

5. 直面する問題点

しかしながら，中国の経済発展はさまざまな問題に直面している。中国にとっていかに対応し，乗り越えられるかが経済発展のカギとなる。

（1）米中摩擦に伴う経済転換・発展のための技術制約の増幅

中国政府はイノベーションを強化し，経済の構造的転換・新たな経済成長をめざしている。確かに中国で13年以来，IT技術を活用し，インターネット経済が発達しその対GDP比4％以上に至り，先進国並みの水準に達しており，新しい経済の成長に寄与している。しかし，政府が提唱しているモノづくり技

---

[36] 中西部とっては，輸出を中心とする製造業の発展や消費刺激による市場拡大に比べ，インフラ投資を改善し経済的潜在力を刺激する高速鉄道などインフラ建設投資を通じて中西部地域経済成長をけん引することは，最も良い方法と考えられる（「27個高鉄項目将開工建設，投資超過万億」『新浪財経』2018年1月14日。

術にかかわっているイノベーションは，いかに実現するかを見極めるべきである。

上述のように中国のデジタル経済・インターネット経済が発達している。特に5Gをはじめとする通信システム技術は世界をリードしている。中国勢（ファーウェイ，ZTE）が携帯基地局の世界シェアの4割以上を示している。またドローンの生産・供給の世界シェアは5割以上に達している。また科学技術面でスーパーコンピューターの計算速度に関する世界ランキングで世界1位の座を保ってきている。

しかしながら，中国ハイテク製品の輸出は世界1位とされたが，自主ブランドの輸出は1割に達しておらず，8割以上は外資系企業による輸出だ。数多くの企業は基礎研究に十分な注意を払っていないし，独創性の研究開発究に欠けている(37)。核心的で基幹部品の技術が海外に依存し勝ちだ。例えば中国のチップの自給率がわずか2割で，80％が海外輸入に依存している(38)。

「フォーチュン誌」の2018年世界企業ランキングの上位500社には，先進諸国の製造業メーカーが多く入る中で，中国企業も120社が含まれるが，ほとんど金融，資源，建設系であり，モノづくりや技術系のメーカーはまだ少ない。フォーチュン500企業のリストには，中国の製造業における国際競争力のある企業の欠如が反映されており，特に質の高い民間企業はそれほど多くなく，世界レベルの製造企業はほとんどない。

中国では，研究開発は長い間にわたって十分に重視されておらず，政府の研究開発投資はGDPの1％に満たず，日米欧をはるかに下回っていた。近年，中国政府がようやく力を入れ，その投資はGDPの2％前後に達したが，しか

---

(37) 例えば，ハイエンドのチップハードウェアおよびソフトウェア開発技術および基礎処理能力を欠いている（工業情報化省通信研究院『中国工業発展研究報告』2018年，p.41）。
(38) 「2025年芯片自給率達70％：我国毎年将省2万億，相当于再造3個華為」『捜狐』2019年1月17日。中国デジタル経済の発展に伴い，チップの海外輸入量が拡大してきている。2019年に中国は3,125.8億米ドル以上のチップを輸入し前年比約20％大葉に増加した。」

し効果が表れるまで相当の時間がかかる。とりわけ，研究開発の主役であるべき企業の多くでは，経営者が利益と配当を重視，投資期間が長く，リスクを秘める研究開発への関心が薄い。投資の多くは研究開発よりも収益率の高い不動産取引など流通分野などに向けられている。

中国の研究開発はそれを補充するためにハイテク・基幹部品を輸入するとともに欧米・日本など先進国への直接投資・M&Aを強化し，相手の技術企業・技術資源を獲得しようとしている。欧米など先進国への投資は，グリーンフィルドよりも技術資源などの買収であったことが，対先進国の買収案件からうかがえる。2016年1月，海爾集団が米国GEの家電部門を54億ドルで買収，知的財産やGEブランドを入手し，2月には，海航空集団が米イングラム・マイクロの全株式を60億ドルで買収，世界の技術製品供給チェーンを取得した。4月，浙江万豊科学技術開発が米パスリを3億2,000万ドルで買収，溶接ロボット技術と人材資源を手に入れ，7月に紫光集団が米国半導体大手であるマイクロン・テクノロジーに対して230億ドルによる買収を予定。8月には美的集団が世界有力の産業ロボットメーカーであるドイツ・クーカ社の株式約95％を取得した。

なかでも米国のハイテク企業は中国の対米投資のための主要な標的となっている。16年6月，中国企業の対米技術分野の投資案件と金額は39件，20億ドルになっている。例えば，小米科技（Xiao Mi）はインテルの米国特許332件を購入した。

しかしながら，米中摩擦が激化する中，米国が中国製品に課しているの追加関税が中国対米輸出に影響を及ぼすのみならず，中国のハイテク・基幹部品のサプライチェーンに変化が起こり，特に中国企業の対米・対先進国の技術分野への投資・買収にも大きく影響している。米中摩擦の本当の狙いは中国の国家戦略「中国製造2025」によるハイテク技術分野の台頭を抑えるためである。トランプ政権は中国に対する技術面での圧倒的優位性を保つために人工知能（AI）関連部品や超小型演算装置，ロボットなどハイテク製品の対中輸出を制限している。また，米国が中国の対米技術企業のM&Aへの制限を強化させて

いる。中国海外投資特に対外M&Aが大幅に減少している（前出図表1-12）。中でも対米投資は大きく減少している。

　Rhodium Groupが発表したレポートによると，2018年の中国の対米直接投資は48億ドルで，2017年の290億ドルより84％，2016年の460億ドルより90％減少している[39]。

　貿易摩擦から米中技術覇権の争いが顕在化しつつある。また，ほかの先進国にも波及し，安全保障の理由で中国のハイテク製品分野での投資・買収を警戒するようになりつつあることから，中国は米国をはじめとする先進国への技術資源獲得型投資・買収がますます厳しくなってきている。むしろ米中摩擦が貿易への影響よりも，米国をはじめとする先進国でのハイテク技術資源獲得が手に入れにくくなるインパクトの方が大きい。こうして，経済発展するための技術的制約は増幅していると言えよう。

　また，図表1-20には示したように，各国の研究開発への投資水準が推移していることが表れている。中国全体の研究開発費総額の対GDP比率は中国は1996年を境に増加しているが，韓国，米国，日本，ドイツなどに比べ，まだ一定の格差が存在している。特に，主要国と比べ，労働人口1,000人当たりの研究者数は最下位である（図表1-21）。

　こうした状況を受けて中国政府は研究開発体制・メンバーの拡大に積極的に取り組んでいる。2016年6月30日に開催された全国科学技術革新大会では，李克強首相が2020年までに中国の研究開発費のGDPに占める比率を2.5％にする目標を打ち出した。その為には，革新支援の政策・措置を実施・改善し，全面的な革新における科学技術革新のけん引力を十分に発揮する。まず基礎研究の不足を補う。長期的で安定的な支援を拡大し，2020年までに研究開発費がGDPに占める比率を2.5％にする。国家実験室，総合性国家科学センターなどの高水準革新プラットフォームを設立し，科学研究機関および大学の担い手

---

(39) Thilo Hanemann, Cassie Gao, and Adam Lysenko, "Net Negative: Chinese Investment in the US in 2018," Rhodium Group, January 13, 2019.

【図表1-20】主要国の研究開発費の対GDP比の推移

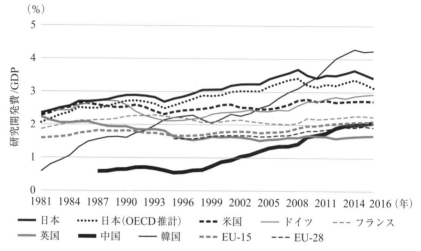

出所：文科省科学技術・学術政策研究所（2018年）

【図表1-21】主要国における研究者数の推移

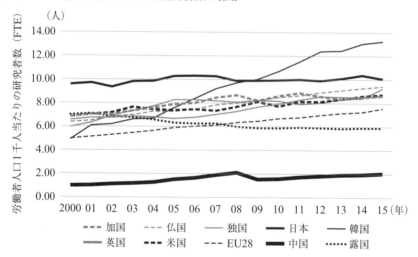

出所：科学技術振興機構『研究開発の俯瞰報告書・主要国の研究開発戦略』（2018年）

第1章　新しい情勢下の中国経済発展の変化と課題

としての力を十分に発揮する。企業と民間の積極性を高め，オリジナルの革新力を強化する。中央政府が積極的に研究開発推進しつつあるものの，大学研究機関による研究・応用の産業化のボトルネックを解消するのが必要不可欠な課題である。つまり産官学がいかに連携し，市場と上手く結びつくかが極めて重要となる。

(2) 2020年までに過剰設備削減やゾンビ企業の整理・淘汰を完了させるための難点

　前述のように2018年末時点で鉄鋼・石炭産業における過剰設備能力の削減目標は，ほぼ実現された。しかし，一部の地方企業では2,000万トン残っている。

　2018年12月に国家発展改革委員会，産業・情報化省，および財務省などの11の省庁部は「ゾンビ企業」の対処と「設備過剰企業の債務処置」に関する通知を出し，「ゾンビ企業」に地方自治体政府および関連国有資産管理部門は，この通知の発行後3か月以内にリストを確定し，ゾンビ企業の処置を2020年末までに完了させることになっている。

　同政府通知は，「ゾンビ企業」の処分と能力の低下した企業の直接債務を明確にし，政策や制度的環境の改善，M&Aに対する資金援助の強化，法令遵守とリスク管理の下で金融機関のM&Aための融資を推奨し，適格企業によるM&Aローン，およびM&Aファンドの導入を支援する。

　供給サイドの構造改革が開始されて以来，過剰設備能力の削減はほとんど完了し，残りの無効な生産能力の大部分は「ゾンビ企業」に集中している。また，しかし，ゾンビ企業の債務水準が高く，債務返済圧力が大きく，債務構造が複雑であり，処分が困難な問題となっており，ゾンビ企業の処置は遅れている。実はゾンビン企業の整理・淘汰に伴い，大量の失業者が生じている。中央政府は毎年1,000億元の拠出で支援する方針とはいえ，ゾンビ企業の多くは黒竜江省など東北や山西省や内モンゴル，河北省など華北地域の地方企業である。それら企業は，地方経済発展や財政収入と地域社会の安定を支えている一

方，行政や土地の使用，融資，社会公益など面で，地方政府に管轄されている。現地政府と企業利益が密接にリンクされていることで，地方政府は，中央政府のゾンビ企業の整理・淘汰，債務のある不動産案件の閉鎖にどこまで真剣にメスを入れるかどうか，見極める必要がある。

　今年春，筆者が現地で政府系研究機関専門家と国有銀行の幹部を対象に行ったヒアリングによれば，地方政府の多くの幹部やゾンビ企業に対して債権をもつ銀行が消極的な態度や抵抗感を持っていることは否定できない

　要するに中央政府の過剰生産能力の削減への取り組みは，地方政府の積極的対応を必要不可欠としたうえ，余剰設備能力削減や，企業整理・再編・リストラされた労働者の再配置などで極めて大きな困難を伴っている。中国では各地に鉄鋼メーカーが乱立し，地方政府や民間が株式を握るなど中央政府の影響が及びにくいケースも多い。再編は生産効率の悪い高炉の閉鎖など失業など雇用と地方の財源問題に直結することから，地方政府や鉄鋼メーカーの抵抗や消極的対応も今後さらに存在していくと考えられる。

　特にゾンビ企業への処理に伴う企業債務や不良債権の急上昇への対処法については，発生した不良債権を処理する受身の対応として，貸し倒れ引当金や資産管理会社の拡充，債務の株式化の推進とともに，直接金融の拡大などの諸施策・取り組みが上げられる。

　しかし，債務拡大原因の根本的解決には国有企業改革（国有部門の縮小や効率化）が不可避である。一般に国有企業は経営効率が低く，また地方政府に護られて延命しているゾンビ企業が多数存在する。これが，生産性の高い企業に本来向かうべき資金を囲い込む形で，経済全体の発展を妨げている[40]。

　こうした事態を打開するため，中央政府が「供給サイドの構造改革」を推進しているが，地方政府や企業の短期的利害とは一致せず，進捗は必ずしも順調ではない。

---

(40) 金田一弘雄・武重直人「急増する中国企業の債務（上）」『RICOH』2017年1月19日。

他方，過剰設備・生産能力やゾンビ企業の処理に伴う失業者が増加し，政府にとっていかに安置し再就職させるのが必要不可欠である。鉄鋼や石炭企業などの不採算事業を整理したり，他業種に転換したりする「退場」の枠組みが整備されていないことが，赤字を垂れ流しながら生きながらえる「ゾンビ企業」の増殖につながってきた。

中国政府は石炭や鉄鋼分野などの過剰生産能力削減と不採算部門のリストラ過程で発生すると見込まれる数百万人規模の余剰人員について，農業や林業，公共サービス・掃除や警備部門などへ配置転換，再就職させつつある。だが，前職と比べ配置転換・再就職では，収入が減少し，購買力が低下したり生活が困難したりしていることでリストラされた労働者の不満が高まっている[41]。こうした生産過剰に伴いリストラされた従業員の不安・不満が近年デモなどの抗議事件を招き，中国政府の神経をとがらせている。中国政府にとって，社会・政治体制の安定化を優先にする前提で行う2020年を目途としたさらなる過剰生産能力の削減・ゾンビ企業の処理において，それに伴って必要となる数百万の失業者の再安置は苦慮すべきものであり，難しいかじ取りになると考えられる。

(3) 債務膨張による金融リスクの拡大

2018年末，全国大中企業債務率は，51.5％に下がり前年比0.4ポイント減少したとはいえ，大中工業企業の債務率は前年比0.5ポイント減の56.5％となっている。うち，国有持ち株会社の債務率は58.7％に下がり，1.5ポイント減少

---

(41) 例えば，黒竜江省最大の石炭企業である国有の龍煤集団に勤務していたレン・グイチェンさん（54）は「（職種転換は）簡単ではない」と指摘。「職種転換した人はみな清掃や伐木分野に行った」としつつ，こうした職場での賃金は自身が鉱山労働者として得ていた月収3,000元（463.17ドル）の3分の1にも満たないという（「アングル：中国国有企業改革，低賃金職種への転換で所得減速も」ロイター2016年3月20日）。また，今後失業者の不満や抗議も表面化する可能性がある。かつて2016年4月，河北省唐山市では，リストラされた数百人の石炭労働者が道路を占拠し，抗議デモを行ったことがある。

【図表1-22】企業を中心とする各部門の債務の拡大

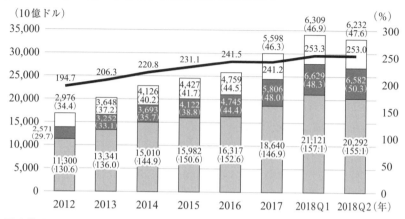

出所：BIS Statistical Bulletin, December 2018 より作成。

した。しかしながら，単月のデータからみると，2018年12月末時点の工業部門企業の負債は前年同期比5.2％増の64兆1,000元。11月末時点は前年比5.8％増加していた。

かつてIMFが2017年末に中国企業を中心とする債務急増に警鐘を鳴らした。現在依然として債務状況が厳しくて今後の経済発展の大きなリスクなることは否定し難い。

BIS（国際決済銀行）によると，中国の非金融部門（企業，政府，家計）の債務金額は6年前の2012年の16兆8,470億ドルから，2017年に30兆3,440億ドル，さらに2018年6月末時点で33兆1,060億ドルにまで拡大し，対GDP比は194.7％から253％にまで大幅に上昇している（図表1-22）。経済済基盤の金融システムの健全性・安定性を揺るがしかねないリスクとなっている。うち企業債務問題が深刻化している。企業債務は2012年の11兆3,000億ドルから，2018年21兆1,210億ドルにまで拡大した。6月末に，20兆2,920億ドルに下がったものの，依然として全体債務残高の6割以上を占め，対GDP比率は6

第1章　新しい情勢下の中国経済発展の変化と課題

【図表1-23】主要国・地域の債務残高の対GDP比の推移（部門別）

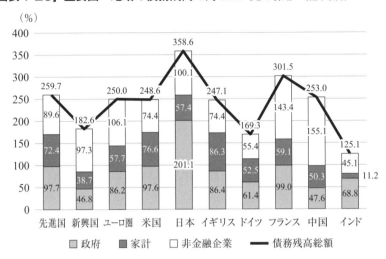

出所：図表1-22と同じ。

年前からの130.6％から155.1％にまで大幅に上昇し、主要国中で一番高い（図表1-23）。その背景としていくつかの点が上げられる。まず第1に中国では、借金が急増している企業は「不動産や建設、鉄鋼、石炭など素材産業や斜陽産業に集中している」こと、第2に低金利で借り入れた資金を採算性が不透明な事業に投じる国有企業もあるとし「融資の判断が適切なのかどうか疑問が生じる」と考えられること、第3に鉄鋼、石炭など企業グループは、過剰生産能力の削減やゾンビ企業の処理に伴い、高付加価値部門などへの影響事業転換や研究開発投資の増加などで借金が積み重なったことが挙げられる。

特に中国企業債務を中心に債務が膨らんだ主因は国有企業の債務と、国有企業の存在とそれを支え続ける政府系の金融システム・融資のメカニズムに問題がある[42]。中国では、国有企業は資源・エネルギーやインフラ建設など重厚長

---

(42) 国有企業は民間企業に比べて政府支援（中央政府、地方政府）が受けやすく、さまざまな資源にアクセスしやすく、銀行借入や社債発行等の資金調達でも相対的に有利な立場にある。さらに国有銀行を中心とした金融システムが形成され、その中にお

大産業から，技術集約型の業種やサービス業まで幅広い業界において主役であり，余剰生産能力問題を抱える重化学工業をはじめとする国有企業は，全体の企業債務の75％を占めている。

加えて中国に特有な地方政府と銀行・企業との関係で借金・債務の拡大問題 地方政府は企業保護のため，銀行に対して返済期限の延長や融資継続を要求する圧力をかけ，銀行はこれに応じざるを得ず，企業債務はさらに拡大していく。企業は延命されるが，新たな借金で借金を返すという悪循環に陥って行く(43)。

上述した事情によって，昨今，企業を中心とする債務拡大の問題には簡単に歯止めがかからないと考えられる。中国にとって中高速経済成長を取り巻く環境は厳しくなりつつある。世界的な金利上昇やさらなる米国との貿易・ハイテク摩擦激化および地政学的など外的なショックにより，経済成長ペースの減速が生じるおそれがある。とりわけ今後，企業を中心にさらなる債務膨張や債務返済不履行などを巡るトラブルが増え(44)，銀行不良債権問題が深刻化し，資金繰り逼迫等に端を発した金融市場の混乱が起きる場合，経済転換や構造改革が負のスパイラルに陥りかねないであろう。今後景気回復のため，当面はデレバレッジ（負債率引き下げ）よりもインフラ投資の回復を優先とすると考えられ

いて国有大銀行が重要な地位を占めている。つまり，資金の主な流れとして，家計貯蓄を中心に国内資金が銀行預金に集まり，それを銀行が投資に振り向けて—国有銀行による国有企業向け貸出等—，高い経済成長を実現するといった，資金の借り手と貸し手の双方に対して政府が影響力を行使してコントロールできる構図が出来上がっている（柳瀬豊「中国が抱える債務問題の重荷」『調査月報』三井住友信託銀行，2017年7月号）。

(43) 金田一弘雄・武重直人「急増する中国企業の債務（上）」（中国・アジア）リコー社会経済研究所，2017年1月19日。

(44) 最近，中国企業の債務不履行（デフォルト）が増加している。中国民間投資最大手の中国民生投資集団（CMIG）がデフォルトに陥ったほか，山東省では民営企業28社が債務整理を行っている。2019年，中国不動産関連や鉄鋼メーカーの債務デフォルト・リスクが最も大きい。年内に約4,026億元（約6兆6,308億円）規模の不動産関連社債が満期日を迎え，昨年の倍に相当するという（「中国企業のデフォルト増加「今年最初の灰色のサイ」『エポックタイムズ』2019年2月21日」）。

る。そうなれば企業を中心とする債務がさらに膨らむだろう。

　もう一つ，家計債務急増も米中摩擦による外需環境が厳しくなる中，経済発展・内需拡大にとって大きな問題である。図表1-22に示したように中国の家計債務残高が2012年の対GDP比29.7％から2018年6月50.3％にまで急拡大している。EUや米国と日本など先進国と比べ高いと言えないものの（図表1-23），債務の膨らむスピードが際だっている。家計債務の9割が住宅ローンで，住宅ローンをはじめとする家計債務の膨張による重い返済負担が経済成長への貢献度の高い個人消費に悪影響を与える。今後長期的に米中摩擦がさらに激化になる恐れがより中国の輸出を取り巻く外需環境が厳しくなり，経済の発展は一段と個人消費・内需に依存していく。つまり中国経済をけん引する個人消費エンジンの役割がもっと大きくなることから，個人消費を抑制する住宅ローン・家計債務の拡大が中国経済の成長を下押しするリスクとなる。

　2期目の習近平政権にとって企業や家計などの深刻化する債務問題のソフトランディングや金融リスク抑制には，さらなる国有企業改革・金融システム・資本市場の改革，及び住宅ローン増大の抑制につながる不動産税の導入を行うことが喫緊の課題となる。

（4）過剰生産能力の海外移転のリスク増大

　中国政府は鉄鋼など素材産業の設備能力過剰が深刻化するにつれて，「一帯一路」の戦略の下，東南アジア，中央アジア及びアフリカなどへの企業の進出を推奨している。確かに「一帯一路」沿線エリアに途上国が多く，中国の設備製造や素材産業の優位性により，インフラ整備などでの現地との分業・補完，協力する余地が大きい。

　しかしながら，鉄鋼やセメント，アルミなど資源・エネルギー多消費産業は環境汚染を招きがちだ。現地に進出した中国企業にとって，昨今，ほとんど問題はないが，将来的に現地住民に反対され，撤退を迫られるリスクがあると考えられる。かつて，1980年代初期，東南アジアへ進出した日系企業が，環境汚染問題による市民反対で，撤退したケースがある。

加えて，進出先の中東やアフリカ地域などでは，テロ・紛争など地政学リスクが高い。これまでにアフリカだけで，中国系企業の従業員数十名が拉致・殺害に見舞われていた。これから，素材産業・メーカーなどが海外進出を拡大するにつれ，現地でのリスクは避けがたいであろう。したがって，中国政府は企業が対外進出するにあたって，さまざまな対策・工夫を凝らし，慎重に対応する必要がある。そもそも海外移転による生産能力の過剰問題は簡単に解決されないと考えられる。

　また，中国の対外広域経済圏構想である「一帯一路」沿線への投資・事業は厳しい状況に直面している。例えば，「一帯一路」の要衝であるパキスタン南部カラチにある中国総領事館が2018年11月武装集団の襲撃を受け，パキスタン人警察官など4人が死亡した。同国の分離独立過激派「バルチスタン解放軍（BLA）」が犯行声明で，中国を厳しく非難した。現在，中国西部とパキスタン南西部グワダル港を結ぶ中パ経済回廊（CPEC）の構築が推進されているが，こうした襲撃・テロが相次げば現地事業の遂行に影響が出かねなく[45]，リスクが高まると考えられる。

6. 結びに代えて

　中国経済は果たして政府が掲げた6.0％～6.5％目標を達成するか，つまり2020年までに国民所得の倍増を実現できるかどうか，その関連する課題及び上述した問題点を，いかに克服するかどうか，習近平政権・中国政府は難しい舵取りを求められている。

　中国では，今後経済の中高度成長を実現するために，2020年に向けて経済の構造的転換のための供給サイドの改革に取り組むにあたって，鉄鋼，石炭，アルミ産業などの生産能力過剰問題の解消，ゾンビ企業を含む国有企業の改

---

[45]「中国の一帯一路に問題噴出＝「債務のわな」で関係国悲鳴」『時事ドットコムニュース』2019年1月12日。

組・再編,淘汰をうまく実施できない場合には,大量失業者,不良債権増加などにより,金融不安の発生,社会政治の不安定化ひいては経済悪化につながるというリスクが存在するであろう。

　一方,上述の過剰問題への取り組みにおいては,中央と地方政府や各集団・グループなど既得権益の柵を突破するための習政権の政策・取組に対して,その利益を代表する各集団・グループが抵抗や消極的姿勢で臨むと考えられる。今後,習政権が中央政府と地方政府との関係や各既得権益集団の間の関係・矛盾および,国有企業改革に伴う国有企業の生産性・効率化問題の解決・構造改革に如何にメスを入れるか,果たして市場経済・競争原理に基づいて徹底的に解決できるかどうかが,中国の経済の構造の転換や経済発展の成否に影響を与える。そのゆくえに細かく目を配るべきである。

　加えて,習近平政権を取り巻く内外環境がさらに厳しくなる。国内はまもなく社会市場経済の後期段階(2020～;前期:1992～2019年)に入る。今一人ありGDPは9,780ドルで,2020年1万ドル超える見込みである。こうした中,中国国内では上述した問題を含め,物的が国民は物的面が豊になるにつれ,精神的面でのニーズが高まってくる。例えば,国民は情報開示や民主・権利意識や多様性に富む社会や社会責任を求めるようになる。さまざまな利害関係・利益集団のニーズや国民の多様なニーズに対応するために,政府は柔軟性をもって対応することが必要不可欠である。社会経済の問題・矛盾を解決するための政治改革・構造改革がさらに求められる。こうすることで,持続的で健全な経済発展につながるのである。

　他方,渦中の米中摩擦が短期的に中国の対米輸出,特に海外のハイテク技術の獲得に衝撃を与えている。逆に中国にとってこのマイナス要素をバネに自主開発・イノベーションを奮起する「背水の陣」・チャンスともなる。中国企業はもともと日本・ドイツのようにモノづくりや地道な自主開発に長けない。かつての豊田自動車の豊田喜一郎,パナソニックの松下幸之助などのように,イノベーションに尽くし,モノづくり技術や自主ブランド及びその誇りにこだわる経営者はまだ少ない。中国政府がイノベーションを原動力にし,経済の新た

な発展を推進しようとする状況下では，買収による技術獲得よりも，自主開発が技術資源獲得・蓄積のためのカギである。

今後中国政府は，米中摩擦や世界政治経済における主導権争いを巡る長期戦に備え，アメリカと「WIN-WIN」の視点で対話・交渉する一方，上述の国内ニーズに対応し，政治改革・構造改革を進め，ドイツや日本など先進国に謙虚に学び，着実で地道にモノづくりを中心とする自主開発・イノベーションのための環境づくりを進めるべきである。

【主要参考文献】

梅原直樹「2018年の中国のデレバレッジ（過剰債務の削減）で疑われる信用収縮の発生」『IIMAの目』公益財団法人国際通貨研究所2019年2月25日

香川睦「中国経済の強さはどこに？注目のニューエコノミーとは」『トウシル』2018年2月23日

郭四志「世界経済における第四次産業革命について」『帝京経済研究』2016年12月31日

郭四志「過剰設備，過剰債務‥‥急減速する中国経済を習近平は立て直せるのか」『中央公論』2016年6月号

金田一弘雄・武重直人「急増する中国企業の債務（上）」『RICOH』2017年1月19日

黒岩達也「緩やかな減速が続く中国経済〜米中貿易摩擦は長期化の可能性」『地域・中小企業研究所ニュース＆トピックス』信用中央金庫，2019年1月30日

経済産業省『通商白書2017』2017年10月

齋藤尚登・永井寛之「中国は金融危機を回避できるのか？」大和総研調査季報，2018年新春号，Vol.29

関志雄「効果が現れ始めた供給側構造改革—過剰生産能力の削減を受けて改善する企業業績」『RIETI』経済産業経済研究所，2017年12月6日

関志雄「企業債務の削減に乗り出した中国—「デット・エクイティ・スワップ」は切り札となるか」『RIETI』経済産業経済研究所，2016年12月16日

関志雄「中国経済に影を落とす米中貿易摩擦—懸念される供給側への影響」『RIETI』経済産業経済研究所，2019年2月19日

関辰一「中国経済展望」日本総合研究所調査部マクロ経済研究センター，2017年2月

孫元捷「中国共有経済市場の実態と展望〜経済成長の新たなエンジンに」『BTMU（China）経済週報』（第302期）2016年5月18日，三菱東京UFJ銀行

竹中正治「中国の経済成長の失速と累積債務問題」『国際金融論考』国際通貨研究所，2016年9月23日

中国工業化情報部通信信息研究院『互連網趨勢発展報告』2017年

中国国家信息中心『中国共享経済発展報告』2018年

中国国家統計局「国家統計局何平博士解読2016年工業企業利潤数拠」2017年1月26日

中国国家統計局『中国2017年国民経済和社会発展統計公報』2018年2月

中国国家統計局『中国2018年国民経済和社会発展統計公報』2019年2月28日

中国商務部「中国推進国際産能合作取得実効」2016年10月25日

中国工業信息化部通信研究院『中国工業発展報告2018』2018年12月

賈海「2016年全国固定資産投資増速緩中趨穏，結構調整持続推進」中国国家統計局網，2017年1月22日

賈海「2016年全国固定資産投資増速中趨穏，結構調整持続推進」『中国経済網』2017年1月22日

三菱総合研究所『内外経済の中長期展望 2016〜2030年度』2016年6月22日

三菱総合研究所『2016〜2018年度の内外景気見通し』2017年2月14日

三菱UFJリサーチ＆コンサルティング「中国の不良債権懸念について」『経済レポート』2016年12月26日

三尾幸吉郎「図表でみる中国経済（過剰債務編）」ニッセイ基礎研究所，2016年4月20日

村上和也「膨張を続ける中国民間債務がもたらすリスク―グローバル経済金融レビュー 2017年冬」『調査月報』三井住友信託銀行，2017年2月号

ロイター「中国の鉄鋼生産能力，2016年は工場閉鎖でも純増＝グリーンピース」2017年2月13日

王国剛編『中国金融発展報告（2017）』（金融青皮書）) 社会科学文献出版社，2017年

金子厚「中国債務問題已経剌刀見紅」『新財富』2015年11月24日

李揚編『中国経済形勢分析与予測』（経済青皮書）社会科学文献出版社，2019年

「河北鋼鉄海外収入比重計画3年昇至3成」『中国鉱業網』2015年5月14日

李若谷「中国鋼鉄産能過剰是因為技術含量不行」『新浪財経』2016年9月19日

前海梧桐（深圳）数据有限公司『中国新経済白皮書』2018年6月

鯨准研究院『周期，重構，起航―2018中国新経済創投白皮書』

郭　四志

第2章
中国工業構造グレードアップの特徴と中米貿易摩擦の影響分析

1. はじめに

　近年，中国は工業，特に製造業を主体とし，実体経済は高い成長率を維持し，生産規模は拡大し続け，品質と効率がある程度向上している。しかし，同時に国内外の環境に深刻な変化が発生し，直面するリスクと圧力も絶えず増大して，中国の工業の増速は緩やかになっている。グレードアップは移行期に入り，産業発展における新たな変革を加速する必要がある。

2. 現在中国の工業発展の特徴と傾向

(1) 工業経済は持続的に増加し，規模が絶えず新しい段階への飛躍

　改革開放後，中国の工業経済は天地を覆すような巨大な変化を起こした。1978年の工業付加価値はわずか1,622億元であった。2012年には20兆元の大台を突破し，2017年には28兆元近くになった。価値を比較すると，2017年は1978年の53倍で，年平均成長率は10.8％だった。主な経済指標は急速に伸びている。2017年には，工業企業の資産総額は1978年の247倍にあたる112兆元に達し，利益総額は1978年の125倍にあたる7.5兆元に達した。多くの製品の生産能力は根本的な変化を遂げ，不足から有り余るほどへと大きく変化した。2017年は1978年に比べて，原炭と発電量などのエネルギー製品の生産量はそれぞれ4.7倍と24倍に増加した。エチレン，粗鋼，セメントなどの原材料

の生産量はそれぞれ46.9倍，25.2倍と34.8倍増加した。自動車の生産量は2,900万台以上に達している。

同時に，世界における中国の製造業のシェアは拡大し続けている。1990年には中国の製造業が世界に占める割合は2.7％で，世界第9位，2000年には6.0％に上り，世界第4位となった。2007年には13.2％に達し，世界第2位となった。2010年にはさらに19.8％に達し，世界第1位に躍進した。それ以来，長年にわたり世界第1位にランクされてきた。2016年，中国の製造業の付加価値は世界の27.3％を占め，米国より9ポイント高く，日本，ドイツ，韓国の3カ国の合計を超えた。2017年，中国の製造業がGDPに占める割合は29.3％で，米国の11％程度のレベルをはるかに上回り，日本，ドイツ，韓国よりも高い。自動車生産は9年連続で世界第1位である。多くの製品の生産はゼロから繁栄へと発展してきた。エアコン，冷蔵庫，カラーテレビ，洗濯機，マイクロコンピュータ，タブレット，スマートフォンなどの多くの家電や通信製品の生産量はすべて世界首位になった。

【図表2-1】中国と一部の国における製造業地位の変化

	国家	2010年	2015年	2016年	2017年
製造業の付加価値のGDPに占める比率（％）	中国	31.5	29.4	28.8	29.3
	米国	12.1	11.9	11.6	
	日本	20.8	20.7	21.0	
	ドイツ	20.0	20.8	20.6	20.7
	韓国	27.8	27.1	26.8	27.6
	世界	15.9	15.7	15.6	
製造業の付加価値の世界に占める比率（％）	中国	18.4	27.6	27.3	
	米国	17.3	18.4	18.3	
	日本	11.4	7.7	8.8	
	ドイツ	6.5	6.0	6.1	
	韓国	2.9	3.2	3.2	
	世界	100.0	100.0	100.0	100.0

出所：世界銀行

一方，中国の工業経済は，従来の高速成長時代から換わり，10％以上の高

【図表2-2】 2008年〜2018年中国の工業付加価値成長率の変化

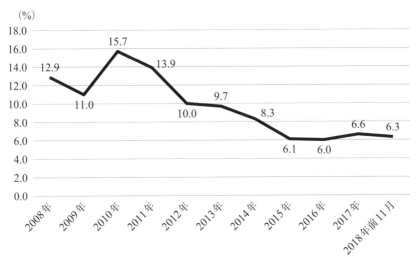

出所：中国国家統計局

速成長から中高速レベルに下がって，近年は成長率が安定している。2010年から2015年にかけて，工業付加価値の成長率は15.7％から6.1％に低下し，2016年と2017年にはそれぞれ6％と6.6％であった。2018年1〜11月には，売上規模2,000万元以上の工業企業の付加価は前年比6.3％増加となった。

(2) 産業構造の継続的調整とサービス業との融合の深化

近年，中国の産業構造は絶えず変化し，ハイテク産業と設備製造産業は急速に成長した。2017年，ハイテク製造業，設備製造業の付加価値に占める売上規模2,000万元以上の工業企業の割合はそれぞれ12.7％と32.7％の割合であった。2012年に比べて，それぞれ3.3と4.5ポイント上昇した。

第一に，伝統的な産業は，新技術，新プロセス，新設備，新材料の応用を加速させた。2013年から2016年の間に製造業の技術改造投資は年平均14.3％の成長率で増加し，2017年には技術改造への投資は依然として高成長水準を維持し続け，16.3％増加した。成長率は製造業投資に比べて11.2ポイント上昇

【図表2-3】2018年1月～11月の中国工業の主な業務収入の増加と構造

産業	主な業務収入（億元）	同比増長率（%）	総計に占める割合（%）
工業総計	944,218.1	9.1	100.00
採鉱業	40,413.2	8.7	4.28
製造業	839,666.8	9.1	88.93
電力，エネルギー，燃気及び水生産と供給業	64,138.1	9.7	6.79
石炭採掘と洗選業	21,983.8	6.8	2.33
石油と天然ガス採掘業	7,655.2	24	0.81
黒色金属鉱採掘選別業	2,986.4	−3.1	0.32
非金属鉱採掘鉱採掘	3,163.5	2.9	0.34
非金属鉱採掘鉱採掘	3,147.1	6.1	0.33
採掘業及び補助性活動	1,449.6	15.2	0.15
その他採掘業	27.7	−3.1	0.00
農副食品加工業	4,4211	3.8	4.68
食品製造業	16,630.9	7.4	1.76
酒，飲料と精製茶製造業	13,915.6	8	1.47
煙草製品業	8,749.9	7.4	0.93
紡績業	26,817.4	1.7	2.84
紡績服装，服飾業	15,708.9	3.6	1.66
皮革，毛皮，羽毛とその製品及び履物製造業	10,968.2	4.5	1.16
木材加工と木，竹，藤，パーム，草製品業	9,065.5	4.4	0.96
家具業製造	6,607.8	5.7	0.70
製紙及び製紙業	12,815.4	9.4	1.36
印刷と記録媒体複製業	6,040.9	5	0.64
文教，工美，体育と娯楽用品製造業	12,620.9	4.8	1.34
石油，石炭及びその他燃料加工業	42,999.5	22.4	4.55
化学原料と化学製品製造業	66,701.7	10.3	7.06
医薬製造業	22,213.8	12.9	2.35
化学繊維製造業	7,280.6	13.4	0.77
ゴムとプラスチック製品業	23,078.0	4.1	2.44
非金属鉱業及びその製品業	45,401.2	15.1	4.81
黒色金属精錬と圧延工業	58,633.1	16	6.21
非金属精錬と圧延工業	4,5418	8.6	4.81
金属製品業	31,587.9	9.6	3.35
一般機器製造業	35,615.3	8.3	3.77
専用設備製造業	26,913.5	11.5	2.85
車両業	73,603.9	4.7	7.80
鉄道，船舶，航空宇宙とその他の運輸設備製造業	10,198.4	2.5	1.08
気機器と器材の製造業	57,472.5	7	6.09
コンピュータ，通信とその他の電子機器製造業	95,016.2	9.9	10.06
計器製造業	7,205.2	8.1	0.76
その他製造業	1,561.2	6.5	0.17
廃棄資源総合利用業	3,647.7	22.1	0.39
金属製品，機械と設備修理業	966.5	7	0.10
電力，熱力生産と供給業	55,632.1	8.5	5.89
ガス生産と供給業	6,281.2	20.7	0.67
水的生産と供給業	2,224.9	10.3	0.24

出所：中国国家統計局

第2章 中国工業構造グレードアップの特徴と中米貿易摩擦の影響分析

し，製造業全体の投資に占める比重は48.5％に達し，前年比4.6ポイント上昇した。技術変革投資は，製造業の変革とグレードアップを促進する主な力となっている。

近年，製造業の情報化レベルが大幅に向上し，重点産業のデジタル化，ネットワーキング，およびインテリジェント化が顕著に進展している。統計によると，2017年の売上規模2,000万元以上の工業企業のデジタル化研究開発の設計ツールの普及率，主要プロセスの数値制御化率，製造設備のデジタル化率，デジタル化装置のネットワーク率はそれぞれ63.3％，46.4％，44.8％と39％に達し，製造業のインテリジェント化の特徴は日に日に明らかになった。

第二に，新世代の情報技術，省エネ環境保護，バイオ産業，新素材などの新興産業が急速に勃興している。2015年から2017年までの工業戦略の新興産業の付加価値は前年比でそれぞれ10.0％，10.5％と11.0％増加し，成長率はそれぞれ売上規模2,000万元以上の工業企業より3.9，4.5と4.4ポイント上回る。新興製品は力強く成長している。2017年の光電デバイスの生産量は1兆1,771億で，前年比16.9％の増加，新エネルギー自動車は爆発的に増加し，2017年には69万台に達し3年連続で世界一となった。中国はすでに世界最大の動力電池生産国となっている。新エネルギーバスの輸出先は30以上の国と地域に達しており，民間用の無人偵察機と工業ロボットは高速成長を維持し，2017年の製品生産量はそれぞれ290万台と13万台（セット）に達した。太陽光発電産業チェーンの各部品生産規模の世界での割合は50％を超え，多結晶シリコン，シリコンウェハ，バッテリーチップ，およびモジュールの生産量はすべて急速に伸びている。

第三に，製造業と生産性サービス業の融合発展の趨勢が現れ始め，製造業の変革とグレードアップに有利な支持作用を与えた。近年，ますます多くの製造業企業が新技術を利用して産業チェーンの上流および下流サービスへの拡大を重視し始めたが，各地で徐々にかなりの規模と階層の産業クラスタが形成されており，生産性サービス業の発展のために堅固なキャリアと巨大な市場スペースを提供している。

(3) 科学技術の投入が絶えず増大,革新的な駆動がある程度増強

　近年,中国の研究開発の投入は増加し続けており,科学技術の成果が絶えず出現し,工業開発に対する技術革新の支持的役割が強まっている。

　第一に,科学技術の投入が増え続け,研究開発の条件が著しく改善された。近年,中国は科学技術活動を主体とする研究開発活動を増加し続け,研究開発部門は絶えず成長し,研究開発経費の規模が拡大し続け,科学研究の基礎的条件は大きく改善された。2017年の中国の研究開発費は1兆7,606億元に達し,これは1991年の123倍で,1992～2017年の年平均増加は20.3％に達し,同時期のGDP平均増加率5.3ポイントを超えた。為替レートで計算して,米国に次ぐ世界第2位で,そして現在は毎年全世界の研究開発費の投入の貢献に対して6分の1を上回っている。2002年に中国の研究開発費投入強度は初めて1％を突破し,2014年には2％の新たなステップに上り,2.02％に達した,2017年には2.13％に上り,全体的にはEU諸国15カ国[1]の平均レベルを超え,中等先進国のレベルに達した。2017年,中国の研究開発者の総人数は621.4万人に達し,フルタイムの勤務に換算した研究開発要員の数は年間403.4万人,これは1991年の6倍であり,1992～2017年の年平均増加率は7.1％だった。中国の研究開発者の総人数は2013年に米国を超え,5年連続で世界一となった。

　第二に,科学技術の成果が絶えず増加して,工業発展の駆動作用を強化している。長年の蓄積を経て,中国の科学技術が生み出すレベルは飛躍的な進歩を遂げ,特許出願の件数と質が同時に高まった。2017年,中国における特許出願件数は1991年の74倍で369.8万件,1992～2017年の平均年間増加率は18.0％であった。中国の特許権の許可件数は183.6万件で,これは1991年の75倍で,年平均18.1％増加した。特許の件数が大幅に増加すると共に,特許の質も向上している。最もイノベーションを体現するレベルの発明特許を取り上げると,2017年,中国の特許出願件数は138.2万件に達し,特許出願件数

---

(1) 中国国家統計局：各年間の『中国統計年鑑』中国統計出版社。

における割合は37.4％，1991年より14.6ポイント上昇した。研究開発費平均1億元当たりの発明特許出願は70件で，1991年より19件高く，特許の産出効率は向上した。2017年，40％を超える売上規模2,000万元以上の工業企業が技術革新活動を展開し，新製品の売上高は19.2兆元を実現し，2012年より73.3％増加した。新製品の販売収入が主な業務収入を占める割合は16.9％で，2012年より5.0ポイント上昇した。売上規模2,000万元以上の工業企業の研究開発プロジェクトでは，新製品の開発または製品の機能や品質を改善することを目的とした研究開発プロジェクトは82.4％に達した。

（4）対外開放の継続的な拡大と国際化の度合いの向上

近年，中国の開放度は継続的に拡大し，2017年の中国輸出額は2.3兆ドルで，全世界のシェアの12.8％を占めた。その中の技術集約型の電気機械製品は，徐々に労働集約型の繊維産業製品を超えて，輸出の主力となった。2017年の中国の電気機械製品の輸出額は8.95兆元で，中国の貨物輸出総額の58.4％を占めた。

第一に，外需市場が重要な牽引作用を果たした。1978年から2017年にかけて，中国の輸出入総額は206億ドルから4.1兆ドルに上り，年間平均増加率は14.5％だった。そのうち，輸出総額は97.5億ドルから2.3兆ドルに増加し，年間平均増加率は15％で，輸入総額は109億ドルから1.8兆ドルに上昇し，年間平均増加率は14.1％となった。2009年から，中国は9年連続して貨物貿易の第一の輸出大国と第二の輸入大国の地位を維持してきた。2017年，中国の輸出入は全世界のシェアの11.5％を占め，そのうち輸出は12.8％で，輸入は10.2％を占めている。2012年から2017年にかけて，加工貿易の割合は34.8％から29％に減少し，一般貿易の割合は52％から56.3％まで上昇した。2001年から，輸出商品の構造に占める工業製品の割合は90％を超え，中国の輸出商品の絶対的な主導的地位を占めている。2017年，工業製品と一次産品はそれぞれ輸出の94.8％と5.2％を占めた。1985年から2017年にかけて，中国の機械電気製品の輸出は16.8億ドルから1.3兆ドルに増加し，年間平均増加率は

23.2％で，世界市場のシェアは17％を超えた。同時期に，ハイテク製品が中国の輸出に占める割合を2％前後から28.8％に引き上げた。近年，中国の工業企業の輸出依存度はいずれも10％以上である。輸出企業が形成する関連セットの需要を考慮すると，外需市場は中国の実体企業の全体的な牽引作用をより高くする可能性がある。

【図表2-4】 中国売上規模2,000万元以上の工業企業の輸出依存度

年份	輸出額（万億元）	輸出額の増加（％）	輸出依存度（％）
2012年	10.7	7.1	11.7
2013年	11.3	5.0	11.0
2014年	12.1	6.4	11.0
2015年	11.9	−1.8	10.7
2016年	11.9	0.4	10.3
2017年	12.3	10.7	10.6
2018年10月	10.1	8.6	11.8

（注）輸出依存度＝輸出納入値/主な営業収入

第二に，外国の資本と技術は依然として中国の産業発展の重要な力である。

中国は絶えず開放レベルを高め，投資し易さを促進し，投資環境を改善し，一連の政策措置を通じて，外資系投資の参入を大幅に緩和し，産業分野の開放レベルは大幅に向上した。2018年には，中国はさらに外国投資のネガティブリストを修正し，参入前の国民待遇に加えてネガティブリスト管理制度を全面的に実施する。これによって，中国は徐々にグローバル投資の主要な目的地の1つになりつつある。2013〜2015年にかけて，中国は実際に6,580億米ドルの外資直接投資を活用した。2017年に，中国は実際に1983年の60倍の規模である1,363億米ドルの外資を活用し，年平均12.8％増加した。2017年末までに，登録された外資系投資企業は54万社近くあった。2017年，中国は世界第2位の外資流入国であり，1993年以来，外資を活用する規模は発展途上国の中で1位になっている。近年，外資はハイテク技術産業へ更に多く流れてきた。2017年，ハイテク産業が利用する外資の割合は27.4％で，2012年より13.6ポ

第2章　中国工業構造グレードアップの特徴と中米貿易摩擦の影響分析

【図表2-5】規模以上の工業企業の収入と利益の増速変化

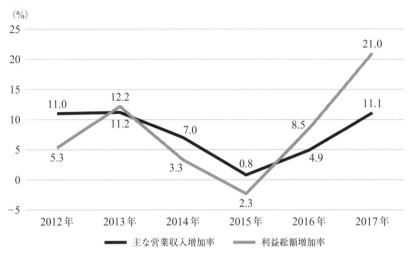

出所：中国国家統計局

イント上昇し，年平均18.4％となった。開放の深まりにつれて，外資系企業は次第に全国の省都市をカバーするようになった。2017年には，中部地域における実際の外資の使用量は前年比17.1％増の83億米ドルであり，全国の成長率をリードし，西部地域では，新しく設立した外資系投資企業が前年比43.2％増加した。

第三に，中国企業の「走出去（海外進出）」ペースが加速した。2016年，中国は初めて資本の純輸出国となり，対外直接投資の純流出はGDPの1.93％を占め，2010年に比べて0.98％向上した。2002年から2017年にかけて，中国の累積対外直接投資は1兆1,100億ドルに達した。2017年，中国の対外直接投資額は1,246億ドルで，これは2002年の46倍で，年平均29.1％増加し，世界第3位の対外投資国となった。2017年末，中国の対外直接投資ストックは1.48兆ドル，海外での企業資産総額は5兆ドルを超えた。対外投資の形式は次第に最適化して，単一のグリーンフィールド投資からM&A，株式保有などのさまざまな方法に拡大して，企業の国を跨ぐM&Aはますます活発になっている。

中国の対外直接投資産業の分布は初期から主に採鉱業，製造業に集中し，現在では国民経済産業のカテゴリーを全てカバーしている。2017年，中国の知的財産権使用料の受け入れ額は47.79億ドルで，規模は2010年の5.75倍で，年平均28.4％増加し，知的財産の使用料の支払い額は年平均増加11.9％をはるかに上回った。

近年，中国の産業は波が有るが発展している。2015年の中国売上規模2,000万元以上の工業企業の主な業務収入は前年比2.3％減少し，利益総額はわずか0.8％増，2017年までに，主たる事業収入と利益総額の伸び率はそれぞれ21％と11.1％に達した。

3. 中国の産業発展が直面する主要な問題

中国の産業体系は4つの積極的な変化の特徴を示しているが，実体経済の動力の弱体化，重要な要素の欠落が際立っている。要素構造の誤り，共同発展のメカニズムが硬直化して，開放レベルが低いなどの顕著な問題が，近代化産業体系を建設するボトルネックの制約になっている。

（1）実体経済の弱体化と主体地位の不安定

第一に，実体経済の発展がゆるやかになっている。すべての工業の付加価値，売上規模2,000万元以上の工業企業の付加価値から，または輸出額を見て，中国の実体経済はいずれも比較的明らかな減少傾向を示している。同時に，労働力，エネルギー，原材料，輸送費などのコストが上昇し，企業の経営状況が悪化し，利益の能力が大幅に低下し，特に民間企業の困難さが増し，産業間および異なるあらゆるシステム間の利益の不均衡の問題が顕著になっている。

第二に「脱実向虚（実体経済から脱し，バーチャル経済へと向かう）」リスクの高まりである。近年，金融と実体経済発展が乖離する傾向がある。実体企業，特に民営と中小企業の資金調達は困難であり，融資が高い現象が顕著である一方で，いくつかの金融ビジネスが急速に拡大して，資金空転（実体経済に

【図表2-6】金融保険業における付加価値のGDPに占める比重（2016年）

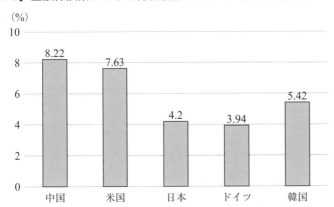

出所：『2018年中国統計年鑑』OECDデータベース

流入すべき通貨等が金融システム内で循環して資産価格が上昇すること）の状態が形成された。経済における中国の金融業の割合は上昇し続けており，しかも主要な先進国を上回っている。2016年，中国の金融保険業の付加価値は，GDPの8.22％を占め，米国より0.6ポイント高く，日本，ドイツ，韓国よりそれぞれ4，4.3，2.8ポイント高い。バーチャル経済の高収益の影響を受けて，大量の資金は実体部門から遊離し，実体経済発展の基盤を侵食して，実体経済発展の土台はある程度揺らいだ。2017年, 実体経済はGDPの85.9％[2]を占め，2012年より2.5ポイント減少した。

第三に，構造のグレードアップが遅れている。実体経済におけるローエンド産業は収益力が著しく低下し，ハイエンド産業はグレードアップする力と能力が深刻に不足している。特に体制メカニズムの制約を受けて，民営企業の発展は自信が揺らぎ，期待が不安定で，そしてイノベーションと起業家精神の活力が抑圧されている。

---

[2] データの得性に限らず，ここでは不動産と金融業以外の他の産業増加値で実体経済の増加値として使用する。

(2) 重要な要素の欠落が際立って，サポート能力が弱い

まず，科学技術革新のボトルネックが顕著である。国際競争の地位の上昇につれて，科学技術革新能力に対する要求は明らかに高まっているが，中国では現在，一人当たりの研究開発費は高くなく，科学技術費の中で企業の研究開発費は比較的少なく，技術革新の成果の中で本当に役立つ特許の件数が少なく，コア技術は人に束縛される。

第二に，金融システムのサポート能力が不足している。金融と実体経済発展の乖離は深刻で，直接金融と間接融資の割合は協調せず，伝統的な銀行が金融システム全体の中で比較的高い割合を占めており，中小企業，科学技術革新などの発展にサービスする近代的な金融の育成が不足し，金融システムは非効率的である。

第三に，人力資源に構造的な需給の矛盾が存在する。労働力資源は豊かだが

【図表2-7】中国科技，金融，人力資源等要素と先進国の比較

	三者特許の世界シェアの占める比率（%, 2013）	一人当り研究開発費（購買力公定価格USD, 2016）	万人毎研究開発者密度（人/万名）	研究開発支出の占める比率（%）	直接融資の占める比率（%）	博士学位・学士学位取得者比例
米国	26.32	1,580	—	2.74	85以上	1：12
EU	26.02	894	—	—	70	1：11
ドイツ	10.23	1,434	141	2.94	75	—
フランス	4.57	—	—	2.25	—	—
イスラエル	—	1,584	—	—	—	—
日本	30	1,328	137	3.14	70	—
韓国	5.75	1,548	168	4.2	—	—
中国	3.51	326	48	2.12	14～15	1：46

出所：OECD "Science Technology and Innovation Outlook, 2016"

人材育成が不足して，全労働力資源の中で人材が比較的に低く，ハイエンドの人材と専門技能の人材は比較的欠乏している。

(3) 構造的ミスマッチが顕著であり，配分効率が高くない

　第一に，科学技術資源のミスマッチ現象が顕著である。基礎研究と応用研究への投資は非常に不十分であり，2017年の基礎研究と応用研究の経費は研究開発支出のうちわずか5.5％と10.5％しか占めてない。政府の研究開発費は主に大学と科学研究機関に支給し，企業への支給の割合は低い。同時に，大量の政府資金が新興産業の分野に与えられ，伝統産業の転換向上に与えられるのは不十分である。

　第二に，金融資源のミスマッチの問題は深刻である。

　GDPに占める中国金融業の付加価値は，2005年の4％から2015年の8.3％に急上昇し，すでに米国，イギリスなどの金融強国を上回っている。金融業の増速はGDP成長や実体経済発展よりも著しく速く，商業銀行の貸付残高に占める住宅ローンの割合は，2009年の9％から2017年半ばには18.1％に増加し，金融の実体経済に対する引き寄せ効果が低下し続けている。国民経済の60％以上を占める民間経済銀行の貸付残高は，総貸付残高の約25％程度しか占めていない。

　第三に，人力資源のミスマッチの問題が際立っている。「学ぶは用いるに非ず」と「用いるは学ぶに非ず」が共存している。清華大学と北京大学で，毎年平均20％以上の卒業生が金融機関での就職を選択している。製造業に就職する割合はそれぞれ7％と1％[3]未満である。多くの工学部および理工学部の大学の卒業生も金融業界に進出することを第一志望とする。人力資源のミスマッ

---

(3) 清華大学と北京大学が発表した「卒業生の就職品質年度報告」によると，2016年の清華大学と北京大学の卒業生が契約を結んでいる業界は，いずれも金融業で，全雇用の学生の割合はそれぞれ21.2％と26.4％だった。2017年の清華大学の卒業生のうち，金融業の割合は19.6％に達し，不動産業界に入ったのは2.8％で，製造業に入ったのは6.9％だった。同時期の北京大学卒業生は，23％が金融業を選んだ。

チは深刻である。企業における高いレベルの革新的な人材不足の現象は非常に際立って，企業で働く意欲があるエンジニアリング分野の博士課程の学生の割合は15％未満であるのに対し，米国では80％に達している。

（4）産業開放レベルが低く，内外の協同が順調できず

　第一に，国際的なイノベーション資源の統合が不十分である。

　中国が主導する国際協力科学プログラムはそれほど多くなく，グローバルなイノベーション資源を統合する能力は比較的弱い。多国籍企業は中国での研究開発投資が少なく，現在中国に魅了されている多国籍企業のほとんどが加工と組立のプロセスに従事し，研究開発機関を設立する割合は3％未満である。

　第二に，国際的なサプライチェーンの構築と主導能力が不足している。中国の製造業は，グローバルな分業システムにおける加工と組み立てのプロセスに縛られており，コア技術や主要部品の突破が難しく，産業付加価値は低く，一人当たりの産業付加価値は米国，欧州連合，日本，韓国の3分の1に過ぎない。

　第三に，金融システムの開放レベルが高くない。中国の金融発展は，体制メカニズム，規則システム，市場環境などにおいて，国際金融市場との対応が低く，世界的な金融資源の配分能力はまだ強くない。原油や非鉄金属などの国際商品先物市場における規則制定権や価格交渉権の欠如は，中国の関連産業に長期的な受動的立場をもたらしている。第四に，国際的なハイエンドの人材の吸引力が不足している。「2018年グローバルイノベーション指数報告」によると，中国は国際的な高等教育を導入した人力資源の指標の上の不足が非常に目立っており，ランキングに参加している126カ国・地域の中では97位にすぎない。中国の外国人留学者の帰国率も低く，わずか30％～40％で，国際的な40％～50％のレベルを下回っていて，しかも帰国した大部分は学部生と修士号であり，博士の帰国率はわずか5％だった。

4. 中国の産業発展に対する中米貿易摩擦の影響

　中国と米国は世界第一と第二の製造業大国であり，工業製品が主導して，中国はすでに米国第一の輸入国と第4の輸出国となっている。2016年には，中国の米国輸出は3,851億ドルで，中国の総輸出の18.4％を占め，中国の工業販売の生産値の1.9％程度を占め，米国への輸出は約300万人の製造業雇用を生み出した。長年にわたり，中国の競争優位性は主に労働集約的な分野に集中してきたが，米国の競争優位性は主に技術と資本集約的な分野に集中してきた。中米の貿易摩擦は，業種ごとに影響が異なる。中米産業関係から見ると，製造業は相互補完的，競争的，潜在競争的な産業に大きく分けられる。

（1）競争産業が大きく影響を受ける

　競争産業は，主にゴムとプラスチック製品業，金属製品業，木材加工および木材，竹，籐，パーム，草製品，非金属鉱物製品業などを含む。主にプラスチック（ゴム）類，卑金属類，木材類，鉱産品類の貿易製品に関連している。中国と米国は上記の産業において競争優位性が比較的接近しており，研究開発投資はほぼ同じであり，中国の金属製品産業における研究開発（R&D経費）の投資強度は米国より0.19ポイント高く，相互競争と貿易摩擦は最も激しい。2008年から2016年にかけて，中国は卑金属とその製品産業で米国から反ダンピング懲罰を26回受けた。その中で，鉄鋼製品産業だけで20回の懲罰を受け，8年連続で貿易摩擦が最も多い産業となった。また，鉱物製品，プラスチック（ゴム）製品，木製品業はそれぞれ米国政府から6回，3回，2回の反ダンピング懲罰が課された。

　上記の競争産業は，中米貿易摩擦の多発業種である。近年，米国は中国製品に関連する多数の貿易救済案件の判決を相次いで公布しており，トラックとバスのタイヤ（TB），非晶質樹脂織物，炭素鋼および合金鋼板に高額の反ダンピング（不当廉売）関税と反補助金関税を裁定した後，米国はまた中国産ステンレス鋼板コイルに63.86％～76.64％の反ダンピング関税と75.6％～190.71％

の反補助金関税を実施した。

上述産業の米国への輸出額は，中国の対米輸出総額の10％前後を占めており，そのうち，ゴムとプラスチック製品業が4％程度を占めている。上述の産業は米国対米輸出総生産額に占める割合は高くなく，一般的に2％以内であったが，その輸出は米国市場に対する依存度が高く，ゴムとプラスチック製品，木材加工と木，竹，藤，パーム，草製品の対米輸出が米国総輸出に占める割合はそれぞれ1/5と1/4を超え，米国が貿易制裁措置を取れば，国内産業の輸出への影響が大きくなる。調査によると，多く国内の鉄鋼企業は米国への輸出量が小さく，取引先の購買時には税金を一緒に入れることにする。ダンピング防止税率が高すぎると企業は輸出を放棄するしかない。また，このような「米国優先」のやり方は強力な作用があり，将来米国は，中国のゴム，プラスチック，鉄鋼，家具などの競争性製品の双反調査（反ダンピング，反補助金調査）において，極端な保護措置を採用する可能性がり，関連製品の貿易に対して極めて深刻な悪影響を及ぼすことになる。現在，4つの産業は米国対米輸出にかかわる就業者合計で約25万人の雇用があり，その中で，ゴムとプラスチックの製品業，金属製品業，非金属鉱物製品業の就業者はそれぞれ12.8万人，6.9万人，4.1万人，1.6万人いる。

（2）相互補完的な産業が局所的な打撃を受ける

相互補完性の産業は主に軽工業と電子情報の2大産業における労働集約型の製品が含み，文教，工美，スポーツと娯楽用品の製造業，紡績服装，アパレル業，皮革，毛皮，羽毛及びその製品と製靴業，家具製造業及び一部コンピュータ，通信及びその他の電子機器製造業を含む。長い間，中米両国の製造業には常に大きな技術的格差があり，現在，中国の製造業の研究開発強度は1％未満で，米国の製造業の研究開発強度は3％以上に達している。技術制御力と資本の優位性に基づいて，米国は多国籍企業に依存して垂直分業のグローバル産業システムを構築し，これらの労働集約型産業を中国に代表される新興国家に移した。

第2章　中国工業構造グレードアップの特徴と中米貿易摩擦の影響分析

　中国は積極的に労働力コストの優位を利用して，これらの分野と産業で加工貿易を展開する。数十年の発展を経て，中米両国はこれらの産業で相互補完的な分業構造を形成した。米国は中国の労働集約型産業への需要が相対的に旺盛で，中国は電子情報や軽工業等の産業の生産上で顕著な比較優勢があり，これらの産業はすでに中国の対米貿易の主力軍と黒字の主要な出所となっている。この主な内容は，第一に，これらの産業の対米輸出額が中国の対米輸出総額に占める割合が高く，コンピュータ，通信とその他の電子機器製造業は20％を超え，軽工業製品は30％を超えている。第二に，これらの業界は一般的に輸出依存度が高く，その中で，コンピュータ，通信，その他の電子機器製造業の輸出依存度は50％に達して，残りの産業の輸出依存度も多く20％以上である。第三に，これらの産業は対米貿易黒字が大きい，例えば，2016年前の3四半期，中国の軽工業の対米輸出は950.86億ドルで，対米貿易黒字は865.45億ドルで，全国の対米貿易黒字の46.9％を占め，中国の対米貿易黒字の最大出所である。

　同時に，これらの産業の多数の企業は，労働集約的な加工と製造プロセスに従事し，就労人数が多い。これらの対米輸出産業における直接就労者の総数は約200万人と試算される。その中で，通信およびその他の電子機器製造業には，約90万人の対米輸出直接就労者がいると推定され，軽工業では対米輸出直接就労者が100万人を超えている。産業関連への効果に加えれば，実際には就労者数はもっと多い。

　上述の産業は中国の外国貿易と就労に大きな影響を与える。しかし客観的に分析すると，米国の現在の人件費は依然として中国の約6倍であり，短期的にはいくつかの産業プロセスを人工知能に置き換えるのは困難であり，米国本土での生産に優位性はない。

　しかも上述産業の一部製品は基本消費品に属し，トランプ政権が貿易保護措置を取って輸入を制限するならば，それに応じて必然的に製品の価格が上昇し，米国の消費者により高いコストを負担させて，米国住民の福祉は低下するだけではなくて，また深刻なインフレ圧力をもたらす。同時に，上記産業の多

くの企業は，米国などの多国籍企業のグローバル分業体系に属し，相応する貿易保護措置は多国籍企業のボイコットを受ける可能性がある。総合的に判断すると，これらの相互補完性産業は大規模な製造業回帰の条件を備えていないと言える。

(3) 潜在的競争産業は競争の焦点となる可能性がある

　潜在的競争業界は主に電気機械と機材製造業，汎用設備製造業，専用設備製造業，鉄道，船舶，航空宇宙及びその他の輸送設備，紡績業，計装機器製造業を含む。主に装備製造，ハイテク及び紡績などの製品に関連して，産業の労働集約度は一般的に製造業全体の中レベルにある。長年，中米両国は上述の分野における技術レベルにギャップが存在し，かつ一部の業種のギャップが大きい。例えば，2014年には，中国の専用設備製造業，鉄道，船舶，航空宇宙，その他の輸送設備，計装機器製造業の研究開発強度はそれぞれ1.55，2.4％，2.04％だったが，米国（2018）はそれぞれ13.57％，11.49と18.34％に達した。これによって，両国は一定の段差を持つ産業分業関係を形成している。中国企業は主に一般的に中あるいはローエンド製品またはハイエンド製品の加工製造などの中低プロセスに集中しているが，米国は多国籍企業を主導とする企業が主にハイエンド製品または研究開発設計，ブランドルートなどの中ハイエンドプロセスに集中している。

　近年，中国の製造は継続的に中ハイエンドへのグレードアップを模索してきたが，米国製造は中ローエンドへの拡大を図っており，中米両国が正面で競争する産業領域が徐々に増えている。一方，中国は上述の産産業での研究開発投資を絶えず増加し，一部の企業はこれまで先進国によって制御された中ハイエンド領域に邁進し，産業全体の技術力も向上している。例えば，2014年には，中国の電気機械と機材製造業及び汎用設備製造業の研究開発強度はそれぞれ1.55％と1.32％に達し，米国（2008）の2つの産業の研究開発強度はそれぞれ2.45％と2.89％で，両者の差は縮小している。一方，産業ロボットなどの人工知能設備の応用が普及するにつれて，先進国における人件費が高いという比較

的劣勢は部分的に相殺される可能性があり，そのために産業加工製造プロセスに回帰する可能性もある。例えば，2016年に米国の製造業労働者の年間雇用コストは産業用ロボットの3倍以上であり，1時間ごとの雇用コストは産業ロボットの5倍以上である。産業用ロボットの普及と応用によって米国の製造コストは大幅に削減できる。現時点では，中国に比べて，米国は労働力のコストが比較的高いことを除けば，製造業のエネルギーコスト，税収負担などが中国を下回っている。例えば，販売収入を基にした中国のグリー電気（China Gree Electric）の総合税率は2.96％で，米国のゼネラル・エレクトリック（General Electric）は1.19％，福耀ガラス（Fuyao Glass）の総合税率は3.60％，米国のコーニング（Corning）は1.69％だった。

　2009年にオバマ政権が「米国の製造業の枠組み」を打ち出し，米国は「製造業回帰」に取り組んでいる。トランプ政権は大幅な減税による企業発展活力の放出を擁護する。さらに米国の大らかな革新環境，先進的な技術と管理の優位性を考慮すると，いくつかの中エンド製造製品と中エンド製造プロセス，特に大規模化生産の特徴が顕著で，大規模にスマート機器を使って人工的な産業を装備することができ，客観的に見て米国に回帰する可能性があり，これによって，中国製造業に対して中国智能製造と中国創造的グレードアップに向けてのある種のプレッシャーを与える可能性がある。

　現在，上記の産業全体の輸出依存度は10％を超え，米国への輸出には約70万人の雇用が直接含まれる。その中で，電気機械や機材製造業，汎用設備製造業はそれぞれ20万人前後，専用設備製造業，鉄道，船舶，航空宇宙及びその他の輸送設備業はそれぞれ10万人前後，紡績業と計装機器製造業はそれぞれ6.9万人と3.5万人の直接雇用がかかわっている（図表2-8参照）。

　2018年以降，中国の経済と産業の動向を見てみると，米中経済貿易摩擦の経済と産業発展に対する影響はまだ明らかではない。主な指標の動向は比較的安定している。2018年最初の11ヶ月でPPIが多少戻ってきたが，価格は全体的に合理的レベルで，就業は安定し，輸出入総額はまだ2桁の伸びを持っている。中国の対外貿易がますます多様化するにつれて，国際協力パートナーがど

【図表2-8】中国の対米輸出の主な製造業及び就業，技術レベル

業種		輸出依存度（％）	対米輸出の総輸出比（％）①	対米輸出額に占める総生産額比率（％）②	労働集約度（人／億元）③	対米輸出就業（万人）④	中国R&D投入強度（％）	米国R&D投入強度（％）
規模以上の工業		10.5	18.5	1.9	127.8	305.6	0.84	3.35
競争性	ゴムとプラスチック製品	11.6	20.1	2.3	175.1	12.8	0.76	1.32
	金属製品業	9.8	10.5	1.0	177.3	6.9	0.69	0.50
	木材加工および木材，竹，籐，パーム，草製品業	5.6	27.4	1.5	189.1	4.1	0.25	0.26
	非金属鉱物産業	3.0	5.3	0.2	165.7	1.6	0.19	1.31
相補性	文教，工美，体育と娯楽用品製造業	28.1	33.8	9.5	236.1	35.5	0.44	0.64
	紡績服装，服飾業	21.6	20.0	4.3	338.6	32.6	0.35	1.04
	皮革，毛皮，羽毛とその製品と履物	23.4	20.7	4.8	302.5	21.6	0.29	—
	家具製造業	20.3	31.2	6.3	251.0	12.7	0.37	0.26
混合型	コンピュータ，通信とその他の電子機器製造	50.2	16.8	8.4	113.2	87.3	1.63	18.76
潜在競争性	電気機械設備製造	14.3	16.8	2.4	122.1	20.3	1.55	2.45
	一般機器製造	10.4	23.1	2.4	168.4	19.1	1.32	2.89
	専用設備製造業	8.1	23.1	1.9	161.3	10.9	1.55	13.57
	鉄道，船舶，航空宇宙，その他の輸送機器	18.2	23.1	4.2	119.4	10.0	2.40	11.49
	紡績業	9.4	11.0	1.0	169.5	6.9	0.46	1.04
	計器製造業	15.3	14.6	2.2	181.4	3.5	2.04	18.34

(注) ①対米輸出の総輸出に占める割合は，対応する貿易製品類の輸出額によって計算され，②対米輸出額は総生産値に占める＝輸出総額に対する米国への輸出の割合＊輸出額／販売生産値，③労働集約度＝産業就業人数／産業販売額，その中の就業者数は，国家統計局の2013年の経済調査データに基づいて所得を試算する。④米国への輸出雇用＝販売額＊対米輸出額を総生産額が＊労働集約度に比べている。⑤売上高と輸出納品値は2015年のデータで，米輸出の総輸出比率は2016年のデータで，中国R&Dは2014年のデータで，米国R&D投入強度は2008年のデータ。
出所：国家統計局，税関総署，OECDデータベース

んどん増えてきて,輸出入の情勢はますます多くの世界経済の成長状況に依存するようになり,自分自身の世界経済変化への適応と調整の能力も含んでいる。

5. 中国の工業発展の主要な政策措置

近年,中国は供給側の構造的改革を大筋とし,新たな原動力の育成強大に注力し,工業発展の品質と効率を高めていく。

(1) 生産能力過剰の解消

近年,中国はより多くの市場メカニズムと経済的手段を活用して,余剰生産能力の削減を強力に推進し,継続的に無効な供給を排除してきた。2013年から2015年にかけて,全国で計4,800万トンの後れた製鉄生産能力,5,700万トンの製鋼,110万トンの電解アルミ,2.4億トンのセメント(練り物と微粉化の能力),8,000万重量箱の板ガラスを淘汰した。これに基づいて,鉄鋼や石炭などの産業を重点にして過度の生産能力の削減を強化する。大量の「散乱汚」企業を除去した。2016年,2017年の2年間にまた鉄鋼生産能力1.2億トンと石炭生産能力5億トンを排除した。1.4億トンの「帯鋼(ストリップ鋼)」を完全に禁止し,6,500万キロワット以上の石炭火力発電能力を取り締まった。よって,市場の需給関係を改善し,優良品質の生産能力の利用効率を高め,また新興産業の発展のためにスペースを提供し,工業経済効果は明らかに好転した。そのために,中央財政部は特別賞の資金補完資金を支援し,労働者の配置転換に使用し,石炭と鉄鋼産業には分流労働者110万人以上を配置転換した。

(2) 積極的かつ着実にレバレッジ解消

2016年以降,国は負債の大きいが優れた企業,低効無効企業及び国有企業などの異なる対象に対して,債務規模を制御し,株式の融資を増加し,工業企業の資産負債率を持続的に低下させて,マクロのレバレッジ率の上昇幅は明ら

【図表2-9】2018年最初の3四半期における中国の産業設備稼働率

	産業設備稼働率（％）	前年同期比増減（％）
工業	76.6	0.0
採掘業	72.4	1.7
製造業	77.0	−0.1
電力，エネルギー，燃気及び水生産と供給業	73.3	1.1
石炭採掘と洗選業	71.4	4.0
石油と天然ガス採掘業	87.9	−0.4
食品製造業	75.7	0.5
紡績業	80.6	0.2
化学原料と化学製品製造業	74.8	−1.9
医薬製造業	77.8	−0.7
化学繊維製造業	82.0	−1.4
非金属鉱業及びその製品業	70.0	−0.5
黒色金属精錬と圧延工業	78.1	2.7
非鉄金属製錬および圧延加工産業	79.2	1.0
一般機器製	77.4	0.7
専用機器製	78.9	3.6
車製造業	80.6	−1.1
電気機械設備製造	77.9	−1.3
コンピュータ，通信とその他の電子機器製造業	79.0	−0.6

出所：中国国家統計局

かに縮小し，全体的に安定している。具体的な措置は，市場の債務転株などの措置を通じて，優先企業，優先資産を活用し，発展の見通しを持つ高負債の優良企業を助成している。2018年11月末時点で，市場化債務転株契約の総額は18,928億元に達し，資金は5,050億元に達した。2018年以降，市場化による債転株（債権株式化，DES）契約の総額は2,437億元で，到着額は1,572億元となっている。法に基づく破産などの方式を通じて，低効な無効企業の市場退場を推進して，悪いレバレッジを排除し，既存の資本資源を活性化し，資金の配分の効率を最適化することを促進する。同時に，国有企業の資産負債の制約

を強化し,国有企業の統治構造を最適化することによって,市場化債務の株式の転株などの方法を最適化する。統計によると,2018年11月末,すべての国有株の工業企業の資産負債率は59.1％で,2016年より2.3ポイント低下した。

【図表2-10】2012年～2018年中国国有株の産業企業の資産負債率の変化

日付	総資産（万億元）	総負債（万億元）	資産負債率（％）
2018年1～11月	44.3	26.1	59.1
2017年	42.5	25.7	60.4
2016年	40.5	24.8	61.4
2015年	38.3	23.5	61.4
2014年	35.4	21.7	61.5
2013年	34.3	21.2	61.9
2012年	30.6	18.7	61.1

出所：中国国家統計局

(3) 複数の対策による企業コストの削減

近年,中国の各級政府は,企業の税額コスト,融資コスト,物流コスト,制度的な取引コストを削減し,企業の投資経営のためにより大きな利益空間を提供するよう努力した。2017年には,政府性基金プロジェクトの30％を削減し,中央政府のレベルによって設立された企業の有料項目の60％以上を削減し,段階的に「五険一金」の納付比率を下げ,物流,電気通信などのコストを削減し,2016年,2017年のコスト削減の規模は1兆元を超え,2018年にはさらに企業コストの1.3兆元を低減した。特に,経営環境の改善と制度的な取引コストを絶えず下げることである。国家は政府職能の変革を加速させ,ミクロ管理と直接の介入を減らし,マクロコントロールと市場規制及び公共サービスを強化することを重視する。2013～2017年には,国務院の行政審査事項は44％削減され,非行政免許の承認は完全に終了し,中央政府レベルで承認した企業投資プロジェクトは90％削減され,行政審査の仲介サービス事項は74％削減され,職業資格許可と認定は大幅に減少した。中央政府の価格設定項目は80％縮小し,地方政府の価格設定項目は50％以上縮小した。商工登録と登録資本

などの商業制度を全面的に改革し、企業の開業手続きの処理時間は3分の1以上を短縮した。事中、事後の監督管理への革新と強化を行い、「インターネット＋政務サービス」を推進し、ワンステーション式サービスなどの措置を実施した。外資系投資は、承認制度からネガティブリスト管理へと移行し、制限性措置は3分の2を削減した。現在依然として高額の法人税および手数料を考慮すると、2019年に国家は大幅な減税および大幅なコスト低減を推進し、企業の資金調達困難及び融資の高い問題を有効に緩和することに努めている。

【図表2-11】主要国の商業利潤に占める税収の比率（％）

国別	2013年	2014年	2015年	2016年	2017年
中国	68.8	68.6	67.9	68.2	67.3
米国	43.8	43.8	43.9	44	43.8
日本	48.8	50.4	50.4	48.9	47.4
ドイツ	49.1	48.8	48.8	48.9	48.9
韓国	33.4	33.2	33.2	33.1	33.1
インド	55.7	55.5	55.5	55.3	55.3
ロシア	48.7	48.9	47.0	47.4	47.5

出所：世界銀行データベース

（4）インフラストラクチャ領域における不足の埋める力の維持

経済発展の重要な分野と弱い部分をめぐって、近年、中国はインフラストラクチャ領域の不足を埋める力を維持してきた。基礎施設と公共サービスを継続的に改善し、インフラ供給の品質を向上させ、有効な投資によって供給構造を最適化するための重要な役割を果たしている。民間資本が欠けているプロジェクトの建設へ参入することを積極的に奨励し、各種の市場主体の積極性と創造性を動員する。政府の役割をよりよく発揮し、不足の重大なプロジェクトの備蓄を強化し、プロジェクト審査の進捗を早め、政府の投資ガイドの役割を積極的に発揮し、市場主体のために良好な投資環境を創造する。「一帯一路」の建設、「京津冀」（北京、天津、河北）地区における協同発展、長江経済ベルトの発展、広東香港マカオ大湾区建設などの重大戦略を重点的に支援する。「精準

脱貧」(正確な貧困支援及び貧困脱却),環境汚染対策,鉄道,道路,水運,空港,水利,エネルギー,農業農村,生態環境保護,公共サービス,都市と農村のインフラ,小屋の改造などの分野の補完を強化する。計画に組み込まれた重大なプロジェクトを速やかに推進する。

　この中で,道路,水運の分野では,国家高速道路網の貫通及び「一帯一路」の建設に対し,京津冀の協同発展,長江経済ベルトの発展,広東香港マカオ大湾区建設などの重大戦略を支える重要な役割がある地方高速道路のプロジェクトを開始し,重点の省地域の道路建設を加速する。三峡ダムの新たな水路輸送経路と葛洲ダム航運拡張工事の前期の作業を加速し,長江の幹線,京杭運河などの幹線水路の整備工事を速めに始動し,同時に多数の支線水路改善プロジェクトの実施を促進する。空港の分野は,北京の大興国際空港の建設を加速し,国際的な多数の国際ハブ空港および中部および西部支線空港の新築,移転,拡張プロジェクトの前期の作業を重点として推進し,早期に建設の開始を着手し,国際的なハブ空港の競争力を向上させ,中西部地区の航空輸送のカバー範囲を拡大する。エネルギー分野では,金沙江(Jinshajiang Lawa)水力発電所,Yalongjiang Kara水力発電所などの重大な水力発電プロジェクトの建設を加速する。

　地方間の地域間送電を加速し,各省の電力網の主幹線建設を最適化と改善し,いくつかのUHV(超高圧)送電プロジェクトの実施を促進する。農村部の電力網の再構築とグレードアッププロジェクトの新ラウンドの実施を加速する。石炭火力発電所の超低排出および省エネルギー変革を継続的に推進し,石油およびガスの探査および開発力を強化し,主要分野における天然ガス生産,供給および販売システムならびに重点地域の応急貯蔵容量の建設を完備する。石油やガスの生産能力やパイプラインネットワークなどの重要なプロジェクトを積極的に推進する。オイルガスの生産能力,パイプネットなどの重点プロジェクトを積極的に推進する。生態環境保護の分野は,天然林資源の保護,重点保護林システムの構築,土壌と水の保全など生態保護の重要なプロジェクトへの支持力を増大する。都市の生活の汚水,生活ゴミ,危険な廃棄物処理施設

の建設をサポートして，黒く臭い水域の処理を促進する。石炭削減の代替などの重要な省エネプロジェクトと循環経済発展のプロジェクトを支持する。主要な河川流域水環境の総合管理をサポートする。

(5) 新旧駆動能力の接続転換の加速

　第一に，伝統産業のグレードアップを推進する。産業基盤と発展需要に基づいて，伝統産業の科学技術の含有量を上げ，工業の強固な基盤，スマート製造，グリーン製造などの重大プロジェクトを推進する。「インターネット＋」行動を深く推進し，モバイルインターネット，ビッグデータ，クラウドコンピューティング，あらゆる物をインターネットに繋ぐ広範応用を推進して，各産業の融合グレードアップを促進する。第二に，新興産業の発展を導き育てることである。グローバルな科学技術革命の新サイクルと産業変革の新トレンドと方向性に着目し，新世代情報技術，ハイエンド装備，新素材，生物，新エネルギー車，新エネルギー，省エネ環境保護，デジタル創造性などの戦略的新興産業を育成発展させ，より広い分野の新技術，新製品，新産業，新業態，新モデルの勃興発展を促進する。ネットワーク経済，ハイエンド製造，バイオエコノミー，グリーン低炭素，デジタル創意などの分野を囲い込み，技術，資金，人材を集めるための政策措置を整え続け，公平な競争市場環境を作り出し，新技術や新業態勃興の生態環境を全面的に作り出し適応して，より開放的な視野で産業の国際水準を向上させる。

　近年，新興消費が急速に伸びており，ネット小売額は年平均約30％の割合で成長している。一連の政策を通じて投資構造を最適化し，民間投資を奨励し，政府の投資役割を発揮し，新たな能動力の発展強大化を促進し，経済成長は，主に投資，輸出に頼ることから消費，投資，輸出の相乗効果に頼ることに転換し，主に第二次産業に頼ることから第三次産業との共同牽引に転換することによって実現する。

（6）革新的な発展戦略新駆動の実施

　近年，中国では革新的な生態を継続的に最適化し，企業を主体とする技術革新システムを構築し，徹底的な「大衆創業，万衆創新」（大衆による創業，万人によるイノベーション）を深く展開し，広く恩恵が及ぶ支持政策を実施し，孵化（インキュベーター）システムを充実する。第一に，「大衆創業，万衆創新」を深く展開することである。「衆創，衆包，衆扶，衆籌」プラットフォーム[4]を作りし，"双創"の資源が集まる地域，科学研究院と革新型企業などの伝達手段を頼りにして，"双創"のモデル基地の建設を支持して，専門的な「衆創」空間を発展させる。インターネットに頼って開放共有の革新メカニズムと革新プラットフォームを作り，企業，科学研究機関，大学，創造客などの革新主体共同革新を推進する。第二に，公共の革新システムの建設を強化する。重大科学技術プロジェクトと重大工事を実施し，世の中をひっくり返すような技術の研究開発と産業化を強化する。重大プロジェクトの組織的実施方式を創造し，実行プロジェクトの決定，実行，評価を模索し，比較的独立した組織管理メカニズムを監督する。企業主導で，政府，産業，大学，研究及び応用を結合した産業技術革新連盟を構築し，重要な技術研究開発プラットフォームの建設を支持し，重点産業の分野で新たなメカニズムを採用して，一連の産業イノベーションセンターを確立する。重点分野の革新的な発展の需要を囲い込み，国家の重要な科学技術基礎施設などの革新的なプラットフォームの建設を統括して，施設とプラットフォームの開放的な共有を強化する。科学研究拠点の最適配置と部署の統括によって，一連の国家技術革新センターを建設し，戦略的新興産業の発展を牽引する。関連する計量テスト，検査測定，認証承認，知識とデータセンターなどの公共サービスプラットフォームの建設を強化する。戦略的新興産業計量の科学技術革新連盟を設立し，認証認可の革新を強化する。標準システムを整備し，重要分野の新技術標準の応用をサポートする。第三

---

(4)「衆創」（ソーシャルイノベーション），「衆包」（クラウドソーシング），「衆扶」
　（公益機関や企業による小規模・零細企業・ベンチャー向け支援），「衆籌」（クラウドファンディング），「股権衆籌」（投資型クラウドファンディング）。

に，企業の革新能力の建設を支援する。国家技術革新プロジェクトを実施し，企業技術センター能力の建設を強化し，上流下流の産業革新能力の向上をリードする。科学技術型中小企業の革新支持力を増大して，研究開発費用に手心を加える控除などの税収優遇政策を実行し，企業が研究開発への投資を増大するよう指導する。第四に，科学技術の成果を移転転用する制度を完備する。科学研究者が成果を転用する時の所得シェアの割合を向上させ，科学技術成果移転の成績評価と年度報告制度の確立を加速する。条件に合う大学と科学研究院が専門化，市場化した技術移転機構を確立することを指導し，戦略的新興産業科学技術の成果の発表を強化し，戦略的新興産業関連分野において財政資金を利用して形成する科学技術成果の時間制限移転制度を率先して確立することを模索する。

（7）製造業の高品質な発展の推進

　次に，中国は製造業の発展を引き続き重要な位置に置いており，製造業の高品質発展を積極的に推進する。先進的な製造業と現代のサービス業の深い融合を推進し，製造強国を建設する。企業の適者生存を着実に推進し，「ゾンビ企業」の処理を加速し，退出実施方法を制定し，新技術，新組織形態，新産業のクラスタ形成と発展を促進する。製造業技術革新能力を増強し，開放，共同，効率的な共通技術研究開発プラットフォームを構築し，企業を主体とする産学研一体化の革新メカニズムを健全に誘導し，国家実験室を構築し，国家の重点実験室システムを再編し，中小企業の革新支持力を増加し，知的財産権の保護と運用を強化し，有効な革新の激励メカニズムを形成する。投資の重要な役割を発揮して，製造業の技術改造と設備更新を増大して，5G商用のペースを加速し，人工知能，工業インターネット，あらゆる物をインターネットに繋ぐなどの新しい基礎の施設建設を強化して，都市交通，物流および市政基礎施設などの投資を増強して，不足部分を補完する。政府の職能を着実に転換し，政府の資源に対する直接的な配置を大幅に減らし，事中，事後の監督管理を強化し，市場が自主的に調整できることなら市場に調整させることにする。企業が

できることだったら企業に任せる。全方位の対外開放を推進し，市場参入を緩和し，参入前の国民待遇に加えてネガティブリスト管理制度を全面的に実施し，中国における外資の合法的な権益，特に知的財産権を保護し，より多くの分野で独自の経営を行うことを許可する。輸出入貿易を拡大し，輸出市場の多元化を推進し，輸入関係制度のコストを削減する。

(8) 市場参入のネガティブリスト制度の全面的な実施

　市場参入ネガティブリスト制度の全面実施は，中国の市場化改革の重要な制度革新と政策措置である。2015年10月，国務院は「市場参入ネガティブリスト制度の導入に関する意見」（国発『2015』55号，以下「意見」）を発行。2016年3月に中国は「市場参入ネガティブリスト草案（試行版）」を制定し，天津，上海，福建，広東四省市で先行試行を行った。2017年，試行範囲は15の省市に拡大した。試行地域の経験を総括した上で，2018年12月，国家発展改革委員会と商務部は「市場参入ネガティブリスト（2018年版）」を発表し，中国が市場に全面的にネガティブリスト制度を導入することを示した。ネガティブリスト以外の産業，分野，業務など，各種市場主体が法によって平等に参入することができる。

　リスト本文は「参入禁止類」と「参入許可類」の2大分類に分かれ，計151の事項，581項目の具体的な管理措置を含む。そのうち禁止参入事項は4項目である。それぞれ法律法規が明確に定められた市場参入に関する禁止規定である。「産業構造調整指導リスト」には，投資禁止と新設禁止の項目，および「規則に違反して金融関連の経営活動の展開を禁止する」，「規則に違反してインターネット関連の経営活動の展開を禁止する」。禁止事項については，市場主体が参入できず，行政機関も審査認可を行わない。参入許可事項は合計147項目で，国民経済に関わる産業20分類のうち18産業の128項目，「政府承認の投資項目目録」の10項目，「インターネット市場参入禁止許可目録」の6項目，信用懲戒などに関するその他の3項目に及ぶ。参入許可事項については，市場主体が申請を提出し，行政機関は法規に従い参入許可するか否かについて

の決定を下す。もしくは経営主体は政府が規定した参入条件と方法に基づいて参入する。

　この重要な制度の革新は重要な意義を持っている。第一に，市場の資源配置における決定的な作用を発揮することに有利である。市場参入ネガティブリスト制度を全面的に実施し，中国が市場参入分野に統一した公平な規則体系を確立したことを意味し，リスト以外の産業，分野，業務など，各種市場の実体はすべて法に従って平等で自主的に参入するか否かを選択できることを意味する。関連部門と地方政府は，市場参入に対する承認措置に対して自由に登場することはできなくなり，本当の"非禁即入"を実現することができる。市場参入ネガティブリストシステムを全面的に実施し，市場と政府が市場参入で作用を果たす境界を明確にし，市場の主体は市場参入ネガティブリストにより，できるとできないこと及び審査許可を必要することと自主的に決定できることかを一目瞭然に知って，市場主体の創業革新に巨大な空間を提供することができる。市場この"目に見えない手"は，市場参入のプロセスに決定的な作用を果たし，各種の市場主体が公開公平公正な競争に参与する市場環境の形成を推進し加速する。

　第二に，市場主体の活力を刺激することに有利である。市場参入ネガティブリスト制度が全面的に実施された後に，国営企業，民営企業及びミクス所有制の企業であるかどうか，内資か外資でも，大企業であろうと，中小企業であろうと，すべて同じ扱い，同等な市場参入条件待遇を受ける。「規則平等，権利平等，機会平等」を実現する。市場のネガティブリスト制度を全面的に実施し，さらに各地方政府が市場参入のプロセス管理権限と措置を規範化し，さまざまな形式の不合理な制限や隠れた障壁を破るのに役立ち，「残りの決定権」と「自主権」を市場主体に与え，「海阔凭鱼跃，天高任鸟飞（サメのための広大な海，ワシの無限の空）」を実現する。

　第三に，政府にとって事中事後の監督を強化するのに有益である。市場参入ネガティブリスト制度を全面的に実施するには，政府は「事前の審査」から「事中事後の監督を強化する」に転換し，監督管理の重点を事後に移し，市場

主体の投資行動の事中事後監督を強化することに対して多くの監督管理資源を投入する。市場参入ネガティブリスト制度を全面的に実施した後，各地域政府部門の事中事後監督管理の能力とレベルを継続に向上する。確実に管理すべきことを管理する。市場は活気に満ちて秩序がある。

　第四に，他の関連分野における改革の促進に有利である。市場参入ネガティブリスト制度の全面的な実施は，政府が作用を発揮する職責の境界を明確にし，また戦略，計画，政策，基準などの制定および実施における政府の機能を強化するのに役立つ。同時に，市場参入ネガティブリストに関連する審査許可体制及び投資システム，監督メカニズム，社会信用システムと激励懲戒メカニズムの改革をより推進し，市場参入制度に関連する法律法規をさらに完備し，国家管理システムとガバナンス機能の近代化を促進する。

【参考文献】

黄漢権（2018）「建設支撑高質量発展的現代産業体系」『経済日報』2018年5月10日

黄群慧（2017）「論新時期中国実体経済的発展」『中国工業経済』2017年第9期

王昌林・付保宗・郭丽岩等「供給側結構性改革的基本理論：内涵和逻辑体系」『宏観経済管理』2017年第9期

賀俊・呂鉄「従産業結構到現代産業体系：継承，批判与拓展」『中国人民大学学報』2015年第2期

西奥多.W.舒尔茨（2016）『報酬递増的源泉』中国人民大学出版社

西奥多.W.舒尔茨（2017）『対人進行投資』商務印書館

盛朝迅・黄漢権（2017）「構建支撑供給側結構性改革的創新体系研究」『中国軟科学』2017年第5期

龔紹東（2010）「産業体系結構形態的歴史演進与現代創新」『産経評論』2010年第1期

中国国家統計局『中国統計年鑑』（各年間）国統計出版社

趙婉好・王立国（2016）「中国産業結構転型昇級与金融支持政策—基于美国和德国的経験借鑑」『財経問題研究』2016年第3期

張富禄（2018）「中国協同発展的産業体系建設方向与戦略挙措」『区域経済評論』2018年第2期

德勤有限公司和美国（米国）競争力委員会『2016全球製造業競争力指数』
費洪平等（2017）『着力振興実体経済，壮大製造業政策措施研究』宏観院研究報告
付保宗（2017）『中国工業発展的階段性変化』経済科学出版社
付保宗・張鵬逸（2016）「我国産業迈向中高端階段的技創新特征与政策建議」『経済縦横』2016年第16期
李小胜（2015）『創新，人力資本与内生経済増长的理論与実証研究』経済科学出版社 2015年11月版，pp.30-55.
凌峰等（2016）「戦略性新興産業創新要素供給体系与协協同機制」『科技進歩与対策』2016年第11期
路易吉・帕加内托・埃德蒙.S.菲尔普斯（2012）『金融，研究，教育与増长』中国人民大学出版社

付　保宗

ed # 第3章
「中国製造2025」と
中国ハイテク産業の現状

1. はじめに

　アメリカのペンス副大統領は2018年10月にハドソン研究所で行った中国政策に関する演説のなかで，「中国は『中国製造2025』を実施することで世界最先端の産業の9割を支配しようとしている。21世紀の経済で支配的な位置を占めるため，中国当局は官僚や企業家たちに，手段を選ばずにアメリカの知的財産を獲得せよと指示している」と指摘した[1]。

　トランプ政権が2018年7月から発動した通商法301条に基づく中国からの総額2,500億ドルにのぼる輸入品に対する追加関税も，大統領自身は貿易赤字の削減が目的だと言っているが，その真の狙いは中国がハイテク産業でアメリカにキャッチアップするのを阻むことだ，との解説もある（秋田，2018）。過熱する米中貿易戦争に対して日本政府は静観する態度をとってきたが，中国の華為技術（ファーウェイ）の通信機器の利用に関してはアメリカから同盟国に対して同調を求める圧力が強くかかり，日本政府は12月になって中央省庁や自衛隊が使う情報通信機器の調達においては機密漏洩を防ぐよう注意すべきだとの指針を打ち出した。菅義偉官房長官は「特定の企業，機器を排除すること

---

(1) "Vice President Mike Pence's Remarks on the Administration's Policy Towards China", Hudson Institute. (https://www.hudson.org/events/1610-vice-president-mike-pence-s-remarks-on-the-administration-s-policy-towards-china102018) Accessed on November 5th, 2018.

を目的としたものではない」と説明したが，日本のマスコミは，この指針は事実上華為技術（ファーウェイ）など中国製品の排除を求めたものであると報じた。さらに日本政府は情報通信や電力など重要インフラを担う民間企業に対しても情報漏洩の懸念がある機器を使わないよう要請した。これまた名指しはしていないものの，事実上中国製品の排除を求めたものだとマスコミでは解釈されている。

　こうして日本も期せずして中国のハイテク産業の発展に対抗するような立場をとってしまっている。だが，中国のハイテク産業の発展が日本にとって脅威なのかどうか日本政府のなかで真剣な検討が行われた様子はなく，中国製品の排除も，日本政府として独立の判断を行ったというよりも，アメリカの圧力に抗しきれなかったというのが実態であるようだ。明らかに自由貿易の大原則に反している日本政府のこうした措置に対して，不思議なことに日本のマスコミや論壇から批判の声が出てこない[2]。それはこの問題を独立の立場から判断しようとしていないからである。

　中国のハイテク産業の発展が日本にとって脅威なのかどうかを考えるためにもまずは中国が何を狙っているか，その現状はどうなのかを検討する必要がある。本稿は中国政府のハイテク産業戦略を示している「中国製造2025」を俎上にあげ，それが何を目指しているのかを明らかにするとともに，中国のハイテク産業の現状を検討する。あらかじめ筆者の立場を述べれば，ペンス副大統領の指弾は，中国に対する脅威感を煽るために中国の野心を過大評価している。ただ，ペンス副大統領の誇張と曲解が大手を振ってまかり通ってしまうのは中国側に透明性が欠けているせいでもある。筆者のみるところ，「中国製造2025」は中国の政策の大原則である対外開放やWTOへのコミットメントなどと矛盾する部分があるし，その目標には合理性と実現性に欠けるものも多い。だが，そうした矛盾や問題点に対する批判は中国国内ではほとんど見られな

---

[2] おそらく唯一の例外は筆者自身によるコラムである。丸川知雄「ファーウェイ問題の核心」Newsweek日本版コラム（https://www.newsweekjapan.jp/marukawa/2019/01/post-45.php），2019年1月22日。

い。そうした状況が「中国製造2025」の不透明性を増し，アメリカなどでいたずらに脅威を煽る口実に使われている。本稿は「中国製造2025」を批判的に検討することにより，不透明性を減らすことを目的とする。

　第2節では「中国製造2025」が何を目指しているのか，その概要を説明する。第3節では「中国製造2025」が産業政策としてどのような特徴を持つのか明らかにし，それが中国の現在の発展段階にはもはやそぐわないものであることを論じる。第4節では，「中国製造2025」を受けて専門家の委員会によって作成された「技術ロードマップ」について紹介する。この「ロードマップ」は「中国製造2025」の介入主義的，保護主義的な特徴をいっそう強調するものとなっている。第5節では「中国製造2025」の進捗状況に関するレポートを手掛かりに中国のハイテク産業の現状を，情報技術産業とNC工作機械・ロボット産業の事例によって明らかにする。

2.「中国製造2025」の概要

　「中国製造2025」は2015年5月に中国国務院が公布した2万字以上におよぶ産業政策である。それは中国共産党の大目標，すなわち建国百周年の2049年までに社会主義現代化国家を建設するという目標に合わせて作られたものである。産業政策としての重要性は全国人民代表大会で決議される5カ年計画より一段劣るとはいえ，一省庁が勝手に出した意見ではなく，金融や財政，税制まで含めて政府全体の活動に対して一定の拘束力を持つ重要政策である。

　その前文では，中国の製造業に対する現状認識として「大きくなったが強くない」と指摘している。中国の製造業は，自主的なイノベーション能力が弱く，重要な核心技術やハイエンドの設備は外国に依存する度合が高く，製品のレベルは低く，世界的に著名なブランドに欠けており，資源の利用効率が低く，環境汚染の問題が深刻で，産業構造は不合理であり，情報化のレベルも高くなく，産業の国際化も進んでおらず，企業がグローバルに経営する能力も足りない，とひたすら否定的な評価が並ぶ。

一方，国の外を見れば先進国は再工業化戦略を採用し，中国より後発の国も国際分業に積極的に参加しているため，中国は先進国と後発国の間で押しつぶされそうだ，と危機感を示す。そして，そうした危機を乗り越えて国際競争力の強い製造業を持つことは国力を高め，国家の安全を保障し，世界の強国となるために必ず通らなければならない道だと主張する。

中国が「製造強国」になるには3つのステップを上がっていく必要がある。まず2025年までの第1ステップで製造強国の仲間入りをする。続く2035年までの第2ステップでは世界の製造強国のうち中程度のレベルに到達する。そして建国百周年の2049年には製造大国の地位を固めるとともに，総合的実力では製造強国の前列に立つ，これが最終目標である。

「製造強国」とはどんな国を指すのかについて「中国製造2025」のなかでは定義されていないため，いったいこれらのステップが何を意味するのか正確に理解することは難しい。ただ，文脈から推し量れることは「製造強国」には少なくともアメリカ，日本，ドイツなど数か国が含まれるということである。ということはこの政策が実際にカバーしている2025年まではまずこうした製造強国の末席に入ることが目標とされているのであって，「世界のハイテク産業の9割を支配することを目指している」というペンス副大統領の主張は誇張がすぎるように思われる。

「中国製造2025」の中にはいくつかの重要な数値目標も掲げられている。すなわち，製造業の研究開発費の売り上げに対する比率を2015年の0.95％から2025年には1.68％に引き上げる。同じ期間に，売上1億元あたりの特許を0.44件から1.1件に，ブロードバンド普及率を50％から82％に，デジタル設計工具の普及率を58％から84％に，重要な工程のNC化率を33％から64％にそれぞれ引き上げる，としている。また，工業付加価値あたりのエネルギー消費，二酸化炭素排出量，水の使用量をそれぞれ34％，40％，41％引き下げるとする。これらの数値目標は中国の生産効率や資源利用効率を高め，温室効果ガス排出の削減を目指すものであり，世界の他の国の利益にもなることなので，これらの目標を中国が追究することを他国が妨げる理由はない。

「中国製造2025」では9つの戦略任務と重点が提起されている。1.製造業のイノベーション能力の向上，2.情報化と工業化の深い融合，3.工業の基礎能力の強化，4.品質とブランドの構築，5.グリーンな製造業の全面的な推進，6.重点領域の突破と発展，7.製造業の構造調整の推進，8.サービス型製造業と生産型サービス業の発展，9.製造業国際化レベルの引き上げ。

　最初に挙げられている「イノベーション能力の向上」こそがこの政策のもっとも重要なテーマであろう。そのための方策として，まず既存のスキームである「国家技術創新示範企業」や「企業技術中心」を利用する。企業がこれらに認定されると，研究開発に必要な機械設備を免税で輸入できたり，国家の研究プロジェクトを受託できるといった優遇を受けることができる。新たな方策としては，政府が定期的に製造業の重点領域に関する技術発展のロードマップを提示すると言っている。実際に2015年と2018年に技術ロードマップが公表された。これについては第4節で詳しく検討する。また，情報技術，AI製造，新材料など共通性の高い技術については国が数十か所の「製造業創新センター」を設立し，技術開発，産業化，人材育成などを行う，としている。

　9つの「戦略任務と重点」の第3項目，すなわち「工業の基礎能力の強化」は，中国の製造業の弱点を指摘している。すなわち，中国の製造業は「核心的な部品，先進的な基礎生産技術，重要な基礎材料，産業技術の基礎（以上「4基」）」が弱いというのである。この点は筆者の中国の産業に関する調査からも同意できるところである。筆者が2003年頃に中国の自動車産業を部品メーカーを中心に調査した際にも，乗用車に直接組み付けられる一次部品のレベルではECU（燃料噴射装置を備えたエンジン制御ユニット）といった技術レベルの高い部品を含めてすでに中国国内で生産されていたが，そうした一次部品の材料や部品までさかのぼると輸入に依存するものが多くあった。例えば，自動車のボディを形成する亜鉛メッキ鋼板[3]，インストゥルメント・パネルのプ

---

(3) 但し，2005年に新日鉄と宝山鋼鉄，アルセロールの合弁会社が上海で稼働を始めて以降，中国国内で生産できるようになった。

ラスチック原料，特殊な金属部品の合金材料，鍛造金型を作る鋼，ばね用鋼の多くは輸入されていた（丸川・高山編，2005）。その後10年あまりを経て亜鉛メッキ鋼板のように国産化されたものもあるが，中国の輸入統計を見る限り基礎材料の輸入は依然として多い。例えば最近の報道によれば，中国の半導体産業が用いる材料の80％は輸入されているという[4]。

　こうした弱点を克服するために，「中国製造2025」は工業の基礎能力を強化するための研究センターを設立し，そこで核心的な部品と重要な基礎材料の開発を進め，2020年にはこれらの40％を「自主保障」し，2025年には70％を「自主保障」することを目標としている。ただし，「自主保障」が何を意味するかについてはどこにも定義が見当たらない。文脈から考えると，これは国産化のことを指しているようにも思える。国産品をあからさまに優遇することはWTOの原則に反するのでわざと曖昧な表現を用いている可能性がある。

　もっとも，近年の中国では「自主」という言葉が持つ含意は国産というよりももう一歩進んで，中国資本の企業が支配することを指していることが多い。中国の各産業では外資系企業が重要なプレイヤーになっているが，外資系企業が中国国内で生産しているものは「自主」から除外されるのが普通である[5]。また，「核心的な部品」と「重要な基礎材料」とは何を指し，それらをどう集計するかも定かではないので，結局のところ，この40％と70％という数字自体はあまり具体的な意味を持っていない。むしろこれらの数字は，各分野で国産化と中国企業優遇への圧力となり，各分野でのより具体的な数値目標の設定につながっている。その詳細は第4節で述べる。

　「戦略任務と重点」の第6項目，すなわち「重点領域の突破と発展」において今後発展させるべき10の産業が列挙されている。すなわち，新世代の情報

---

(4) 新華社「中国半導体材料主要依頼進口」（2017年8月21日）。
(5) 「自主」という言葉がもっとも早くから使われ，すっかり定着しているのが自動車産業である。「自主ブランド」の乗用車という場合，VWやGMやトヨタが中国国内の合弁企業で生産する乗用車は除外され，吉利，BYD，奇瑞，第一汽車などが含まれる。国産乗用車のうち，「自主」のものは4割以下ということになる。

技術産業，ハイエンドのNC工作機械とロボット，航空宇宙設備，海洋エンジニアリング設備とハイテク船舶，先進的な鉄道設備，省エネ・新エネルギー自動車，電力設備，農業機械，新材料，バイオ医薬と高性能な医療器械である。ペンス副大統領が中国は「世界最先端の産業の9割を支配しようとしている」と述べているのはおそらくこの部分を指しているのであろう。確かにこのリストはほとんどのハイテク産業を網羅しているように見える。ホワイトハウスが2018年6月に発表した中国の技術的台頭への警戒を呼び掛けた報告のなかで「中国政府は『中国製造2025』においてこれから支配することをもくろんでいる技術分野のリストを提示している。最近の中国の対外投資の傾向はこのリストと符合しているようである」と指摘する[6]が，ここでいう「リスト」とはこの第6項目に書かれたリストを指している。

　ただ，中国の5か年計画や産業政策が非常に多くの産業を総花的に列挙することは珍しくない。「中国製造2025」は従来からの産業政策の延長線上にある。重点領域として挙げられた10の産業も，そのうち5つは2011年に制定された第12次5か年計画のなかで「戦略的新興産業」として挙げられたものである。「中国製造2025」の10産業はこれらに新たに船舶，鉄道設備，電力設備，農業機械，航空宇宙設備が加わっているが，航空宇宙産業を除けばこれらは一般には「ハイテク」には分類されないだろう。

　国有銀行が間接金融の過半を占め，大規模な投資プロジェクトは必ず国家発展改革委員会の承認を必要とする中国の経済体制のもとでは，ある産業が産業政策のリストに入るかどうかは重要な意味を持つ。もしどのリストにも入っていないような産業の場合には銀行から借金したり，株式を上場したりするうえである程度不利になる。従って，産業政策が作られる時には各産業界が自分たちの産業に言及してもらおうとロビイングを展開し，その結果，産業政策は総花的なものになる。

---

(6) White House Office of Trade and Manufacturing Policy, "How China's Economic Aggression Threatens the Technologies and Intellectual Property of the United States and the World". June, 2018, p.16.

上記のホワイトハウスの報告では，中国が海外のハイテク企業のM&Aを通じてハイテク産業に対する支配力を拡大しようとしている，と指弾している。「中国製造2025」の「戦略任務と重点」の第9項目「製造業国際化レベルの引き上げ」のなかで，中国企業が多国籍経営の能力と国際競争力を高めるのを支援するとして，「企業による海外でのM&Aや資本参加，ベンチャー投資，研究開発センター設立を支持する」といっている。ただ，この政策の主眼は「自主イノベーション能力の向上」なので，技術を持った海外の企業を買収することで安易に技術を手に入れようとすることを奨励しているようには思えない。

3.「中国製造2025」の特徴と問題点

　以上のように「中国製造2025」の概要を整理したうえで，その特徴と問題点を指摘する。

　「中国製造2025」は先進国へのキャッチアップを目指したものである。それ自体，および次節で取り上げる「重点領域の技術ロードマップ」では，先進国にあって中国に欠けているもの，あるいは先進国がこれから開発しようとしているものの膨大なリストが掲げられており，中国の産業界に対してこのリストにあるものを国産化することを求めている。要するにこれは輸入代替工業化という発展途上国の割と古いタイプの産業政策の現代版だととらえられる（Wübbeke, Meissner, Zenglein, Ives and Conrad, 2016）。

　「中国製造2025」ではイノベーションの振興が重要なテーマであるが，そこで考えられている「イノベーション」とは，新しい発明によって人類社会に貢献する技術を生み出すことではなく，先進国に追いつくための研究開発である。皮肉な言い方をすれば，ハイテク分野で先進国から知的財産権侵害で訴えられないようにするために，研究開発によって特許の武装を固めようとしているのである。筆者は独創性こそイノベーションの本質的な特徴だと考えているが，「中国製造2025」は研究開発すべき内容について将来までレールを敷いてしまっており，イノベーションの振興とはおよそ対極のものである。

中国でもっとも強力な研究開発能力を持つ企業の一つである華為技術の創業者，任正非氏は，最近のインタビューのなかで，こうした輸入代替的な発想を示す「自主イノベーション」を目指すことに反対する意思を表明した[7]。任氏いわく「私はずっと『自主イノベーション』という言い方には反対だった。私が思うに科学技術は人類共同の財産であり，我々は他人の肩の上に乗って前進すべきで，そうすることによって世界の最先端への距離を縮めることができる。なんでも自分でやろうとするのは，農民ならいざ知らず，他の職業の人はそういう発想を持つべきではない。」任氏は，他者がすでに開発した技術はロイヤリティを払って利用すればいいのであって，他者がすでに開発した技術を自分で開発しようとするのは誤りだと指摘している。この発言は技術の輸入代替を目指す「中国製造2025」に対する根本的な批判だといえよう。

　「中国製造2025」にもっとも欠けているのは，何のために製造業を強めるのか，という視点である。この政策から読み取れるのは結局「強国」になるためには製造業が必要だということでしかない。しかし何らかの需要に応えてこそ製造業は社会的意義を持ち，強く育つことができる。「中国製造2025」には製造業を強めることで中国あるいは世界のいかなる需要に応えようとしているのかという視点が欠けている。その点では2009年12月に日本政府が制定した日本の「新成長戦略」とは好対照をみせている。「新成長戦略」では地球の気候変動と少子高齢化が日本の直面する2大課題であり，そうした課題に対処するために「グリーン・イノベーション」と「ライフ・イノベーション」が必要だと指摘している。「必要は発明の母」というように，何らかの課題や見込まれる需要があってこそイノベーションが促されるわけであり，課題や需要を見つける能力がない国や企業はパイオニアが見つけた課題や需要を横取りするフォロアーにしかなれない。「中国製造2025」は中国の製造業を最強のフォロアーにするための産業政策だといえる。

---

(7)「我們専訪了任正非！他今天和中国媒体談了這些問題」『直播港澳台』2019年1月18日（http://www.sohu.com/a/289813979_600497）2019年2月15日最終アクセス。

中国が製造業の小国である間は，こうしたキャッチアップ志向は許されたであろう。しかし，2015年時点で中国の製造業の付加価値額はアメリカの1.5倍，日本の3.6倍にもなっている。規模の点でいえばすでに圧倒的な世界の製造大国である中国が，なおあらゆる産業分野でキャッチアップを目指しているとすれば，製造業を重視している各国は脅威に感じざるをえない。

　社会の需要を考えず，産業界がより高度な技術と考えるものを追求していくならば，需要とは乖離したいびつな産業を作り上げる結果になる。そうした弊害が見やすい形で表れているのが中国の高速鉄道である。2008年に北京・天津間で開業して以来，わずか10年のうちに中国の高速鉄道の総営業距離は2万2,000キロメートルを上回った。2010年運行開始の高速鉄道車両「和諧号CRH380」までは，「自主開発」を謳っていても川崎重工やシーメンスからの技術導入に依存しているのは明白であったが，2018年に運行が始まった最高時速350キロメートルの「復興号」に至って技術の現地化が進展したことをうかがわせる[8]。鉄道ネットワークと車両技術の進歩は目覚ましく，国民の国内移動の利便性も大きく高まったことは間違いない。

　しかし，いざ利用者として高速鉄道を使ってみると，その利便性において日本やドイツの高速鉄道に及ばない点が多いことに気づく。「復興号」で北京から上海までの所要時間が4時間半に短縮されたというが，出発するのは北京の中心部から外れた北京南駅，到着するのは上海の虹橋空港に隣接した上海虹橋駅であるため，本来の出発地・目的地と駅との間の交通にかなりの時間を要する。オフィス街の中心に高速鉄道の駅がある日本やドイツとは好対照である。加えて乗車前の安全検査や改札などにも飛行機並みの時間がかかるため，トータルの移動時間を見たときに，飛行機に比べて依然としてかなり劣位である。なぜ市街地から遠く離れた場所に高速鉄道駅が建設されたのか。それは，高速鉄道の敷設を急ぐため用地取得や立ち退きに時間がかかる市街地を避けたこと

---

[8] 高速鉄道車両のドア，ブレーキシステム，連結器，空気バネなどは外国企業との合弁企業から調達されており，部品のレベルでは「自主」が貫かれているわけではない。今創集団（KTK Group）の訪問調査（2018年12月27日）に基づく。

や，線路をなるべくまっすぐに敷くことで高速での運行を可能にしようという配慮があった(9)。つまり急ピッチで世界一のネットワークを作り上げ，鉄道を高速で走らせることが自己目的化し，人々の移動時間の短縮という本来の目的が二の次にされたのである。2018年になって政府のなかでようやくこの矛盾を解決しようという気運が生まれ，5月に「新たに駅を建設する場合にはなるべく中心市街地もしくは都市の近くに建設し，それによって人々の高速鉄道利用を便利にしなければならない」という意見書が国家発展改革委員会などから地方政府に向けて出された(10)。広州市では市街地から車で50分もかかる場所にある広州南駅などが高速鉄道の出発駅だったが，そこから市の中心に近い広州駅に高速鉄道を引き入れる線を作る計画である(11)。

　時速350キロメートルで疾走する「復興号」や世界最大の鉄道網は，まぎれもなく中国が鉄道強国であることを示しているし，その投資の波に乗った中国中車は世界最大の鉄道車両メーカーとなった。だが，人々の需要を二の次にした産業は真の「強さ」を獲得できない。中国の鉄道業界は運行開始10年にしてようやくそのことに気づき，軌道修正を始めたところである。

4. 技術発展のロードマップ

　「中国製造2025」のなかで「技術発展のロードマップ」を政府が定期的に提示する，としていたが，さっそく2015年4月からロードマップの作成作業が始まった。機械工学の学者で，元全国人民代表大会常務委員会副委員長，中国科学院院士，中国工程院院士などの肩書を持つ路甬祥を責任者とする委員会が発足した。この委員会が48名の院士と400名以上の技術者や経営者の意見を

---

(9)「高鉄站遠離城区，真的好嗎?」『新京報』2018年5月8日。
(10) 国家発展改革委員会・自然資源部・住房城郷建設部・中国鉄路総公司「関于推進高鉄站周辺区域合理開発建設的指導意見（2018年4月24日）」『人民日報』2018年5月18日。
(11)「引高鉄入城」『21世紀経済報道』2018年11月13日。

【図表3-1】「中国製造2025重点領域技術ロードマップ」に示された国産化率目標

産業	製品	主体	指標	2015年	2020年	2025年
新世代情報技術産業						
	IC(集積回路)	国内生産	生産額シェア	41%	49%	75%
	移動通信システム設備	国産（台湾企業を含まない）	国内市場シェア		75%	80%
	移動端末	国産（台湾企業を含まない）	国内市場シェア		75%	80%
	移動端末のコアチップ	国産（台湾企業を含まない）	国内市場シェア		35%	40%
	移動通信システム設備	国産（台湾企業を含まない）	世界市場シェア		35%	40%
	移動端末	国産（台湾企業を含まない）	世界市場シェア		25%	45%
	移動端末のコアチップ	国産（台湾企業を含まない）	世界市場シェア		15%	20%
	光通信設備	国産	世界市場シェア		50%	60%
	ルーターと交換機	国産	世界市場シェア		20%	25%
	高性能計算機・サーバー	国産	世界市場シェア		30%	40%
	高性能計算機・サーバー	国産	国内市場シェア		60%	80%
	高級サーバー	国産	国内市場シェア			50%
	国産CPUを用いたサーバー		国内市場シェア			30%
	金融・電気通信業界でのサーバー	国産	国内市場シェア		75%	90%
	基礎ソフト（OS、データベースなど）	国産	国内市場シェア		50%	75%
	工業ソフト	自主	国内中低級市場シェア		30%	
	工業ソフト	自主	国内市場シェア			50%
	AI製造業の各種設備	国産	国内市場シェア		40%	60%
ハイエンドNC工作機械・ロボット						
	ハイエンドNC工作機械・基礎製造設備	?	国内市場シェア		70%	80%
	工作機械主要部品	?	国内市場シェア		50%	80%
	工業用ロボット	自主ブランド	国内市場シェア		50%	70%
	その他重要部品	国産	国内市場シェア		50%	70%
航空宇宙設備						
	幹線飛行機	?	国内市場シェア		5%	10%
	ターボプロップ支線飛行機	?	世界市場シェア		5～10%	10～20%
	軽飛行機・ビジネスジェット	?	世界市場シェア		20%	40%
	ヘリコプター	?	世界市場シェア		10%	15%
	衛星を利用した空間情報アプリケーション		自主保障率		60%	80%
海洋エンジニアリング設備とハイテク船舶						
	海洋エンジニアリング	自主設計・建造した設備	世界市場シェア		35%	40%
	ハイテク船舶	自主設計・建造した設備	世界市場シェア		40%	50%
	海洋エンジニアリング	重要システムと設備	自主供給率		40%	50%
	ハイテク船舶	重要システムと設備	自主供給率		60%	80%
先進的な鉄道設備						
	軌道交通設備	国内メーカー?	海外業務比率		30%	40%
省エネ・新エネルギー自動車						
	省エネ自動車	自主製品	国内市場シェア		40%	50%
	商用車主要部品	国産	国内市場シェア		70%	80%
	乗用車主要部品	国産	国内市場シェア		50%	60%
	新エネルギー自動車	自主	国内市場シェア		70%	80%
	動力電池、駆動モーター		国内市場シェア		80%	
	AIネット自動車（自動運転）の情報化製品	自主	国内市場シェア		50%	
	レベル1,2の自動運転車	自主	国内市場シェア		40%	50%
	スマート都市交通システム設備	自主	国内市場シェア			80%
電力設備						
	発電設備	国産	国内市場シェア		90%	
	発電設備		輸出比率		30%	
	新エネ、再生エネ設備、エネルギー貯蔵設備	自主知的財産権				80%
	送変電設備の重要部品	国産	国内市場シェア		80%	90%
	送配電設備	国産	輸出比率		20%	25%
農業設備						
	農機	国産	国内市場シェア		90%	95%
新材料						
	先進基礎材料		国内市場シェア		90%	
	重要戦略材料（特殊合金、分離膜材料、高機能繊維など）	?	国内市場シェア		70%	85%
バイオ医薬・高性能医療機器						
	高性能医療機器	国産	県レベルの病院でのシェア		50%	70%
	高性能医療機器の核心部品	国産	国内市場シェア		60%	80%

出所：国家製造強国建設戦略諮詢委員会「中国製造2025重点領域技術ロードマップ」2015年10月より筆者作成。

第3章 「中国製造2025」と中国ハイテク産業の現状

吸い上げて2015年9月に「中国製造2025重点領域技術ロードマップ」を発表した（国家製造強国建設戦略諮詢委員会，2015）。

このロードマップには，IC（集積回路）の例でいえば，「16/14ナノメートルの製造技術で量産を行う」だとか，「1コア/2コアサーバー，デスクトップPCのCPU」といった，中国の産業が攻略すべき具体的な技術や製品が数多く列挙されている。また，2020年と2025年の国内市場の規模と，国内の産業がそこで占めるべき市場シェアが示されている。

こうした国産化率の目標を立ててそれを政策によって実現しようとするのは内外無差別を旨とするWTOの原則に反しているが，工業信息化部は，このロードマップは単なる科学的な文書にすぎず，政策的含意を持たないと言っているそうである（Wübbeke, Meissner, Zenglein, Ives, and Conrad, 2016, pp.20-21）。しかし，個別の製品種類まで挙げて詳細な国内市場シェアの目標を掲げるのは国内の企業にはプラスの，外国の企業にはマイナスの圧力を加えるものである。

「ロードマップ」に掲げられた国産化に関わる目標を抜き出したのが図表3-1である。目標にはそれを実現する主体と目標を表現する指標がある。例えばIC（集積回路）の場合，国内生産のものが国内市場の生産額シェアにおいて2020年に49％に到達することが目標である。移動端末（スマートフォンや携帯電話）については，台湾企業の鴻海がアップル製品を中国国内で大量に生産していることを意識してか，わざわざ「国産には台湾企業を含まない」と注記している。ただ，アップルだけでなく中国ブランドの小米なども鴻海に生産を委託しているはずだが，それらも「国産」に含まないのかどうかは不明である。光通信設備，ルーター・交換機に関しては中国企業（主に華為技術と中興通訊）が強い競争力を持っていることを反映して国内市場シェアではなく世界市場シェアが指標となっている。

興味深いのは，省エネ・新エネルギー自動車という分類のなかに，乗用車と商用車の部品国産化率という，省エネ・新エネルギー自動車と必ずしも関係のない目標が紛れ込んでいることである。2004年の「自動車産業発展政策」が

制定された際に，中国政府はこれに付帯する細則で部品国産化率の要求を盛り込もうとしたが，日本などがWTOに対してGATT違反だと提訴し，クロとみなされて取り上げた経緯があった。つまり，GATT違反が明らかな目標を復活させようとしているのである。

　この「ロードマップ」に掲げられた目標のなかには言葉が不十分なために解釈に苦慮するものが少なくない。例えば，「2020年には，ハイエンドNC工作機械・基礎製造装備の国内市場シェアを70％以上とする」と書かれている。この文章ではシェアを70％以上に高める主体が不明確である。他の産業における目標からの類推でいえば，国産の機械が，国内のハイエンドNC工作機械・基礎製造装備の市場の70％以上を占めることが目標となっていると解釈できる。他方で，この文章は，国内の産業が使用している工作機械の70％以上を（国産であるか否かに関わりなく）ハイエンドNC工作機械にすることが目標だとも解釈できる。中国の製造業全体をレベルアップするには実は後者の目標の方が効果的であろう。導入するハイエンドNC工作機械は国産品でなければならないといった規定を設けなければこうした目標を実現しようとすることはWTOの原則に抵触しない。そしてそれは，「重要な工程のNC化率を33％から64％に引き上げる」という「中国製造2025」の主要な数値目標とも符合する。ただ，そう解釈すると，2025年の目標数値が「中国製造2025」では64％，「ロードマップ」では80％，と一致しない。

　この例のように「ロードマップ」のなかには「国内市場シェアを70％以上にする」と書いてあっても，その主体が不明確な項目がかなり多く，それらは表1では疑問符で示しておいた。総じてこの「ロードマップ」は文章が十分に練られていない印象を受ける。また，中国の産業政策全般に見られることではあるが，「国産」「自主」というキーワードの定義が明らかにされていない。「国産」というと通常は中国の国内で生産されていることだと解釈でき，その場合には外資系企業が中国国内で生産するものも含む。だが，新聞などの用例ではしばしば「自主」と同じ意味で，すなわち外資系企業は排除され，中国資本の企業だけを指す意味で「国産」が使われることも多い。移動端末に関して

「国産には台湾企業を含まない」と注記しているのは，もともと「国産」には中国国内で外資系企業が生産するものは含まないという前提のもとで，台湾企業については，台湾は中国の一部であるという中国政府の立場から「国産」に含まれるかもしれない，という疑問があることを見越してわざわざ排除する旨を書いているのだとも解釈できる。

第1節でみたように「中国製造2025」では「核心的な部品と重要な基礎材料」を2020年には40％，2025年には70％自主保障する，という目標を立てていた。これとの整合性を確認するために「ロードマップ」から部品と材料を抜き出し，その国内市場シェアの目標値を2020年と2025年のそれぞれについて単純平均したところ，60％と71％であった。「中国製造2025」の「自主保障率」と比べると，「ロードマップ」における2020年の数字が高いが，これは「中国製造2025」の数字がおそらく大づかみのイメージとして提示されたことを示唆している。各分野の専門家の意見を聴取してみたところ，部品や材料の自給率は政府がイメージしていたよりも高かったのではないだろうか。

「ロードマップ」は2017年にも再度作成された（国家製造強国建設戦略諮詢委員会・中国工程院戦略諮詢中心編，2018）。再び25名の院士，400人以上の技術者などの意見を聴取して作成されたが，改めて起草するのではなく2015年版のものに400か所以上の修正を施す形で作成された。

図表3-1にまとめた目標値を2015年版と2017年版で比較すると，ほとんどの目標値は変化していない。主体が不明という2015年版の問題さえ是正されていない。変更があった点は次の通りである。まずICにおける国内生産品の生産額シェアが2016年は33％だとされ，2020年と2025年の目標値はそれぞれ38％と80％に変更された。また，「高性能計算機・サーバー」などサーバーに関わる図表3-1の5項目および「基礎ソフト」は2017年版は項目自体が消えたため，目標値がなくなった。また，新エネルギー自動車における自主製品の国内市場シェアの目標は80％と90％に引き上げられた。AIネット自動車（自動運転車）の情報化製品の2025年の国内市場シェア目標も80％に引き上げられた。自動運転車に関しては「レベル1〜3の自動運転車の新車装備率」とい

う新しい指標が登場し，その目標値は2020年に50％，2025年に80％とされた。発電設備の2020年の輸出比率目標は30％から20％に引き下げられた。高性能医療機器の核心部品における国産品の国内市場シェアは2025年の目標が80％から85％に引き上げられた。

「ロードマップ」は本質的には専門家グループによる見通しないし意見の表明であって，ここに示された国産化率を実現するために政府が関税や補助金などの政策手段を用いるといったものではない。したがって，これは実効性のない無害な文書だとみなすこともできる。だが，中国政府が一方では対外開放の拡大を表明しながら，他方では外資系企業の市場シェアを小さくすることを目標とする政策意見を表明することは首尾一貫しておらず，この点について他国の政府は中国政府に対して真意を質す必要がある。

5. 中国ハイテク産業の現状

「ロードマップ」で各分野の数字を見ると，国産品の国内市場シェア目標が概して高いのが印象的である。「中国製造2025」を作ってから各産業の現状を詳細に調査してみたところ，思った以上に中国のハイテク産業が発展していたということではないだろうか。「ロードマップ」を作成した委員会では，2018年秋からシンクタンクなどを動員して「中国製造2025」の重点産業の現状を分析したレポートの刊行を始めた（国家製造強国建設戦略諮詢委員会編，2018）。本節ではそのレポートを手掛かりとして，情報技術産業とNC工作機械・ロボット産業に関して現状と注目すべき企業について簡単に報告したい。

（1）情報技術産業

2017年の中国の携帯電話生産台数は18.9億台で，うちスマートフォンは14億台であった。生産量において圧倒的であるだけでなく，スマートフォンのブランド別シェアでも2017年には華為が世界シェア10.4％，OPPOが7.6％，小米が6.3％で，世界3位から5位を占めた。このほかに世界6位のvivo，フィー

チャーフォンを中心に主にアフリカへの輸出で成功し，2017年に1億3,000万台近くを売り上げた伝音（Transsion），米中貿易摩擦のなかアメリカの通信キャリアT-Mobileから受注した一加（OnePlus）など中国から有力な携帯電話メーカーが次々と現れている。携帯電話の第5世代（5G）の実用化が近づいているが，5Gに至ると，移動通信が自動運転などさまざまな新技術を支えるインフラとなる。5Gのネットワーク設備において華為は世界でもっとも有力なサプライヤーとみなされている。

情報技術産業のなかで中国の比較劣位がもっとも際立っているのがIC（集積回路）である。2017年の中国のIC輸入額は2,601億ドルにも達した。中国政府は1980年代末からICの国産化にかなりの資源を投入してきたが成果ははかばかしくなかった。1990年代にはNECからの技術導入によってDRAMの国産化を図ったが，工場が完成したころにはDRAMは利幅の薄いものになってしまったので，ICの製造受託事業（ファウンドリー）が中国のIC産業の主流となった。

だが，2000年代後半にローエンドの携帯電話の生産が中国で急速に拡張した。当初携帯電話の基幹ICを供給していたのは主に台湾のファブレスメーカー（＝設計を専門とするICメーカー），メディアテック（MTK）であったが，やがて中国からも携帯電話の基幹ICを設計する企業として展訊（Spreadtrum）などが台頭した。さらに，世界有数のスマートフォンメーカーとなった華為は自社のスマートフォンに使うICを子会社の海思（HiSilicon）で開発するようになった。今では海思と2013年に紫光集団に合併された展訊（Spreadtrum。現在の名称は紫光展鋭）の2社が世界のIC設計業でトップ10に入っている。ファウンドリー（製造専門の企業）では合弁企業の中芯国際（SMIC）がもっとも有力で，設計ルール28〜35ナノメートルで製造を行うことができる。メモリでは，2016年に武漢に設立された長江存儲（YMTC）が3DのNANDフラッシュメモリを生産している。

液晶や有機ELなどのディスプレイでは中国企業の台頭が著しく，2017年の世界シェアは34.5％で，韓国に次いで世界2位となっている。有力企業として

は京東方（BOE），恵科（HKC），台湾系の華映科技（CPT），天馬微電子，中電彩虹などがある。

太陽電池産業[12]では，中国の世界シェアは圧倒的で，多結晶シリコンでは56％，シリコンウエハーでは83％，電池セルでは68％，モジュールでは71％，インバーターでは55％となっている。

人工知能（AI）は中国内外で注目されている分野であるが，2017年の産業規模は152億元で，まだディスプレイの20分の1程度にすぎない。AIチップの分野では寒武紀科技（Cambricon），深鑑科技（Deephi），地平線（Horizon Robotics）といった企業が台頭している。視覚認識技術では眶視科技，商湯科技（SenseTime），格霊深瞳（Deep Glint），言語識別技術では科大訊飛（iFlytek），百度，捜狗，出門問問（スマートウォッチやスマートスピーカーのメーカー）などがある。人工知能に関しては，2017年7月に国務院が「新世代人工知能発展計画」を公布した。そのなかで，人工知能の産業規模を2020年には1,500億元，2025年には4,000億元に発展させていくという野心的な目標を立てている。同年12月には工業信息化部が人工知能産業発展の3年計画（2018～2020年）を公布し，自動運転，ロボット，ドローン，医療の画像診断，人の識別，音声識別，翻訳，家電を主要な応用分野として挙げている。

(2) ハイエンドNC工作機械とロボット

中国はハイエンドNC工作機械の大部分を輸入に依存している。政府はハイエンドNC工作機械の開発を支援する政策を打ち出し，そのもとで国内メーカーのハイエンド機が2016年までに累計で1,000台販売されたが，それでも国内市場シェアは5％前後にすぎない。中国メーカーのシェアが低いのは，精度や耐久性などの点で国産品が輸入品に及ばないからである。国産品の平均故

---

(12) もともと太陽電池産業は新エネルギー産業の方に分類されていたが，新エネルギーが重点産業から消滅したこと，生産プロセスがICと近いことから国家製造強国建設戦略諮詢委員会編（2018）では情報技術産業の一つという位置づけになっている。

障間隔が800時間なのに対し輸入品は2,000時間以上だという。国産の工作機械は2,3年使用すると精度が下がるが，輸入品は5年から10年も精度が維持できる。またハイエンド工作機械の部品の90％は輸入に頼っているし，コントローラーの技術ではファナック，シーメンス，三菱電機という世界三強の牙城を崩すことができない。

　中国の工作機械メーカーはこうしたギャップを海外メーカーの買収によって埋めようとしてきた。陝西秦川集団は2010年にアメリカ・デトロイトのブローチ盤メーカーUAIを買収した。大連機床集団は2002，2003年にアメリカのインガーソールを買収し，マシニングセンターなどを作っている。

　続いてロボットについてみてみよう。中国は2013年から世界最大の産業用ロボット市場になっている。図表3-2にまとめたように，2017年には中国の産業用ロボットの販売台数は世界の36％を占めた。中国の製造業における人件費の上昇，労働力不足，品質要求の高まりなどにより，製造現場におけるロボットの導入が急速に進んでいる。

【図表3-2】産業用ロボットの販売台数

	2014	2015	2016	2017
世界	220,571	253,748	294,312	381,335
日本	29,297	35,023	38,586	48,566
韓国	24,721	38,285	41,373	39,732
中国	57,096	68,556	87,000	137,920
中国企業	17,000	22,000	29,141	37,825

　中国政府はロボットの国産化に前のめりで取り組んできた。2016年3月には工業信息化部・国家発展改革委員会・財政部が「ロボット産業発展計画(2016～2020)」を公布し，そのなかで2020年には自主ブランドの産業用ロボットの生産台数を10万台にするとの目標を掲げている。ただ，2020年の中国の産業用ロボット市場の規模は25万台と予測されている[13]ので，「ロード

---

(13) International Federation of Robotics, Executive Summary World Robotics, 2018

マップ」における自主ブランドの国内市場シェア50％という目標とは整合的ではない。

　しかし，政府の意気込みに比べて中国のロボットメーカーは伸び悩んでいる感がある。国内市場における中国企業のシェアは2014年30％，2015年32％，2016年33％と，少しずつ増えてきたが，2017年は27％に落ちてしまった。しかもこれは台数ベースのシェアであることに注意する必要がある。中国メーカーのロボットはローエンドのものに偏っているため，2015年の金額ベースでの国内市場シェアは28％でしかなかった（『21世紀経済報道』2016年7月11日）。金額ベースでみると，ファナック，クカ，安川電機，ABBの4社で中国市場の57.5％を占め，海外の他メーカーが34.5％を占めていた。6軸の垂直多関節ロボット，溶接ロボットなどハイエンドの産業用ロボットでの中国メーカーのシェアは小さく，中国メーカーの販売のうちローエンドの搬送・積み下ろし用ロボットが6割弱を占めている。

　中国メーカーの競争力が弱い理由の一つが主要部品を外国勢に依存していることである。ロボットのコストのうち減速機が35％，サーボモーターが25％，コントローラーが15％を占めるといわれるが，減速機はナブテスコやハーモニック・ドライブ・システムズなど日本の企業からの輸入が75％を，サーボモーターは日本や台湾，欧米からの輸入が80％を占め，コントローラーも輸入に依存している。しかも，こうした主要部品は，コントローラーならファナック，モーターなら安川電機やパナソニックというように，中国メーカーのライバルによって生産されている。そのため，中国メーカーは減速機とサーボモーターを外国メーカーの2〜3倍もの値段を出して買わなければならないという。

　中国メーカーが弱いもう一つの理由は過保護すぎる政府の支援策にあるようだ。中央だけでなく地方政府もロボット産業の振興に熱心で，28の省・市政府がロボット産業を重点産業に定め，ロボットメーカーに対して資金の提供や

Industrial Robots.

地代の優遇などを行っている。中国のメーカーとしては中国科学院傘下の瀋陽新松機器人（Siasun）が最大で，ほかに広州数控設備，ハルビン博実，埃斯頓自動化（Estun），埃夫特知能装備（Efort）などが有力企業とされている。ただ，こうしたトップメーカーの経営も手厚い補助金に支えられているというのが実情で，例えば新松の場合，2015年に総利益の32％に当たる1億2,600万元の補助金を受領し，埃斯頓は総利益の69％に当たる3,500万元の補助金を受け取っていた。

　こうした過剰な補助金は不正の温床ともなっている。ロボットメーカーを標榜する企業の数は800社以上と言われているが，その半分ほどは生産実態のないカラの「ロボットメーカー」だという。国家発展改革委員会がロボットのスタートアップ企業を支援するために最初に販売する数台に対して補助金を出す政策をとっているため，実態は一つの企業であるのに10の会社を登録し，それぞれロボット5台分ずつの補助金を受け取るといった行為が横行している。こうして補助金目的で，部品を集めてきて数台のロボットを組み立てるだけの「メーカー」が乱立している。

　もっとも，搬送・積み下ろし用などローエンドの分野では中国国内でのロボットのサプライチェーンがある程度育ってきている。例えば減速機においては蘇州緑的諧波減速機が成長し，ハーモニック・ドライブ・システムズのシェアを抜く勢いだし，サーボモーターやコントローラーのサプライヤーも育っているという（『21世紀経済報道』2018年8月24日）。

6. おわりに

　本稿では「中国製造2025」がハイテク産業の輸入代替を目指すものであることを確認した。技術発展の「ロードマップ」や，ロボット産業の発展計画に見られるように，「中国製造2025」と同様の精神に貫かれた産業政策が中国政府から次々と出されている。それらがメーカーに対する地代の優遇，補助金，銀行融資などにも影響を与え，中国のハイテク産業を輸入代替を追求する方向

に押しやっている。

　もともと輸入代替工業化戦略は，工業の基盤を持たない発展途上国がまず工業化への最初のステップとして取り組むべき戦略として提起されたものである。すでに世界最大の製造業を持つ中国が輸入代替を追求したらどうなるだろうか。他国の製造業の市場を奪い，中国への工業製品の輸出を縮小させる結果になる恐れが強い。製造業を重視する国にとって「中国製造2025」はやはり警戒心を巻き起こさざるを得ない。

　最も不透明な点は，中国がなぜハイテク製品の部品や材料を国産化することにまでこだわるかである。巨額の貿易黒字を計上している中国が輸入を削減しなければならない理由は見当たらない。中国の産業政策に関わる文書のなかで，重要な部品や材料を他者に支配されることがしばしば不利な状況だとして言及される。日本において「食料自給率」の問題が理性的な判断を超えてしばしば情緒的に訴えられるが，中国における部品自給率もそれに近いのかもしれない。

　本質的には外国製品や外資系企業の製品を市場から排除していくことを目標にした「ロードマップ」を中国政府が抱え続けることは日本など中国と密接な経済関係を有する外国にとって憂慮すべき事態である。日本の政府と産業界は中国政府との対話を通じて「ロードマップ」の真意をただし，その撤回を求めていくべきだと考える。

【参考文献】
秋田浩之（2018）「『通商』の衣着た覇権争い」『日本経済新聞』8月15日
丸川知雄・高山勇一編（2005）『新版・グローバル競争時代の中国自動車産業』蒼蒼社
Wübbeke, Jost, Mirjam Meissner, Max J. Zenglein, Jaqueline Ives, and Björn Conrad, 2016. *Made in China 2025: the making of a high-tech superpower and consequences for industrial countries.* Berlin: Mercator Institute for China Studies.
国家製造強国建設戦略諮詢委員会（2015）『＜中国製造2025＞重点領域技術路線図』

国家製造強国建設戦略諮詢委員会編（2018）『中国製造2025藍皮書（2018）』北京：電子工業出版社
国家製造強国建設戦略諮詢委員会・中国工程院戦略諮詢中心編（2018）『＜中国製造2025＞重点領域技術創新新緑皮書―技術路線図』北京：電子工業出版社

丸川知雄

第4章
中国自動車産業の自主革新と米中貿易衝突の影響

　中国の経済発展の"新常態"が進むにつれて，中国政府は「供給側」の改革を推進している。2018年に中国が直面する国際環境は日ごとに厳しくなり，産業技術の革新は中国の経済発展にますます重要な役割を果たしている。中国の現在の経済発展段階から見れば，自動車産業は巨大な経済を牽引し，社会消費を支え，技術革新産業化を牽引するなど役割を果たしている。中国の製造業の転換と高度化は，大幅に自動車産業の牽引に依存している。

　2018年に中国の自動車産業はマイナス成長であった。中国の自動車市場にはまだ大きな成長空間があるにもかかわらず，中国の自動車産業は年間3％前後の低速成長時代に入っている。このような背景の下で，自動車産業の技術革新はより重要な意義を持っている。本文は，中国の自動車産業の2006年までの自主的革新の行為，経路，モデル，成績効果を深く検討し，同時に2018年中米貿易戦問題に合わせて，自動車産業の発展が直面している外部問題を深く分析する。本章に関する研究は，著者が10年間にわたって40社余りの自動車企業の調査研究および企業の経営者，技術専門家への聞き取りに基づいて行ってきた。そして研究の過程で，元自動車会社の同僚，技術専門家，企業家及び政府関係者の貴重な意見に広く耳を傾けてきた。

1. 中国の自動車産業の「自主開放」の革新モデルの形成

　21世紀に入ってから，中国の自動車企業は自主的な革新の途上で多くの方

面を探求して，現在中国の国情と開放環境に適した「自主開放」の革新のモデルがすでに形成されている。この節で，筆者は2012〜2018年に継続して，主要な中国自動車企業の自主的創造革新調査研究を土台に，「自主開放」の研究開発モデルについて簡単に議論する。

（1）「自主開放」の革新モデルを推進する主要な経路

中国の自動車企業は「自主開放」の革新モデルを探索し，以下のような主な経路がある。

① 基本的に自分の力による自主的開発

この経路の推進にあたっては，中国の自動車企業は基本的に自分の開発チームに頼って，自分が決めた技術路線に沿って開発を進めていく。例えば，SUVの分野で中国市場を牽引する長城自動車は，そのハローシリーズの開発において，基本的に自分の力に頼り，良い成績を収めた。

この経路を利用する企業は基本的に自分自身の力と選択に基づいているが，外部資源の利用と介入がないことではない。まず，製品開発については，国際自動車設計会社に委託する状況があるかもしれない（委託設計は2010年前後にはすでに中国自動車企業の新製品開発の普遍的なやり方になっていた）。その次に，人材チームの構成については，外部の力を借りて及び専門家の招きに頼ることが異なる程度で存在している。これらの専門家は往々にして製品開発の重要な部分の技術を持ち主であり，あるいはいくつかの肝心な技術問題を解決することができる。また，製品の開発においては，さまざまな参照にして，さらに模倣（いわゆる「リバースエンジニアリング」）が存在していた。この点は自主開発の初期に特に際立っていた。また，新製品の研究開発においては，国際設計およびプロセスに対する学習と参考が存在している。重要な分野の場合は外国企業と共同開発することが存在していた。最後に，新製品の生産と品質保証の面では，外国企業が中国で生産した部品を多く採用し，一部の部品は国際市場から仕入れている。

この経路の利点は，企業自身の長所を十分に発揮することができ，新製品の開発は企業が国内市場に深く把握する基で確立し，決定速度が速く，自主性が強く，外部から妨害を受けないことである。

　この経路の欠点は，自主的開発の製品レベルが低く，よく市場の中下流に位置し，開発リスクが大きいである。

② 合弁企業の技術の流出による自主研究開発の推進

　21世紀に入ってから，中国の自動車大手企業グループは，全て多国籍企業と合弁会社を設立した。中国の自動車企業は，合弁を通じて多国籍企業の製造と開発技術を学びながら，これによって形成された知識，経験と人力資本（技術者，労働者を含む）を利用して，自主開発を行っていた。一部の企業は合資，協力した製品の基で，元のプラットフォームを利用し，徐々に自身の新製品シリーズを形成した。例えば，一汽グループは，日本のマツダ会社と提携してマツダの乗用車を生産するとともに，その乗用車のベース盤を利用して，奔騰シリーズの乗用車を開発していた。東風自動車公司は，合弁会社の技術とプラットフォームを利用して，風神シリーズの乗用車を開発した。

　政府の推進によって，合弁自動車企業は，「合資自主」ブランドの自動車製品の研究開発を展開している。合弁の自主ブランドを発展させる時，一般的に多国籍企業が既存の車種のプラットフォームと技術を中国に導入し，合弁企業で改造を行い，新しいブランドになる。実際の自主開発作業量は限られて，開発の深さも言いがたい。

　この経路に沿って推進する際には，多国籍企業自身の決定や利益関係のため，合弁企業に参加する中国側への技術の流出とは異なり，さらに大きな違いがある。多くの中国側企業が獲得した技術は限られており，合弁会社が自発的に譲渡したのではなく，一生懸命勉強して得られたものである。しかし，多国籍企業が自発的に譲渡するケースもある。例えば，ドイツのBMW自動車会社は，ブリリアンス自動車会社の自主開発に対して，わりに「寛大な」支持を与えた。まず，高度なエンジン技術を習得するためにブリリアンスを積極的にサ

ポートした。2つ目は，ブリリアンスの独自のブランド品―華頌（MPV）の開発を手助けした。3つ目は，ブリリアンスの全方位的な管理レベルと技術の向上をサポートした。資料によると，BMWはすでにブリリアンスの綿陽の工場でBMW自動車のN20エンジンを生産する許可をブリリアンスに与えた。

この経路の利点は，新製品開発の早期リスクを減らすことで，開発投資が少なく，新製品の登場は既製の生産とセットシステムを利用することができ，生産コストが安く，新製品は合弁製品のいくつかの技術とブランド優位を継承することができる。

この経路の欠点は，コア技術の把握が不足し，開発の深さが足りず，全体的な開発過程を欠乏しており，しばしば既定の製品の改造に限られて，新製品開発のシステム能力が本当になしにくく，独自の特徴を持つ製品シリーズに成り難いにくい。この経路は，多国籍企業の技術特許，グローバル戦略，そして国内市場戦略によって大きく作用され，一定の時間内に多国籍企業への依存度が高まる可能性がある。

③ システム購入や海外自動車会社との合併による開発力の獲得

21世紀に入って，中国の自動車企業は国際的な合併を通じて製品開発能力を獲得する試みを始めた。2004年，SAICは韓国のSsangyong Motorを買収した。これは，中国の自動車会社が国際的な合併と事業再編を通じて開発能力を獲得する道を開いた。2005年，SAICはBritish Rover Automobile Companyを買収した。ローバー（MG Rover）は日が西に沈もうとしているようになっているところだが，それでも強力な研究開発能力を持っている。これはまた，SAICの買収の戦略的出発点でもある。

2008年の世界的な金融危機の後，中国の自動車会社は海外買収の機会をつかんだ。吉利（Geely）汽車公司がボルボ自動車会社（Volvo Car Corporation）を買収した。この買収により，吉利（Geely）汽車有限公司は，ボルボ（Volvo）の主要な技術，知的財産権およびブランドを取得するだけでなく，高級自動車メーカーの間でランク付けされ，海外事業および生産事業の拠点お

第4章　中国自動車産業の自主革新と米中貿易衝突の影響

よび市場を獲得することもできた。その後の進展から，吉利（Geely）のボルボ（Volvo）の買収と統合は基本的にスムーズであり，現在双方はすでに開発において密接に協力してきた。ボルボ（Volvo）の技術力を利用して，吉利（Geely）は開発した中高級車GC9（Borui）およびLectraが国内市場で急速に成長した。

中国の自動車企業は自動車部品会社の買収で大きな進歩を遂げた。より顕著な例の1つは次の通りである。潍柴動力公司（Weichai Power Company）はフランスの会社バウード（Baudouin）を買収した。買収を通じて，潍柴動力公司はバウードの製品，技術及びブランドを取得し，同社の製品のセット範囲を拡大した。吉利汽車はDSI（Australian Automatic Transmission Company）を買収した。同社は世界第2位の自動車用オートマチックトランスミッション会社である。

この経路の利点は，技術と製品を迅速に獲得することができ，合弁会社と比べて外国側の制約が比較的小さく，既存の技術及び製品のプラットフォームの基礎の上に良い市場収益を得ることができる（国内市場において）。

この経路の欠点は，海外企業の吸収と合併の過程で，中国の海外での購買経験が不十分のため，統合能力が相対的に弱く，技術レベルの差が比較的大きく，さらに文化の融合，政府，労働組合の制約などの政治リスクがあって，中国企業が往々にしてコア技術を体系的に取得または譲渡することは困難であり，合併失敗のリスクに直面する可能性もある。

④ **海外自動車会社の技術の購買，技術協力と委託開発**

国際自動車市場の消費が長期に低迷しており，特にグローバル金融危機は世界の自動車産業に対する打撃が重く，中国の自動車企業はシステムの整備技術を購入する機会を獲得した。上海自動車，広州自動車，北京自動車（SAIC，GAC，BAIC）などはいずれも，国際自動車技術プラットフォームを買収することで，自主乗用車プロジェクトの急速な発展を推進しており，効果は顕著である。

システム的に自動車技術を購入する顕著な事例は，北京汽車工業控股有限責任公司である。この会社は，2億米ドルでスウェーデンの（サーブ）Saab会社のシリーズ製品技術と知的財産権，3つの車全体プラットフォーム，3つの主力車種，2つのエンジンシリーズ，主力の4つのエンジンと2つのトランスミッションの知的財産権を買収した，うち79の特許を含んでいる。

　機会をつかんでシステム的に技術を購買することに加えて，中国の自動車企業は海外の自動車開発及び設計能力を持ち，コンサルティングと設計を従事する有名な自動車デザイン企業及びコンサルティング企業の購買を通じて，自社の開発能力を獲得し，開発技術を学んだ。例えば，長安自動車はヨーロッパ，日本，アメリカなどで現地の設計，開発企業を持っている。上海自動車（SAIC）はローバモータ（Rover Motor）を買収した後も，イギリスでの製品開発センターを維持し，新製品の開発を続けている。同センターが開発した新製品は，中国だけでなく海外市場にも適している。

【図表4-1】中国自動車企業とイタリア設計企業が協力設計する自主ブランド（2005～2013）

ブランド	モデル	イタリアのデザイン会社	参加形態
華晨（Brilliance）	駿捷（Junjie），駿捷Junjie FRV	ジョルジェット・ジウジアーロ氏	設計に参加した
江淮（Jianghuai）	和悦（HeYue）	ピンフォールナ	外観スタイルの担当
	同悦（TongYue）		
長豊	CS6（	ピンフォールナ	委託設計
哈飛	賽豹	ピンフォールナ	委託設計
奇瑞	A1	博通（Broadcom）設計	聯合設計
	A3	ピンフォールナ	聯合設計
	瑞麒F6	博通（Broadcom）設計	聯合設計
長安	奔奔	I.D.A設計	聯合設計，主席設計師Justyn.norek先生が主管
陸風	風尚	I.D.A設計	
一汽奔騰	B70	I.D.A設計	

出所：著者は関連する報道および資料により作成

21世紀に入ってから，中国の自動車企業は海外で自動車設計開発企業，自動車技術コンサルティング会社を海外で買収するか，またはこれらの会社に新製品の設計および新技術の開発を依頼してきた。協力開発の実例は急速に増加した。中国の自動車企業はまた，海外で投資して研究開発企業を設立し，現地の人材を募集する方式で，先進国で研究開発とデザインの会社を設立した。中国の自動車企業は一般的にこれらの企業に任務を委託すると同時に，国内の技術者を共同開発に参加させて才能を育成し，技術を獲得している。

　2010年以降，中国における自動車企業の乗用車の新製品の開発は，自社製品の全過程開発を担当したとしても，異なるレベル，異なる肝心な関連部分では，外国の自動車設計開発及びコンサルティング会社との協力を行ったり，または委託したりして完成をさせる。

　この経路の利点は，操作が比較的柔軟であり，企業自身の状況によって，先進国の自動車企業や機関の協力を求めることができる。自動車企業自身の主権は比較的に大きくて，制御性が強くて，自社の職員をその中に参加させることができて，しかもある程度の技術向上を得られる。先進国の自動車産業は低成長ひいては停滞している状態の下にあって，大きい選択の空間がある。製品開発の起点は比較的高く，新製品のブランドも買収の海外の既存ブランドからある利益を得ることができ，市場リスクを減らすことができる。

　この経路の欠点は，マスターした技術のシステム性と深さでは不十分で，自分自身の明確な戦略的位置と技術路線が必要で，世界的な資源の調和と統合の強い能力が要求される。同時に，技術の実際の消化吸収，製品の国産化の面で，より多く，より大きな精力と資源を投入する必要があります。

　上述の中国自動車企業の自主的な経路の開発を分析したことからみて，4種類の異なるような経路によって優勢と劣勢があるが，いずれも内部と外部の資源を統合する方式で，自主開放を通じて推進している。中国の自動車企業は「自主開放」の研究開発を行ったとき，自分の市場環境，研究開発の実力と需要などによって，具体的な決定にはある経路を重んじで推進する。

　これまでの「自主開放」の研究開発推進において，単一の経路で推進する企

業は少ない。多くの企業は自分自身の需要と特徴に基づいて，異なる発展の段階で，自分自身の状況によって，ある経路を重んじると同時に，他の経路を兼ねて採用する。例えば，上海自動車（SAIC）は自主開発において，海外の自動車企業を買収するとともに，自身の力によって開発を行っている。各大きな合弁企業を持つ大手自動車グループは，いずれも合弁企業において，いわゆる「共同開発」の製品を発売し，同時に開発した製品のプラットフォームを立ち上げた。自主的なイノベーションの製品に関しては，国内外の資源の融合はさらに明らかである。多くの新製品は，海外製品のプラットフォーム，テクノロジーシステム（技術体系）を活用し，再開発することによって形成されている。製品の設計，とテストの段階では，更に国内外の融合，全体に進む。例えば，吉利汽車股份有限公司が開発したハイエンド乗用車GC9（中国語で博利）は，吉利とボルボ（Volvo）を組み合わせた研究開発力であり，既存のKCプラットフォームに基づいて，ボルボ（Volvo）部分の技術支援によって開発に成功した。その外形のデザインは，吉利の現在の副社長と元ボルボの設計の副社長，ピーターホブリの手によるものである。この車の市場参入には，吉利乗用車（Chery Automobile）のローエンドイメージをある程度変え，政府調達に入り，外務省の外交コンシェルジュカーとしてリストされた[1]。

　いずれにしても，どの経路でも，海外や国内の合弁会社資源を十分に利用し，自身を中心にさまざまな資源を組み合わせた開発体系の中で融合し，「自主開放」という研究開発システムの共通点を形成している。だから，筆者は中国の自動車企業の自主開発モデルを「自主開放」と定義した。

　実際の運営する中で，中国の自動車企業はどの経路で自主的に革新するか，状況によって異なることがよくある。単一の経路で自主革新を進める自動車企業はほとんどない。大手自動車企業はいくつかの経路を組み合わせて採用することがよくあり，同時に重点として進める方式もある。例えば，主に独自の研究開発とされる奇瑞自動車（Chery Automobile）が自主的に推進するととも

---

(1) 『汽車商報』2014年12月18日。

に，2011年11月にイスラエルの会社と合弁会社「観致自動車有限会社」を設立した。新しい乗用車—観致の開発に協力して，既に市場に参入した。

⑤ 4つの独立した開発ルーの比較

4つの開発経路の長所と短所を深く理解するために，筆者は開発コスト，市場リスク，新製品技術レベル，自主レベルなどの4つの次元で，相対的に正確な比較を行い，高い，比較的高い，中，低などの4つのレベルに分けて説明する。

【図表4-2】4つの開発経路の比較

	開発コスト	市場リスク	新製品レベル	自主レベル
1	高い	高い	中	高い
2	低い	中	高い	中
3	低い	比較高い	高い	中
4	比較高い	中	高い	高い

図表4-2から見ると，4種類の経路を比べ，ある経路の絶対的な優勢は存在しない。中国の自動車企業は自分の必要，環境と資源を機動的に活用するしかない。中国の自動車企業は，さまざまな外部条件で制約され，ある経路を主な方向として選択した上で，他の経路のいくつかのやり方を兼ねて，選択せざるを得ない経路を最適化し，ある程度の選択経路の劣勢を緩和することができる。中国の自動車企業は実際に推進中も同じことをしている。

(2)「自主開放」の革新モデルの主要な特徴

中国の自動車企業が「自主開放」の革新においては，4つの経路の相対的な区分が存在しているが，4つの経路に進む中国自動車企業の自主開発戦略の分析によって，「自主開放」の革新モデルには，いくつかの共通の特徴がある。

① 国内外の人材を共同で構成されたハイレベルの国際化開発チームの形成

　中国の大手自動車企業は，徐々に国内外の自動車研究開発の人材で構成され，完全に乗用車の全車の研究開発に関する科学技術，プロセスの国際人材チームが形成されている。中国では，自動車技術研究開発に従事している人材チームのうち，約7割の7万人が独自の研究開発を行う企業のために働いている[2]。

　このチームは一般的に3つの部分の人材から構成されている。すなわち多国籍会社が導入した人材，国内で培った人材，「海帰-帰国者」の人材である。

　多国籍企業が導入した人材は，往々にしてかなりの年功と能力を持っており，またいくつかの方面で中国側に明確な進歩と利益をもたらすことができるハイエンドの人材である。例えば，長安自動車会社で6,000人余りの研究開発チームには，10カ国近くの外国籍の優秀な人材が300人余り，長安自動車研究院で働いている。長安自動車公司は2014年，長安汽車公司が所有のイタリアのトリノデザインセンターを運営するために，元BMW設計総監・クリス・バンゴ氏を採用した。長安グループはまた，龐剣（Pang Jian）や，趙会（Zhao Hui）など海外の人材を採用し，自動車の騒音や振動，衝突などの分野での問題を解決するために70人余りのチームを形成している[3]。

　長城自動車は，革新的な指導者型人材導入方式と人材育成システムの建設を強調した。ドイツ，日本，韓国，ベルギー，フランス，イタリア，イギリス，アメリカ，カナダなどの国から，モデリング，電子機器，シャーシー，トランスミッション，電力，内外装，車両実験技術などの主な研究開発モジュールに関連する130人以上の指導者型の人材が導入された。

　吉利は上海デザインセンターに外国籍18人を含む100人の従業員を擁している。ボルボに投資した後，吉利本社はスウェーデンや韓国から多くの技術開発者が含まれている。

---

(2) 著者「捜狐自動車」2012年に組織された自動車の自主開発状況調査に参加し，得たデータである。
(3) 『中国汽車科技人材発展報告』2012年。

国内で培った人材は，国内の大学，研究機構で育成，鍛えられたものであるが，相当な一部の人は国内の合弁自動車企業での仕事経験があり，一部の人は多国籍企業で働いた経験がある。

　「帰国者」（海帰人材）は益々増えていく態勢を示している。「海帰人材」には，近年，外国で博士，修士号を取得している人のほか，多国籍企業で働く多くの経験を持つベテランの研究者もいる。これらの研究者は帰国後，一般的に中国の自動車企業の研究開発部門を率いるか，あるいは研究開発プロジェクトのリーダーとなった。

　例えば，奇瑞，長城，吉利などの企業の新製品開発の責任者は，基本的には「帰国者」である。一部の「帰国者」は，国内で自動車設計と開発のコンサルティング会社を設立し，国内自動車企業に開発サービスを提供している。また，「帰国者」は大学や研究機関に入って，自動車開発基礎理論の研究に従事し，中国自動車企業の基礎の研究開発理論の向上を促進した。

　2018年，中国の自主な革新を行う主要自動車会社（一汽，東風，上海汽車，吉利，長安，長城など）にて研究開発に従事する研究者は全て11,000人以上に達している。

② 高度な開放・有機的に融合した国際化開発システムの形成

　中国の主な自動車メーカーは全て程度によって，研究開発システムを段階的にグローバルに展開し，運用している。

　奇瑞（Chery）とバイアス材料科学技術会社（Bayer Material Science）は奇瑞-拝ル軽量化連合研究室（Chery-Bell Lightweight Joint Lab）を設立し，韓国のSKテレコムと連携して車両ネットワーキング技術の共同研究室を設立し，富士通と共同で組込みソフトウェアを研究開発し，マッコーナグループと共同開発した自動車内外のアクセサリーを開発し，Visteon-Hannaとの自動車用空調システムの共同開発をし，Valeoとの提携による自動車用照明システム

の開発製造をし(4)，イスラエル企業と「観致」自動車を共同開発し，国際的な研究開発システムを形成した。

　東風自動車は，フランスのPSAの持ち株によって，その研究開発に参加し，技術をある程度共有することができる。PSAの技術は東風に大きく開放されている。これは，PSAが東風の自主的な研究開発に「輸血」をし，東風の独自のブランドの技術力を高めることが期待されている。風神（Fengshen）L60は最初の着陸プロジェクトだということを意味する。

　協力の研究開発のほか，東風（Dongfeng）は開発機構を統合して直接で技術とチームを獲得することが期待されている。神龍（Shenlong）の自動車テストセンターは東風（Dongfeng）にすでに全面的に開放され，開発センターの運営に関しては，PSAに参加するという東風（Dongfeng）のコミットメントに従い，将来の神龍の武漢開発センター，PSAアジア太平洋開発センターが東風技術センターと合併し，すべての技術が東風グループに使用される。

　長安自動車は，イタリアのトリノ，日本の横浜，アメリカのデトロイト，イギリスのバーミンガムに開発センターを持ち，数千人の開発チームを擁している。長安汽車有限公司の分業によって，さまざまな製品，技術の研究開発が行われている。例えば，長安自動車アメリカの研究開発センターは，デトロイトに設置され，この中心は，自動車のシャーシー技術を専門とし，主に長安汽車が独自に開発した中高級車やSUVモデルに使用されている。

　吉利（Geely）グループは，合併後にボルボの研究開発能力を活用しながら，国内での開発機構を充実・調整しつつ，それに応じる向上を図っている。吉利（Geely）はスウェーデンのイェーテボリ，スペインのバセロナ，アメリカロのサンゼルス，上海でデザインセンターを設立した。この4カ所は基本的に世界的な自動車産業の方向と動態を代表して，吉利（Geely）の製品のスタイリング，機能の設計と市場投入前の研究に携わっている。最後に新車の最終エクステリアデザインが完成した時に，吉利（Geely）のチーフデザイナーピー

---

(4)『中国工業報』『車週報』2012年2月17日。

ター・ホブリ（Peter Hobri）が決定を下した。

　2017年8月4日，吉利ホールディンググループ（Geely Holding Group）はボルボ（Volvo Car）自動車と技術合弁会社を設立することに合意した。新しい会社は50：50の出資比率により，車両構造や高効率パワートレインなどの最先端技術の共有，相互承認構造による部品の共同調達を実現する。これはまた，中国企業が合弁事業および協力において知的財産権およびコンプライアンス業務を尊重していることを十分に示している[5]。

　北京自動車産業公司（Beijing Automotive Industry Corporation）は，ドイツのMBtech（ベンツ技術）との合弁で，北汽徳奔自動車技術有限公司（Beiqi Deben Automotive Technology Co. Ltd）を設立し，ベンツと全面的に技術協力を行った。北汽徳奔自動車技術有限公司は，自社ブランドのハイエンド車の設計，新エネルギー車の研究開発，および将来を見据えた技術のローカライズの運用を担当する。

　上海自動車がローバー（Rover）を買収した後，バーミンガムに2つの開発センターを設立した。上海フォルクスワーゲンと上海GMの2つのジョイントベンチャーの技術的バックボーンを動員し，海外の研究開発人材を吸収することにより，上海自動車は世界中の3,000人のエンジニアとの「上海主導のグローバルリンケージ」研究開発モデルを形成した。さらに，上海自動車（Shanghai Automotive）は上海GMなどシステムのパートナーと提携して，エンジンやトランスミッションなどのコアコンポーネントを開発した。その中で，上海GMと小型エンジンの開発への投資は10億元に達した。

　上述のいくつかの事例を見ると，中国の自動車企業の研究開発システムの国際化の深さは，中国の自動車産業の設立以来前例のないレベルに達している。深く統合し，グローバル技術資源を利用して構成される国際化開発システムは，中国の自動車産業の自主革新能力のコア要素である。

---

(5) 『汽車人』雑誌，2017年第9期，p.11。

【図表4-3】中国の自動車会社の海外研究開発機関の設立

汽車企業	海外研究開発機構の場所と名称	設立年
東風	スウェーデン・トロルヘッタン（T Engineering AB）	2012（買収）
上汽	イギリス・バーミンガムの上汽イギリス研究開発センター	2017
北汽	イタリア・トリノの北汽研究院イタリア・トリノ造型弁公室	2011
広汽	アメリカ・シリコンバレーの広汽シリコンバレー研究開発センター	2017
北汽新エネ	ドイツ・亜塚北汽新エネ亜塚研究開発センター	2015
北汽新エネ	ドイツ・ドレスデンの中独自動車軽化連合技術研究開発センター	2016
北汽新エネ	アメリカ・シリコンバレーの北汽新エネシリコンバレー研究開発センター	2015
北汽新エネ	アメリカ・デトロイトの北汽新エネデトロイト研究開発センター	2016
長安	イタリア・トリノの長安ヨーロッパ設計センター	2010
長安	アメリカ・デトロイトの長安アメリカ研究開発センター	2011
長安	イギリス・ノッティンガムの長安イギリス研究開発センター	2010
長安	日本・横浜の長安日本設計センター	2008
吉利	スウェーデン・ヨーテボリ吉利のヨーロッパ研究開発センター	2013
吉利	イギリス・コヴェントリーの最前線技術研究センター	2015
吉利	アメリカ・ロサンゼルスの造型設計センター	
吉利	スペイン・バルセロナの造型設計センター	
江淮	イタリア・トリノの江淮イタリア設計センター	2005
江淮	スペイン・バルセロナの造型設計センター	2006
奇瑞	日本・東京研究開発機構	
奇瑞	オーストラリア・メルボルンのオートマチックトランスミッション研究院	
長城	日本・横浜の長城日本株式会社	2016
比亜迪	ブラジル・サンパウロ電気バス工場および研究センター	2015
蔚来	アメリカ・シリコンバレー	インテリジェントネットワーク，自動運転技術
蔚来	ドイツ・ミュンヘン	造型設計
蔚来	イギリス・ロンドン	FE項目
衆泰	日本・横浜の日本衆泰研究開発センター株式会社	
衆泰	イタリア・トリノのヨーロッパ衆泰造型センター	2016

出所：著者作成（『中国汽車産業発展報告』(2017)，『中国乗用車品牌発展報告』(2017) より）

中国の自動車企業は，インターネット，ビッグデータ，衛星通信を介して，海外の研究開発会社，地元の科学研究機関，大学，及び業界企業を通じて，独自の研究開発拠点に依存し，仮想研究センター（VRC）を形成できることを認識している⁽⁶⁾。このモデルは既に普及している。

　フォルクスワーゲン，ゼネラルモーターズ，フォード，トヨタ，ホンダ，日産など世界の主要自動車メーカーが中国に研究開発機関を設立している。アウディ，メルセデスベンツ，日産などの多国籍企業が北京と上海など地域にデザインセンターを設立している。中国市場が次第に高級ブランドの主な戦場となってきて，主流の高級自動車企業のローカライズが次第にトレンドになっている。2011年に，アウディは，北京で設立された技術開発センターを正式に稼動した。アウディの北京の研究開発センターは，インテリア，エクステリア，デコレーションの3つの部門に分かれており，これらは，アウディの新車開発や現地のデザイン開発作業をさらに進め，アウディの車種は中国市場と中国文化に近づける。

　多国籍企業が中国に研究開発センターを設立し，中核となる開発技術を中国の自動車産業に移転することは不可能だが，中国の自動車産業における技術水準，開発能力，技術人材育成には一定の積極的な意義があり，ある程度で技術スピルオーバが生じている。

　中国の自動車企業の研究開発システムは，対外的に十分に開放されているだけでなく，国内にも完全に開放されていることに注意すべきである。20世紀90年代以降，中国の自動車企業は，閉鎖的な独立系開発システムを徐々に変革し，固定協力関係の確立，産学研究提携の確立，受託研究開発などを通じて，国内の科学研究機関や大学と幅広い共同研究開発システムを形成した。

　中国の自動車企業の研究開発システムの構築は，多国籍企業の研究開発システムに基づいている。計画と設備等の面では，多国籍企業の研究開発センターの経験と基準を十分に参考した。例えば，長城公司（Great Wall Company）

---

(6) 仮想製品開発システムは，すでにアメリカ，日本，ドイツで登場している。

のハーフ技術センター（Harvard Technology Center）は，ドイツの専門家設計案を採用して，製品の企画，モデリング計画，エンジニアリング設計，製品試作，および車両テストなど各種の仕事を完成することができる。ブリリアンス自動車開発基地はBMWの影響も反映している。

③ 優れた技術者チームの結成

中国の独立的な研究開発自動車企業は新製品の開発と生産の過程で技術チームの組織と訓練を重視する。技術者チームの重要なポジションは，一般には豊富な経験と専門知識を持つ労働者が担当している。優秀な技術者は主に以下のところで育成されている。

中国の自動車企業自身の教育，訓練機構で大専レベルを有する従業員を育成している。例えば，吉利汽車は自社の大学や訓練機構で新製品の開発と生産に必要な従業員を訓練する計画を立てている。各大手自動車メーカーは，熟練従業員を訓練する独自の学校またはトレーニングセンターを持っている。

従業員は合弁自動車企業の生産ラインで一定期間働いて訓練した後に，自主的な製品の生産ラインに配属させる。例えば，広州自動車伝祺（広州汽車Chuanqi）の生産ラインの従業員は，広汽の合弁会社の生産ラインで一時期仕事をしてから，伝祺（Chuanqi）の生産ラインに移動する。

国内外の協力技術学校で勉強し養成した学生である。これらの技術従業員は，合弁企業や技術訓練機構の訓練と実践を経て，自主的な新製品の開発と生産過程において，高い技術レベルで生産を行うことができ，新製品の品質を保証した。

外国の技術者を募集する。自主開発に従事している自動車企業では，重要な職場で外国の上級技術者が採用されて仕事を完成させる。例えば，奇瑞（Chery）は，生産ラインの重要な職場で外国の技術従業員を採用していた。

労働者の素質，装備のレベルと管理レベルの向上につれて，中国の自動車企業は全員労働生産率を向上し続けた。2001〜2015年，自動車企業の総労働生

産率は69,226元（人/年）から293,808元（人/年）に増加した[7]。

④ 国際的な視点と経験を備えた管理者チームの形成

中国の自社開発自動車会社は一般的に国際的なビジョンと経験を持つ比較的体系的な管理者チームを持っている。これらには，企業全体の革新と開発を戦略的に計画することができるコーポレートコマンダー，全体の新製品開発を推進してリードすることができるテクニカルリーダー，新商品の市場化を組織できるビジネスリーダーである。国内外の販売を熟練して掌握できるマーケットエキスパート，グローバル規模で財源を組織できる金融エキスパート，国内外の法律に精通しているエキスパートが含まれる。これらのチームの中には企業内に存在するものもあれば，アウトソーシングの形で存在するものもある。

管理者チームのメンバーは主に以下の所から上がってくる。

合弁会社で訓練を受けたリーダー，自主開発会社で新製品の開発，テスト，および運用に携わるリーダーは，往々にしてかつて合弁会社で働いたことがある責任者である。例えば，一汽（FAW），上汽（SAIC）およびブリリアンス（Brilliance）の独自の研究開発と生産を担当する主なリーダーはすべて合弁会社から来ている。

海外からの帰国者は研究開発の実験部門にて仕事に従事するのは明らかである。例えば，奇瑞研究院（Chery Institute）のリーダーは，ほとんどさまざまな帰国者からなる研究開発のリーダーシップチームである。

国内外の人材を採用する。例えば，奇瑞は「東方の子」を生産する際に，20人以上の外国人技術者と管理者（ドイツ人，日本人，韓国人を含む）を雇用していた。奇瑞の組立工場の生産ラインは寺田真二の生産ライン（東方の子の組立ライン）と呼ばれ，このラインの総長は元三菱の日本の管理者で，今では奇瑞の一員となり，奇瑞の現場改善を助けるために招かれた。2013年，奇瑞（Chery）はエリス（Arrizo）7のモデルの開発を完成したとき奇瑞研究開

---

(7) 『汽車産業発展報告 2018年版』（2017）社会科学文献出版社，p.320。

発チーム（Chery R&Dチーム）には，既にフォード（Ford），ポルシェ（Porsche）からの外国籍のデザイナーが含まれていた。また，奇瑞（Chery）は，元上海 GM（SAIC GM）で働いていたアメリカ人の担当者メフィーを新製品—"観致"自動車の販売責任者に担当させていた。吉利（Geely）は開発したSUV博越（SUV Bo Yue）は，ボルボ設計総監・ピタ ホビリ氏（Peter Hobri）が率いる国際化チームが，3年半をかけて設計した[8]。

政府は外部からトップの指導者を国有自動車企業に派遣した。この分野の人材は一般的に自動車企業のリーダー及び最高責任者として務めている。

国際的な合併と再編を通じて，合併された企業の人材チームを利用する。例えば，吉利（Geely）がボルボ（Volvo）と合併した後も，基本的に元の研究開発と販売体制を維持し，そして，ボルボの専門家を中国の吉利（Geely）の研究開発に従事させた。中国本土でボルボと共同で吉利（Geely）研究開発センターが設立された。

⑤ **自主研究開発の実験計測基礎施設をサポートするシステムの次第な構築**

独自に開発された実験計測基礎施設システムには，自主開発実験計測に必要な主な試験設備（例えば，新製品衝突試験設備）を実施し，完全な実験計測センター（車両及び部品テストを含む）を確立し，完全な実験計測環境と条件（例えば，新製品テストコース）を完備し，必要なコンピュータとネットワークシステムを研究開発及び設計する。

独自で革新的な実験計測基礎施設システムを支援及び建設するために，中国の自動車会社は巨額の投資を行ってきた。

2016年に発表されたPWCの「2015年グローバルイノベーション1000強：自動車産業データ分析報告書」は，「中国は世界第4位の自動車研究開発の希望場所」となり，そして中国の自動車研究開発費は世界の自動車研究開発費の

---

(8) 社会科学文献出版社（2017）『中国乗用車品牌発展報告』p.120。

シェアを2007年の4％から11％[9]に増加し，2018年に，中国の自動車企業の研究開発支出は最も速く，増加幅は34.4％に達したと指摘した。

　長安自動車公司は，年間売上高の5％を自社ブランドの研究開発に投資することを維持し，「第12次5カ年計画」の終了時までに製品および研究開発能力の強化のために490億元を投資した。「第13次5カ年計画」の期間は累計300億元を投入する。上汽グループは「12・5」の期間に約300億元を投入し，「13・5」期間中には累計200億元[10]を投入する。2014年から，吉利自動車の研究開発投資は営業利益の10％を占めている。

　東風（Dongfeng Company）は2003年から2006年までの研究開発費が86億元に達した。同社はアジア最大のテストコースを保有し，自動車衝突試験を独自に実施することができる。東風公司（Dongfeng Company）はすでに中国国内で最も先進的な自動車品質試験と検査システムを構築し，現在も業界の実験的な仕事を引き受けている。

　中国の自動車企業が自主研究開発した実験計測の基礎施設システムの建設は，基本的に国際水準を基準としている。うち，主な実験計測装置はよく海外から導入されている。例えば，衝突実験のシミュレータや衝突試験の結果を観察するための高速カメラはドイツから輸入された。多くの重要な実験所の設計と建設は海外企業に委託されていた。国際標準で構築された実験計測の基礎施設システムは，高いレベルの新製品開発の需要を満たしているが，中国の自動車産業や工業システム全体の弱点—高度な技術装備はまだ海外に依存していることを示している。中国の自動車産業の自主研究開発は，中国の工業技術設備の（生産分野でも）発展を促進していないことが非常に残念であると言える。

　10年余りの努力を経て，中国の自主研究開発の自動車企業が自身の努力と政府の支援に頼って，自主研究開発の実験計測をより系統的にサポートする基礎施設システムが徐々に確立された。

---

(9) 2016年に発表されたPWCの「2015年グローバルイノベーション1000強：自動車産業データ分析報告書」。
(10) 『汽車産業発展報告 2018年版』（2017）社会科学文献出版社，p.30。

⑥ 国際的な高度な製造能力の形成

　中国の自動車産業の生産製造能力はすでに世界の先頭に立っている。生産設備，装置は基本的に世界一流である。

　自動車製造の4つの主要プロセス（組み立て，調整溶接，塗装，プレス）は基本的に国際レベルの設備で構成された組み立てラインであり，検査および物流管理の分野でも国際的なレベルである。ロボットは重要なプロセスで広く使用されている。主な自動車メーカーの生産ラインの主要設備は基本的に輸入されている。重要な実験や測定装置も輸入に大きく依存している。例えば，衝突用人形はすべてヨーロッパの会社から輸入されており，メンテナンスも外国の会社に頼っている。

　国際レベルの製造能力により，生産製造の一環としての品質，コスト，信頼性が保証される。多くの新技術と新材料が適用されており，中国の自動車産業の製造レベルと製品品質が保証されている。自動車部品の製品設計と製造レベルが明らかに改善された。コンピュータの補助開発技術は，基幹企業において一般的な応用を得ている。ガソリンエンジン燃焼電子制御技術はすでに普及している。基幹企業では，世界の先進レベルの大規模な自動プレス生産ライン，加工自動ライン，溶接生産ライン，塗装生産ライン，総組立ライン，製品検査ラインなどが既に完成されている。自動車生産の重要な装備は，輸入に依存している状況が変わり，国産ロボットは自動車生産ラインに応用され始めた。乗用車の車体鋼板は国産化に大きな進展を得ており，輸入亜鉛メッキ鋼板の代わりに国産の燐冷延鋼板の使用が実現された。中国の自動車産業はアルミニウムおよびアルミニウム・マグネシウム合金の応用においてすでに世界の最先端レベルに接近している。

　世界トップクラスの製造能力の形成は，国際レベルでの装備の生産から恩恵を受けるだけでなく，トップの国際的供給者との協力からも恩恵を受けて，国際レベルの自動車部品供給システムを形成している。例えば，広汽（GAC）が独自に開発した新製品-伝祺（Chuanqi）は，国際的な自動車部品の供給先と協力するシステムである。伝祺（Chuanqi）の国際化は非常に高く，世界の

トップ10位の供給先がそれらをサポートしている。吉利，奇瑞，長安，長城などの会社が新しく開発した乗用車製品も，同じく世界的に調達している。

⑦ 開放的な部品供給体系の形成

中国の自動車企業は，自主開発の過程で，開放的なサプライヤーシステムを構築している。このようにするメリットは，自動車部品の品質とレベル及び車両開発の同期を保証することができ，車両開発の進捗と改善を保証することができる。例えば，広汽（GAC）は伝祺（Chuanqi）を開発する際に，世界的なサプライチェーンを構築し，2016年までのサプライチェーンの35％が欧米系企業，15％が日韓系，残りの50％は中国国内最高の部品メーカーである[11]。伝祺（Chuanqi）にとって，世界的な優位性資源を統合し，マッチングにおいてボッシュ，デンソー，コンチネンタルなどトップ10のグローバル供給先と戦略的パートナーシップを結んで，国際的な先進レベルに達した。

ボーグーワーナー（BorgWarner）は，中国の長城自動車公司（GWM）専用にDualTronicクラッチおよび制御モジュールをカスタマイズした。このモジュールは先進的な電磁弁と摩擦材料を採用している。ボーグーワーナートランスミッションシステム（BorgWarner Transmission Systems）の社長兼ゼネラルマネジャー　ロビン　ケンドリック氏（Robin Kendrick）は次のように述べていた。「我々は，専門的なのテクニカルサポートを提供することを通じて，私達の顧客が中国の省エネおよび環境保護の方針に応えることができて大変嬉しく思っています。我々は，2013年に長城自動車公司と戦略的なパートナーシップを達成するため，長城自動車公司の中国の自動車市場の発展に尽力する。我々は将来の目標を達成するため長城自動車公司との緊密な協力を続けていきます」[12]。

世界最大の自動車用ワイヤーハーネスシステムの製造メーカー──デルファイ

---

(11) 『汽車人』雑誌，2016年第7期，p.121。
(12) "汽車焦点"PWCの2016年118号。

は2015年に世界全体で152億ドルの売上のうち，約30億ドルが中国市場からのものである。デルファイ（Delphi）は中国には23の製造拠点と3つの研究開発センターを配置した[13]。

上述の「自主開放」のイノベーションモデルの特徴を分析したことにより，以下のようなポイントが明らかにされた。

「自主開放」のイノベーションモデルは，中国の自動車企業が独自の特徴と開発ニーズに基づいて，グローバルな範囲内で開放資源を構成し最適化する戦略的選択である。この戦略の選択は，中国の自動車企業が激しい市場競争の中で，徐々に模索してきたのである。実行中には，重点としている面があるが，国際，国内の二つの資源を活用して系統的な統合を行い，自主的な選択権，主導権面を堅持することは一致している。

「自主開放」のイノベーションモデルには，さまざまな企業で，異なる方法，異なるポイント，異なる経路がある。しかし共通点もある。

第一に，「自主開放」の革新モデルは，自分が主体になるもので，中国側企業は，革新戦略，イノベーション策略，製品開発方向の主導権を持っている。システムインテグレーション革新を通じて，中国の自動車企業は自主開発設計の全車設計確認権を有し，独自な製品のブランドを含むほとんどすべての知的所有権がある。例えば，ブリリアンス自動車は研究開発の過程で，国際的な協力を深め，国際資源を統合し，「高品質の技術提携」を作り出す。車両全体のデザインでは，ブリリアンス車とドイツのBMW，ポルシェ，日本トヨタ，イタリアのピニンファリーナ，ジウジアーロなどの国際トップクラスの設計会社と開放的な協力を行って，整備技術連盟を設立した。ボッシュ，FEV，ジョンソン＆ジョンソン，リアなど世界的に有名な部品会社との合弁事業により，部品技術提携を確立する。これらの技術提携の中で，ブリリアンスは主導的な地位にある。

第二に，全過程の主導権を持つ前提の下で，中国の自動車企業は国際，国内

---

(13)『汽車人』雑誌，2017年第1期，p.133。

で資源統合，最適化を行い，システムインテグレーション革新を行う。この過程で，中国の自動車企業はニーズに応じて，独自の資源と国際資源を徐々に融合し，国際的に引き継ぐ自動車製品の技術開発システムを構築していく。「自主開放」の革新体系は，技術開発から実験，管理，そして新製品管理まで，全面的に国際標準に沿ったものである。

第三に，この革新の過程で，中国の特色と企業の特色の自主開発の成果，経路，経験を形成した。中国の自動車企業は自主的な知的財産権に対して自主的に支配する権利を持っている。

第四に，「自主開放」の革新モデルでは，技術開発能力の向上だけでなく，企業内の内部経営管理メカニズムの変革と向上でもある。

「自主開放」の革新モデルの漸進的な実施と改善は，中国の自動車産業の自主的革新能力の形成に対して，中国の自動車企業がレイトアドバンテージを十分に利用して国際レベルの開発システムを形成し，中国の自動車企業は新製品の自主ブランドを手に収めた。中国の自動車企業は革新体系の主導権を掴んだ。それらはみんな比較的な良い選択である。

「自主開放」革新モデルの形成には，5つの支持要因がなくではならない：①成長し続ける広い市場（外部資金や技術の流入を十分に引き寄せる），②帰国した自動車開発人材（近年多くの海外留学生や自動車企業で働いた技術者が中国に戻る），③自動車開発（自主開発企業は独自的にシステム革新を決定することができる）について話す権利とシステム統合能力，④良い金融環境（企業の海外への投資をサポートする），⑤必要な政府支援。21世紀には，これらの要素は中国に存在している[14]。

---

(14) これは，著者が2010～2018年に中国の自動車会社の自主開発調査に行ったときに，20社余りの企業と部門リーダーおよび技術開発者にアンケートしたとき得た結論です。

2.「自主開放」革新モデルの取得の進展

(1) 基本的に自動車開発の方法とプロセスの把握

　適切な製品開発のプロセスに従って，開発コストを減少及び迂回を避けることができた。現在，中国の自動車企業は，先進国の自動車企業と同じ開発のプロセスを把握している。例えば，SAICの自主開発システムは，フォルクスワーゲンとGMのグローバル開発の流れとイギリス技術センターがマスターしたローバー（MG Rover）製品の開発プロセス及びドラゴンのプロセスを参考にして，上海の安亭技術センターと南京の技術センター及びイギリスバーミンガムのSAIC技術センターを通じて，3か所のニーズに適したシステムを作り出し，運用中に継続的に最適化していた。奇瑞自動車企業（Chery Automobile Company）は，新車種を開発する際に，開発のプロセスによって，やりたいものを最も深い部分に分解し，最小の部分から開発検証を行い，小さい部分から大きな部品へ検証をして，また大きいものから小さいものまでの分解をして，ユーザーのニーズによって，製品の定義分解から自動車を構成する各部品と材料の定義まで，開発の最初から，開発結果が当初の期待をできる限り満たすようにしていた。

　長安自動車企業は，国内外先進的な企業の製品開発プロセス（PDS）を全面的に照らしと学びの基で，長安自動車企業の独自の「開発プロセスを中心とする自動車自主開発管理システム」（CA-PDS）と製品試験と検証システム（CA-TV）を模索していた。10以上のネック部分の確立を通じて，開発設計のプロセスはトレンド分析からモデリング設計，エンジニアリング設計，シミュレーション分析，試験検証，市場フィードバックと設計改善に至るまで実現した。プロジェクトチームが全体の上下流の産業チェーンのさまざまな資源を統括的に調整し，より効率的に調合する長効メカニズムを形成した。それによって開発，製造及び供給などの各一環での作業を規則および根拠に従って遂行することを確保した。

（2）新製品の開発レベルが徐々に向上

　2006年前後には，中国の自動車企業が前向きな開発段階に入った。10年余りの努力を経て，中国の自動車企業が自主開発した伝統的な自動車製品は，小型排気量のローエンド製品から中型排気量の中ハイエンド（国際分類B級乗用車）の製品へと徐々に拡大していた。うち，長城自動車企業が開発したSUV「WEY」は，SUV中ランクの区分市場への進出に成功した。吉利（Geely）が開発したLectra，上海自動車（SAIC）が開発したRoewe，および広州自動車（GAC）が開発した伝祺のGA8とGS8は，中ハイエンド自動車市場に参入した。先進国に比べて，製品レベルの格差は約10年に短縮された。開発技術のギャップは約10年に短縮される（従来型の自動車についてであり，新エネ自動車の差はもっと小さい）。2016年に自動車企業が自主開発した乗用車は，中国市場における乗用車総売上高の43％を占めていた。

　中国の自動車企業は自動変速器（オートマチックトランスミッション）を自主的に開発することができた。盛瑞自動変速器有限会社（Shengrui Automatic Transmission Co. Ltd）は，自主的に開発した世界初の前駆8型自動変速器（8AT）がすでに市場に大量に投入され，年間55万台の生産能力を形成している。中国の大手自動車企業は，従来型の自動車に必要なエンジンを自主開発する能力が持っている。

　新エネ自動車の分野では，中国の自動車企業が自主的に開発した製品は世界レベルにより近づいている。電気自動車は研究開発のレベルは基本的に多国籍企業と同期している。中国の自動車企業はすでに，新エネ自動車の主要な部品である電池，モーター，電子制御システムの研究開発及び生産技術を把握している。2017年中国の新エネ自動車用の動力電池の総セット容量は370.6億WHに達して，その中で，乗用車のセット容量は139.8億Wh，37.72％を占めている。バスのセット容量は145.7億Wh，39.3％を占めている。専用車のセット容量は85.1億Whで，22.95％を占めている。リチウムイオン電池のセットは369億Whで，セットの99.5％を占めている。そのうち，三元：165.6億WH，リチウムイオン電池セットの合計44.87％を占め，リン酸鉄リチウム：180.7

【図表4-4】2017年中国新エネ乗用車累計販売の自動車企業ランキング

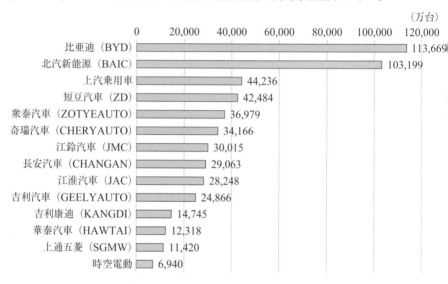

【図表4-5】2011～2017年中国新エネ自動車の生産と販売

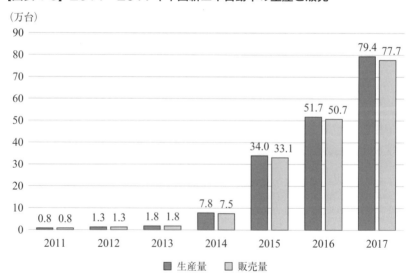

出所：中国自動車工業協会（2017）「中国新エネ自動車統計資料」

【図表4-6】2017年中国パワーバッテリー企業設備容量ランキング

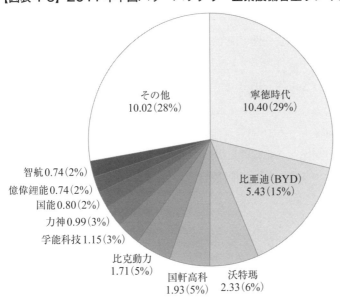

億Wh，48.96％を占め，マンガン酸リチウム：15.4億Wh，4.17％を占め，チタン酸リチウム：7.4億Wh，2％を占めていた。中国はすでに世界最大のパワーバッテリー応用市場となっている[15]。

2016年には世界の動力電池10社のうち，7社が中国の会社である。中国動力電池企業—寧徳時代は，規模から見れば世界最大である。

中国の自動車電池企業は，基本的に電池の原材料，電池単体の研究開発，製造コア技術を把握している。そのレベルは国際的に相当する。モーター技術の進歩は国際的なものと同期しているが，いくつかの重要な部品はまだ輸入する必要がある[16]。

中国で生産された純電気自動車の航続距離はすでに300キロを超えている。

---

(15) 『中国汽車工業発展報告 2018年版』（2017）社会科学文献出版社，p.3。
(16) 中国自動車産業協会の研究報告「中国新エネルギー自動車の発展と政策」（2018）。

2017年中国の新エネ自動車の販売台数は,それぞれ79.4万台と77.7万台を達成し,同53.8％と53.4％増加した[17]。

　製品の品質,信頼性,安全性の面で,中国の自動車企業が自主開発した自動車製品は大きな進歩を遂げた。アメリカ国際消費者調査機構であるJ.D. Powerアジア太平洋会社(Asia Pacific)が発表した2018年中国自動車販売の満足度調査報告書によると,自主ブランドと国際ブランドの差は2011年から2017年まで7年連続で縮小し,2018年には少し広げた。その原因は,自主ブランドが多くのインテリジェント化装置を新たに付加したが,これらの装置は自主ブランドに付いたばかりであり,初期段階なので消費者からのクレームが増加している[18]。

(3) 単一の車種からの開発,プラットフォームとモジュール開発への移行

　上海自動車(SAIC),第一自動車(FAW),広州自動車(GAC)などの自動車企業は,自主開発の中にプラットフォーム化,モジュール化の開発方式をある程度で使用している。プラットフォーム化の開発方式は一般的に使用されており,モジュール化の開発方式は徐々に探求されている。

　例えば,広州自動車の伝祺(GAC Chuanqi)が市場に成功した重要な原因は,開発による独立のDNAを基礎に,製品開発のプラットフォーム化,モジュール化を実現することである。現在,広州自動車の伝祺(GAC Chuanqi)はすでに2大システムとA0/A級,B/C級の4つのプラットフォームを形成させており,今後5年間で20〜30の車種を市場に投入する計画である。

　2014年9月13日,吉利ホールディングス(Geely Holding Group)のヨーロッパの研究開発センターがスウェーデンで事業を始めた。研究開発センターは,吉利自動車とボルボ自動車が共同で構築し,新しい中ランク車のモジュール化構造と関連部品を開発した。吉利はボルボと共同でSPAとCMAの2つの

---

(17) 中国汽車工業協会2018年1月11日公布のデータ。
(18) アメリカJ.D. Powerアジア太平洋会社(2018)『中国自動車販売満足度研究報告』。

プラットフォームを作り上げた。吉利とボルボは，CMA中クラス車の基礎モジュール構造で技術の共有を実現した。Lectra自動車やボルボ40系の自動車はすべてこの構造からである[19]。

(4) 経験の蓄積，チームの鍛錬，人材の育成

　21世紀に入ってから，中国の自動車企業は独自に研究開発し，基本的に3ラウンド以上の新製品の開発を完成した。開発の過程で，一定のレベルと経験を持つ人材のチームを徐々に培ってきた。現在，それぞれの自主開発企業の人材チームは，平均年齢が比較的低く（企業研究センターの責任者は50歳前後，部門責任者は35～40歳前後，一般的なエンジニアは25～30歳），成長段階にあって，10年ほど鍛え上げて，自動車産業の自主開発の大きな役割を担うだろう。

(5) 開発能力の継続的な向上，コア技術の初歩的な把握

　自主開発の主要な自動車企業は，従来型自動車の先進エンジン及びギアボックスなどのコア技術を初歩的に把握し，衝突安全，騒音振動快適性（NVH），動力性，経済性，走行性などのコア技術の分野で国際レベルに達している[20]。現在，最新の重要な技術分野（主にエンジンとギアボックス）で先進国と5～10年ほどのギャップがあるが，中国の自動車産業は乗用車の分野でシステム的かつ国際レベルに近い開発能力を持っていると言える。

　インテリジェントネットワーク自動車技術開発では，中国の自動車企業の自主革新も大きく進展している。比亜迪（BYD）は，IGBT（Insulated Gate Bipolar Transistor）絶縁ゲートバイポーラトランジスタを自主開発した。2017年に比亜迪（BYD）はIGBT4.0の開発に成功し，すでに国際水準を備えている。比亜迪（BYD）は，IGBTチップの設計と製造，モジュールの設計と製

---

(19)『汽車人』雑誌，2017年第8期，p.131。
(20)『中国汽車工業発展報告 2013年版』(2013) 社会科学文献出版社，p.188。

造，高出力デバイス試験応用プラットフォーム，電源，および電子制御を含む産業チェーンを完成させ，中国で唯一の会社となった。

新エネとインテリジェントネットワーク技術革命の背景の下で，中国のハイテク企業は連続的に自動車産業に参入し，独自な技術革新において大きな役割を果たしてきた。

寧徳時代には新エネ自動車電池の先導企業となった。科大迅飛（Keda Xunfei）はインテリジェントな音声システムの研究開発のリーダー企業となり，且つ中国の自動車産業で最大の市場シェアを獲得している。

BAT（Baidu），アリババ（Alibaba），テンセント（Tencent）はスマート運転分野に巨大な投資をしてきた。アリババは専念インテリジェントネットワークと高精地図，アリババと上海自動車（SAIC）が共同でスマートインターネットシステム（Zebra Zhixingシステム）を構築し（ゼブラ智行システム），BaiduはApolloスマート運転計画に注力，腾讯（Tencent）は広汽（GAC）と協力してスマートコンセプトカーiSpaceを構築し，深セン市の自動操縦技術試験免許を取得した。中国での日本自動車企業は中国をインテリジェントネットワーク技術の進歩を推進する原動力と見なしている。ホンダは中国のBaidu主導の自動操縦プロジェクトのアポロ計画に参加することを決めた。トヨタと日産はDidiが設立したカーシェアリング事業提携に参加した。

中国の自動車産業の特許出願は増え続けている。2017年には，81,000の発明特許を含む277,000件に達し，発明特許は29.2%を占めた。インテリジェントネットワーク車両の特許数は大幅に増加しており，2018年1月から8月までの間で，インテリジェントネットワーク車両の特許数は4,527件であり，2017年の4,377件を既に超えた。年間では前年比で50%以上増加すると予想される。

3. 中華V7—自主開放革新モデルの1つの例

筆者は2010年以降，ブリリアンス自動車の3件の調査（最新の調査は2018

第4章　中国自動車産業の自主革新と米中貿易衝突の影響

年10月）を含め，自主開発企業の深く全面的な調査を実施した。

　ブリリアンス自動車（Brilliance Auto）は早くから「自主開放」の道で絶え間ない努力をしている。

　2011年から，ブリリアンス自動車会社は技術協力とグローバルな求人を通じて，国内外の有名な自動車企業から技術，製造工程（プロセス），管理人材を採用した。その中には，外国籍の専門家は8名，一流専門家は7名，海外プロジェクトチームは3つがあった。ドイツ，日本，アメリカ，イタリア，イギリスなどからの研究開発及び管理人材が22人，彼らはブリリアンス自動車の革新と開発に参加し，上級管理職になった。例えば，ブリリアンス自動車グループ副総裁ピーター・アーツ（ドイツ），ブリリアンス中華自動車会社上級プロセス専門家Joann Heckl（ドイツ），ブリリアンス自動車工学研究院高級エンジニア，楊永鎮（韓国），ブリリアンス自動車工程研究院高級設計総監ディミテル・ヴィンドミニ（イタリア），ブリリアンス自動車工程研究院技術総監常濤（イギリス）など，彼らはドイツのBMW，韓国現代（Hyundai），イタリアのピニンファリーナ（Pininfarina），イギリスのヴィステオン（British Visteon）など世界一流の自動車製造，設計，部品グループに勤めていた。当時，ドイツ，日本，アメリカ，イタリア，イギリスなどの国から研究開発，プロセス及び管理人材は，ブリリアンス自動車の革新的な発展に身を投じて，ブリリアンス自動車のために力を尽くした。筆者の調査によると，現在，ブリリアンスの研究開発チームは，依然として10人以上の韓国，アメリカの専門家がいる。

　ブリリアンス自動車は研究開発の過程で，国際的な協力を深め，国際資源を統合し，「高品質の技術提携」を作り出した。自動車デザインに関しては，ブリリアンス自動車とドイツBMW，ポルシェ，日本トヨタ，イタリアピニンファリーナ（Italy Pininfarina），ジウジアーロ（Giugiaro）などの国際的なトップデザイン企業と開放的な協力を行って，車両全体の技術提携を設立し，ボッシュ，マグナ，FEV，ジョンソン，リアなど世界的に有名な部品会社との合弁事業により部品の技術提携を設立した。V7の開発においては，BMW

エンジン（BMW CEシリーズ中のCE16）を採用し，国家第6段階の自動車汚染物質排出基準を満たした。これらの技術連携の中で，ブリリアンスは主導的な地位を占めている。全世界の資源を統合することによって，ブリリアンス自動車の自主開放革新は優れた信頼性の高いグローバルサプライチェーンを持っている。

　ブリリアンスの自動車の自主開放革新は，BMWとの長期戦略的な協力の基で構築している。BMW本部は，契約によると毎年ブリリアンス自動車の自主開発のために顧問相談を提供し，2028年まで毎年約1億人民元を投入し，年間130人をサポートする。この制度の取り決めは，ブリリアンスの自主開発に安定し且つ高水準の外部支援を提供したと言うべきである。

　2012年12月12日，ブリリアンスとBMWは協力プロジェクトに調印した。BMWはブリリアンスが生産するBMWエンジンと関連部品を認可して，ブリリアンスのBMWとブリリアンスの自主ブランドに組み込む。BMWとの合弁事業を通じて，ブリリアンスは，BMWの売れ筋のN20エンジンと王子システムエンジン技術を獲得した[21]。

　ブリリアンス自動車V7の開発は，あらゆる方面でBMW本社の関連チームからのサポートを受けている。V7の研究開発の過程では，製品全体の配置，試作の流れ及び試作生産のコンセプトがBMWから導入された。BMWの研究開発方法，生産方法および管理方法は，ブリリアンスの対応する研究開発，生産および管理部門にほぼ完全に移され，V7は高レベル及び高品質であることが保証されている。

　ブリリアンス自動車はV7の生産・開発の中で，入念に人員養成を行った。すべての技術者，第一線の労働者はまず合資企業の生産ラインで訓練や実習をして，それからV7の生産ラインを正式に操作します。ブリリアンスV7の生産ラインの労働者の9割以上が合資企業で実習を受けている。重要な部署の操作労働者は，必ずBMW工場で実習しなければならない。このような細やかな

---

(21)『汽車人』雑誌，2017年第4期，p.49。

操作は，中国の自動車企業の中で徐々に普及している。

ブリリアンス自動車は開発運営において，BMWの販売修理システムを全面的に導入した。BMWの品質検査基準（オディット品質検査基準）によって製品の品質を検出する。さらに，倉庫，物流における品質保障措置を含む。製品が売れた後に問題が発生したら，2日以内に修理しなければならない。大きな問題があったら，2週間以内に最適な解決案を提出しなければならない。

全面的にBMWに学び，BMWの制度，方法を導入した上で，ブリリアンス自動車は科学技術開発の強化を続けている。近年，ブリリアンス自動車研究院は人員，開発設備などの方面から新たな進展を遂げている。

ブリリアンスの自動車は「自主開放」の革新モデルを堅持し，近年ではV5からV7へと進歩が続いている。最新発売のV7は，ブリリアンス自動車の最新の自主開発製品として，厳格なドイツの製造文化と中国企業を国情に応じて革新し有機的に組み合わせ，ブリリアンス自動車の製品レベルと品質を高めた。

4.「自主開放」の革新モデルに存在する主要な問題

中国の自動車企業は，自動車開発の分野で自主開放的な研究開発モデルで，システム統合の革新を通じて，自動車開発の主導権を握っていた。だが，開発プロセスにおいては先進国の自動車企業，開発機構と深く協力しなければならない。外部資源（人材，技術，さらに製品を含む）を深く利用しなければならない。そのために全体的に外部の技術に依存して，コア領域及び重要な部分は外部の技術に依存する傾向がある。

大手自動車企業が自主開発した特定の自動車製品は，多国籍企業の自動車製品プラットフォームの基礎の上で再開発したものである。例えば，一汽の奔騰（Pentium）は，日本のマツダセダンプラットフォームをベースにして開発された。上汽の栄威（SAIC Roewe）は，ロビルプラットフォームをベースに開発された。広汽の伝祺GAC Chuanqiはイタリアの Romeo セダンプラット

フォームをベースに開発された。ブリリアンス車会社（Brilliance Auto）が開発したセダンは，BMWのセダンと密接な関係を持っている。東風風神（Dongfeng Fengshen）A30は，プジョーシトロエングループ（Peugeot Citroen Group）のPSA No.1プラットフォームから生まれた。初の中級車風神（Aeolus）A60は日産のシルフィプラットフォームから来た。SUVモデルのAX7は，東風ホンダのメインモデルの旧型CR-Vも採用した。

　このような既存の自動車のシャーシーを改善し，再設計した開発方式で，リスクを減らし，コストを削減し，同時に製品の品質を高めるが，新製品の革新程度と開発の深さが十分ではない，もちろん，コア技術に対する掌握も足りない。簡単に他の企業製品のプラットフォームを参考にするなら，最大の問題は技術の消化ではなく，他人のプラットフォームを全面的に移植するのなら，自身の製品のブランドの特色や学習の過程は語れない。より大きな問題は，外国の技術プラットフォームの「輸血」に長期的に依存していると，開発の深さと技術の蓄積に影響を与え，「二次開発」しか行うことができず，それでは彼ら自身の研究開発の才能を育成と改善することが困難である。

　実際の開発過程で，自動車の全体設計は，多くの外国の大物専門家や機関を頼りにしている。セダン新製品の調整は，セダン開発のカギとなる。中国の自動車企業が自主開発した新製品の調整は，外国企業や専門家に大きく依存している。シャーシーとサスペンションのチューニング手法はまだ把握していない。例えば，広汽伝祺の調整は，外国の自動車会社によって完成した。奇瑞（Chery）新製品—観致の設計総監は元BMWのMINIデザイナーのHe Got氏であり，車両プロジェクト執行総監Klaus Schmidt氏は，BMWで調整技師として30年勤めた[22]。

　新製品の開発は，既存の製品開発設計及び実験データの蓄積に依存している。中国の自動車企業や自動車産業はこの方面で深刻で，一部の設計，実験は外部のデータベースに依存しなければならない。製品開発活動には，データ

---

(22)『易車網』2013年11月15日報道。

ベースのサポートが不足し，設計，製造技術，製造データベースの集積度が足りず，設計過程で経験要素が多く，最終的には製品開発の進捗と品質に深刻な影響を与える。いくつかの自動車企業はすでに企業のデータベースを構築し始めたが，互いに閉鎖し，交流が不足し，企業間共有の基礎データベースを構築できない。業界サービスのデータベースや仲介機構はまだ存在してない。

　自主的に開放革新を通じて，システム的に資源を統合して高い出発点から車作りは達成することができるが，同時に他のリスクに直面する。例えば，合弁相手の部品を複製すると，議価権と制御権を失うことが有りうる。このような制御権はブランドの発展企画と上流部品体系に対する制御権などを含む。

　コア自動車部品は，依然として多国籍企業や先進国の自動車部品企業に依存している。ハイエンドの自動車の電子技術は海外にも依存する。新エネルギー自動車，インテリジェントネットワーク開発では，重要な自動車部品及び技術の対外依存度がさらに向上し，チップとキーソフトに集中している。例えば，ハイエンドのセパレータ材料，モーターコア部品は輸入に依存している。三元電池のコア特許はアメリカの3M会社とアラゴ（Aragon）実験室に握られている。中興公司（ZTE）がアメリカ政府に制裁を受けた後，チップとソフトウェアを提供する米国企業に頼りすぎていたため，業界での議論を引き起こしている。

　ハイエンドの研究開発人材が不足している。2017年には中国の自動車従業員は360万人に達したが，うち技術者は49.3万人未満，自動車技術の人材比は15％にも及ばない。技術者の知識構造は自動車産業技術革命と不一致である。中国の大学自動車産業教育機構の育成方法は依然として主に機械システムの必要な知識を中心にして，現在のインターネット，インテリジェント運転に適応する知識育成に不足している。産業融合角度で開発，管理を行うことができるハイエンド開発者は深刻に不足している。これにより，各企業が重要な技術的ポジションにおいてさまざまな程度で外国の専門家に依存しなければならないことを招いている。

　2018年に米中貿易戦争が発生した。米中の関係が悪化するにつれて，アメ

リカは中国企業に対する世界中での研究開発と買収に対して厳しく抑制する。中国の自動車企業が世界で先端技術を獲得する道は常に限られている。人材と技術の導入は多くの困難に直面する。これらは，現在中国の自動車企業が主に開放する革新モデルに対して，大きなマイナス影響をもたらし，中国の自動車企業は現在の自主革新モデルの修正を余儀なくさせられる。

中国政府は，新エネ自動車の発展において，純粋な電気自動車に対する重点政策を支持している。新エネ自動車の技術革命はまだ世界市場に受け入れられていない主流技術を形成していない場合，過度に政策によってある技術経路を支持して，他の技術経路が無視され，さらに技術経路の誤りが招きかねない。例えば，現在中国の自動車企業は，燃料電池の新エネ自動車開発において，日本と韓自動車企業より遅れている。

5. 中米貿易戦争の中国の自動車産業と自動車市場への影響

2018年に中米貿易戦争が発生した。自動車産業は，双方の政府が注目を集めている産業となっている。両国政府は，自動車と自動車部品に対する関税を，一律に引き上げている。自動車産業の主要な製品と自動車部品をほとんど含んでいる。

双方のゲームでは，中国政府が「平行輸入車」（「並行輸入車」）関税を全面的に下げるとともに，米国の自動車の輸入関税（40％）も引き上げられ，米国の対中国輸出は影響を受けた。特に中国に輸出している高級乗用車である。もし貿易戦が続く場合，アメリカの自動車製品の中国市場での戦略地位に対して，深刻な影響を与えるだろう。現在，中米貿易戦は一時的に「停戦」しているが，不確実性の影響で，アメリカの自動車の輸入は大きく変わっていない。

現在，中国におけるアメリカの自動車製品の販売は低迷している。悪化した政治的雰囲気はアメリカの自動車製品の中国市場で販売活動に影響を与えつつある。2018年に中国の自動車輸入関税が全体の引き下げを受けて輸入車が増えた。その中で，日本産乗用車の輸入が目立っていて，特にレクサスが最高を

記録し，2018年の下半期は数か月連続してBMWとベンツを超えて，輸入車の販売で第1位となった。2018年までに，中国での日本の自動車販売台数は初めて日本国内の販売台数を超えると予想される（中国での生産と中国への輸出を含む）。

2017年，アメリカ対中国の輸出車は26.7万台で，約130億ドルであった。2018年に米自動車の関税加徴25％の影響を受け，米国の自動車輸入は大幅に減少した。中国税関のデータによると，米国の乗用車の7～9月の月間の通関量は，それぞれ前年比65％，58％，66％減少した。一方，他の国の乗用車の通関申告量は，それぞれ比6％，22％，16％上昇した。自動車メーカーのデータによると，2018年第3四半期に，フォード，GM，クライスラー，BMW，メルセデスベンツ，テスラの通関量はそれぞれ12％，94％，81％，78％，60％，92％減少した[23]。もちろん，輸入の減少は中国の自動車市場の低迷の影響も受けている。

ドイツと日本の自動車製品に比べて，アメリカの自動車製品は近年市場で不利になっている。中米貿易戦争が民族主義的感情を駆り立ててきたため，中国における米国の自動車会社の販売にもある程度の影響を及ぼした。中米貿易戦争は，間違いなく中国におけるアメリカの自動車企業の運営上の困難を増大させた。

中国の自動車輸入は主に豪華な高級車である。BMWは，アメリカの南カロライナ州スパタンブルクの工場でBMW・X5などSUVモデルを製造している。2017年，中国は18.7万台のBMWを輸入し，そのうち10万台以上がこの工場からのものだ。中国は米国の自動車に対する関税を引き上げ，そしてGMおよび他の会社は大打撃を受けているが，最も打撃を受けたのはBMWである。このため，BMWは生産する高級車の追加を検討している[24]。

2018年には中国の自動車の輸入は全体的な伸びは小さかった。

---

(23) 『21世紀経済報道』2018年12月14日。
(24) 『汽車人』雑誌，2018年第10期。

自動車部門では，中国の自動車産業は貿易戦争の影響を受けていない。中国の自動車製品は米輸出に対してもともと少ないからである。

　自動車部品の分野では，中国の自動車部品メーカーが大きな影響を受けている。中国の自動車部品企業は米国への輸出の規模が大きく，長い時間がかかる。報道によると，1,000社を超える中国企業が自動車部品を米国に輸出しており，フォグランプ，ブレーキパッドなどをアメリカの自動車企業および部品店に輸出しているという[25]。ボストンのコンサルティンググループの最近の調査によると，アメリカは中国から年間約100億ドルの部品を輸入して，メキシコの230億ドルに次ぐものだ。中国の自動車部品企業がアメリカに輸出した自動車部品は，自動車生産に使用されるだけでなく，メンテナンス市場にも参入している。

　中国の自動車企業はアメリカで投資規模が大きい。中国のミシガン州への直接投資（FDI）は2011年から2017年にかけて12.1億ドルに達し，そのうち42％が自動車部品及びオリジナル設備メーカーからのものである。2017年，中国企業は該州で1.9億ドル余りを投資し，1,078人の雇用を作り出した。もしこれらの企業の製品は中国に販売された場合，それらも影響を受ける。

　アメリカの自動車企業もかなり影響を受けている。なぜなら，アメリカの自動車企業は中国で多くの車の部品を生産しているが，アメリカ本土で自動車を生産するためにアメリカに戻す場合，関税を上げるとこれらのアメリカの自動車企業のコストが上がるだろう。

　アメリカの自動車メーカーと業界の専門家は次のように語っている。つまり，トランプ政府の最新関税が中国の自動車部品メーカーに打撃を与えることにより，中国の自動車メーカーはアメリカの取引先の価格を上昇させる可能性がある。しかしながら，アメリカの取引先は他の所で重要な部品を調達する選択肢をほとんど持っていない。業界の専門家は，自動車業界は既にグローバルレベルは非常に高く，中国のサプライヤーは，サプライチェーンのいくつかの

---

[25] 米国『ウォール・ストリート・ジャーナル』（電子版）9月19日報道。

部分を支配しているため，いくつかの特定の材料や部品に代わる直接的かつ手頃な価格の代替品はほとんど持ってない。独立系の部品製造業者，流通業者，および小売業者にサービスを提供するロビー団体であるアメリカ自動車介護協会（American Automobile Care Association）によると，25％の関税を徴収すると1セットのブレーキ片（4個）の平均コストは現在の280ドルから約400ドルに増加する可能性があるという。アメリカが関税を徴収するのは中国のメーカーに打撃を与えるだけではなく，中国に依存している部品メーカーや中国で部品を製造し，アメリカで製造事業を行っている製造業者にも打撃を与えるだろう[26]。

　中国でのアメリカ自動車企業はすでに中国での生産能力を利用して，自動車をアメリカに販売したり，あるいは関連する構想がある。例えば，2016年には，上海GM（SAIC-GM）が生産しているBuick Angke SUVは既にアメリカで販売されている[27]。フォードは中国の重慶，杭州，ハルピンの三つ地域で5つの工場を設立した。計画年間生産能力は140万台を超え，2017年には40万台強の生産能力が余っていた。そのため，フォードは2017年には，長安フォードが生産した新型フォックスを北米に輸出する手配をした[28]。中米貿易戦争のため，これらの手配は大きな不確実性に直面している。

　中国の主流の自動車企業はもともと米国に投資する計画があって，しかもいくつかの先導の仕事をした。中米貿易戦争により，これらの計画の推進を断念せざるを得なかった。

　2018年に達成した『アメリカーメキシコーカナダ協定』（USMIT）の新版は，北米の貿易エリアで販売されている自家製自動車の割合は前回の62.5％に対して75％に達しなければならない。同時に40％－45％の自動車は最低賃金の1時間当たり16ドルの労働者によって完成しなければならない。これらの規定は，中国の北米への自動車部品の輸出に確実に影響を与え，中国の自動

---

(26)『参考消息』2018年09月22日。
(27)『汽車人』雑誌，2016年第1期，p.19。
(28)『汽車人』雑誌，2017年第8期，p.133。

車メーカーのメキシコへの輸出にも影響を与えるだろう。

　2018年12月14日，中国の財政部は，来年1月1日から3カ月の間，アメリカ産の自動車に課される25％の関税および自動車部品に課されるさまざまな関税は一時停止すると発表した。懲罰的関税の停止後，アメリカから輸入された自動車は他の国で生産されたものと同様に15％の関税を適用し，自動車部品の関税は6％となる[29]。しかし，それが続けられるかどうかは，中米交渉の結果次第である。

　短期的に見ると，中国の貿易戦争は中国の自動車産業や自動車市場にかなり影響を与えていた。中長期において，中米貿易戦争が終わっても，中米自動車産業及び全世界の自動車産業の産業構造，産業チェーン，産業配置に，深刻な影響をもたらし，中国の自動車産業の発展の形態及び発展の重点にも深刻な影響を及ぼす。

6. 今後5〜10年間の中国の自動車産業の見通し

（1）低速成長の段階に入っている中国の自動車産業

　2018年に中国の自動車産業は今世紀の初めてのマイナス成長となった。今後10年間を見据えて，中国の自動車市場は依然として大きな新規消費者が存在しており，中国の1,000人当たりの自動車保有台数は先進国に比べて依然として低いので，中国経済はまだ6％以上の年間平均成長率を維持することができる。比較的低速度で成長し続けることは完全に可能だが，成長率は2〜3％程度になると予想される。

（2）中国の新エネ自動車市場は，政策主導から市場主導へと移行

　中国の新エネ自動車分野は深刻な変革が発生している：新エネ自動車市場の構造は乗用車および商用車から乗用車へ主として転換している，消費の主体は

---

(29) 中国財政部ホームページ，2018年12月4日。

公共から個人の購買へと変化する。個人の消費区域は制限された都市から非制限の都市に拡大する。個人消費の生態学は，受動的な受け入れから能動的な購入へと変化した。

新エネルギー自動車の販売，消費，補修システムが徐々に整備されている。新エネルギー自動車市場は，政策主導から市場主導へと徐々にシフトしている。今後10年の新エネ自動車が市場進出を加速するだろう。

(3) 明らかになった電気化，ネットワーク化，インテリジェント化の発展傾向

2027年までに，新車購入者のうち，2000年以降生まれが7.2％，1990年代生まれが41.8％，そして1980年代生まれが35.4％を占めると推定されている。これらの世代はインターネット環境の中で成長してきた。したがって，自動車は確実にスマートモバイル端末へと進化し，インターネット上での自動車の使用と依存は増え続け，新エネルギー自動車は急速な発展を迎えるだろう。中国の新エネ乗用車の年間販売量は2030年には1,300万台を突破する見通しだ[30]。

(4) 中国における自動車産業組織の構造の深刻な変化

中国の自動車産業における自動車メーカーの数は世界で最も多い。中国の自動車市場の増速が緩和され，新技術革命の展開を伴って，政府は供給面側の改革を促進し及び合弁企業の中で外資比率を開放し，外部の力（インターネット企業）が中国の自動車産業に参入する。政府は伝統的な自動車生産企業を新設することを禁止する。中国の自動車産業組織構造は大きく変化するでしょう。いくつかの自動車企業は退陣を加速させ，自動車企業間での再編も加速する。中国本土の自動車企業が直面する圧力は増大し続けている。

新エネルギー，インテリジェントネットワークなどの技術革命の推進により，中国の自動車産業産業組織構造の変化も促している。例えば，最近，上

---

(30) 中国汽車工業協会研究報告（2018）『中国新エネルギー汽車的発展と政策』。

汽,広汽,東風(SAIC, GAC, Dongfeng),および吉利(Geely)主流の自動車企業は続々と寧徳時代(Ningde Times)と合弁会社を設立して,電池企業の業界での地位の向上を示した。また,ほとんどの主流の自動車企業が配置したスマートな音声システムは,いずれも科大訊飛(Keda Xunfei)の製品である。

科大訊飛(Keda Xunfei)公司はこの分野ではほとんど独占的な地位を占めている。

新技術革命が深くなるにつれて,全世界の自動車産業はいずれも産業融合プロセスの中にある。中国の自動車産業と関連産業との融合や関連産業間の関連企業の統合が加速するだろう。

(5) 自動車メーカーに重視される自動車製品の輸出

中国の自動車市場は成熟,飽和状態となるにつれて,膨大な生産能力は国際自動車市場で輸出を探す必要がある。中国の自動車企業は,ますます製品の輸出を発展の重要な戦略と見なすだろう。「一帯一路」は中国の自動車製品輸出の重要な方向性となる可能性がある。

(6) 政府による重要な技術及び重要な自動車部品分野の自主開発への支援

2018年に中米貿易戦争で「ZTE事件」が現れた。この事件は,中国政府,国民,そして中国の自動車産業に大きな衝撃を与えた。国際情勢の厳しさを増す中,中国の自動車企業は外部から技術を獲得する空間が日増しに縮小し,中国政府は今後,自動車産業の重要な技術及び主要な部品の自主的な技術革新を支援することに注力する。

【参考文献】
国務院発展研究中心等(2017)『中国汽车产业发展报告』社会科学文献出版社
社会科学文献出版社(2017)『中国乗用車ブランド発展報告』
Sohu公司(2012)『中国本土自動車企業研発段階性調査報告』

第4章　中国自動車産業の自主革新と米中貿易衝突の影響

人民日報社（2017）（2018）『中国汽車報』
中国機械工業連合会（2016）（2017）（2018）『汽車人』雑誌
中国汽車研究中心等（2018）『中国新エネ自動車産業発展報告』社会科学文献出版社
中国自動車工業協会研究報告（2018）『中国新エネ自動車の発展と政策』
中国自動車人才研究会（2012）『中国自動車科学技術人才発展報告』
中国商務部HP（2018）『中国政府対アメリカ関税リスト』
趙英（2016）『中国自動車工業自主革新実証研究』中国社会科学院課題研究報告
PWC（2016）『2015年グローバルイノベーション1000強　自動車産業データ分析報告書』
米国J.D. Power亜太公司（2018）『中国自動車販売満足度研究報告』

趙　英

第5章
「二重の不確実性」を越えて：
米中貿易摩擦で揺れ動く
中国のイノベーション
——大規模企業データベースを用いた定量的検討

1. はじめに

　1978年の改革開放以降，飛躍的な経済発展を遂げた中国経済であるが，いま，その勢いは減速傾向にある。中国政府はこの減速を「ニューノーマル」（新常態）と呼び，いわゆる「創造大国」への転換を目指している。経済発展のパターンを，資本や労働の投入に依存した「粗放型」から，科学技術の進歩や労働者の熟練化などの「生産性の上昇」に頼る「集約型」に転換させ，イノベーション[1]能力の深化に取り組むことが不可欠となる。中国政府は産業構造の高度化を目的として「大衆創業・万衆創新（大衆による起業，万人によるイノベーション）」「互聯網プラス（インターネット・プラス）」「中国製造2025」など，多種多様なイノベーション関連政策を発表してきた。産業高度化を進める推進力としてのベンチャーを支え，支援するために，中央政府や地方政府は基金を設立し，ベンチャーやベンチャーキャピタルに投資するようになった。インキュベーター，コワーキングスペース，メイカーズスペースなど

---

(1) 本章における「イノベーション」は，Schumpeter (1912) の議論における，1.新しい品質の財貨の生産，2.新しい生産方法，3.新しい販路の開拓，4.原料或いは半製品の新しい供給源の獲得，5.新しい組織の実現，という定義を援用し，「何らかの新しい価値を生み出すこと」と定義する。

【図表5-1】主要国における特許出願件数

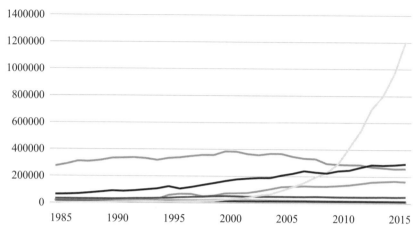

（注）データの制約から，2016年までのグラフとなっていることはお許しいただきたい。
出所：世界銀行「World Development Indicators」より筆者作成。

を含む「衆創空間（ソーシャル・イノベーション・プラットフォーム）」と呼ばれる場の開設も奨励されているという[2]。

　中国政府の手厚いイノベーション振興政策も手伝って，中国の特許出願件数は近年，猛烈な勢いで増加を続けている。

　数字だけを見れば，中国で数多くのイノベーションが誕生しているように見える。しかし，これまで市中に住む一般の人々，特に，内陸部の農村に住むお年寄りなどが日常生活においてそれを実感することはなかった。しかし，この数年でその状況は大きく変化した。李（2018）は，例えば，市中に住む一般の人々の生活の変化を以下のような例を挙げて記述する。「朝起きると，まずスマホのアプリを開いてニュースを読む。通勤ラッシュを避けて，シェア自転車か中国版ウーバーの滴滴出行を利用して出勤する。オフィスに着くと，スマ

---

[2]「「大衆創業，万衆創新」起業ブームが広がった理由」文，山口亮子，Wedge（2018年2月号）pp.14-17を参考にした。詳細については，当該記事を参照のこと。

第5章 「二重の不確実性」を越えて：米中貿易摩擦で揺れ動く中国のイノベーション

ホで出前サービスの餓了麼（ウーラマ）に朝ごはんを注文する。食べた食事の中身はアプリに記録し，さあ仕事だ─」。このような生活は，上海でも10年前には想像もできなかっただろう。

　中国電子商取引（EC）最大手のアリババは，11月11日を「独身の日」として，年間で最大のインターネット通販セールを実施している。2018年の取扱高は，過去最高の2,135億元（約3兆4千億円）を記録し，1日で，昨年の楽天のネット通販取扱高（3兆4千億円）を越える規模の取引を達成したという（日経新聞電子版，2018年11月12日付）。この3兆円以上の消費には，都市部の住民だけではなく，農村部のお年寄りの利用も含まれる。内陸部の村には，スマホの使い方が分からないお年寄りやスマホを買うことが出来ない農民のために「商品の購入代行」をする業者があり，お年寄りや農民はその店舗まで出向いて商品を注文し，到着後に受け取りに行く。これまで農村部の商店では手に入らなかった，都市部にしか無い商品を購入することが出来ると非常に好評だという。

　いま中国で急速に発展を遂げている，フィンテックやモビリティ，AIのような，ソフトウェアを中心とした新興産業の成長は，3G通信網の整備と格安スマホの爆発的な普及が契機となっている。その格安スマホは，「山寨携帯」と呼ばれる偽物携帯電話機を源流に持っている。「山寨携帯」は，第二世代イノベーション（中国型イノベーションとも呼ぶ）によって生み出された製品に分類される。第二世代イノベーションとは，既存の技術を用い，主にデザインや機能の側面を中心とした新商品開発を指し，コア技術に関する最先端のイノベーションとは区別される（Breznitz and Murphree, 2011）。そして，第二世代イノベーションは，「構造化された不確実性」という，古くから中国に内在し構造化されてきた不確実性を克服して生み出されたイノベーションである（詳細は後述）。議論が難しくなったが，要するに，中国には古くから，中国固有の不確実性があり，イノベーションが起きにくい土壌があったが，中国の人々はそれを第二世代イノベーションという独自のイノベーションを達成することで克服し，経済発展を続けてきたが，「山寨携帯」は，その第二世代イノ

ベーションによって生み出された製品の一つである、ということだ。

イノベーションは、コア技術に関する最先端のイノベーションと第二世代イノベーションに分けることができる。中国企業はこれまで、コア技術は、外国の最先端技術を有する企業を買収するなどして補い、第二世代イノベーションに注力してきた歴史がある。しかし、2017年にドナルド・トランプ氏が米国大統領に就任した後、米中間の貿易摩擦が激しさを増し、トランプ氏は中国の知的所有権の侵害を徹底的に批判し、攻撃を続けている。この議論は後節に譲るが、これはトランプ氏だけの意向ではなく、米国全体の意向であると考えられ、今後、最新のコア技術を持つ外国企業を買収するといったこれまでの姿勢を、中国が取り続けることは難しい。したがって、これまではいうなれば「アウトソーシング」していたコア技術を内製化する必要が生じる。しかし、それを一朝一夕に実現することは難しいため、必要な技術の獲得が困難となり、技術開発の行方が不透明さを増すことになる。中国のイノベーションは、これまでの「構造化された不確実性」だけでなく、米国から「外生的にもたらされた不確実性」の「二重の不確実性」に直面することになる。

上記の議論を踏まえ、以下の二点を本章の目的として設定し議論を進めたい。第一に、中国のこれまでのイノベーション、すなわち第二世代イノベーションは、「山寨携帯」の誕生など、中国企業の発展に貢献したといわれているが、その見立てはフィールド調査など定性的調査をもとに示されてきたため、その点について定量的に検証したい。第二に、第一の点を踏まえながら、米中貿易摩擦によってさらに不確実性が高まった、いうなれば「二重の不確実性」が存在する状況をどのように乗り越えるべきか、今後の中国のイノベーションのゆくえを政治経済学的に展望したい。

本章は、以下のように構成される。次節では、これまでの中国における「イノベーションの歩み」について、先行研究を整理しながら確認する。第3節および第4節では試験的な実証分析を行いながら、大規模企業データベースをもとに、中国における「第二世代イノベーション」の企業発展への貢献を定量的に把握する。第2節から第4節は、上記第一の点を中心に議論を展開する。第

5節では，上記第二の点，すなわち，米中貿易摩擦によって不確実性が増すなかでの中国のイノベーションの行方を展望する。最終節では，本研究を総括しながら今後の課題について検討する。

2. 先行研究——中国におけるイノベーションの歩み

　中国におけるイノベーションの歴史的な歩みを明らかにしたい場合，一般的には，中国における科学技術政策の変遷を整理することが多い。しかし，本章では少し角度を変えて，これまでになされた「中国におけるイノベーション研究」を横断的に整理することで，この歩みを明らかにしてみたい。なお，本節の内容は，中国における制度とイノベーションの関係について紹介した三𣘺（2018a,b）を再構成して整理する。

　1978年の改革開放以降，工業化，すなわち，先進国への技術的キャッチアップが喫緊の課題であった。しかし，先進国技術の導入のためには，資本が決定的に不足しており，なおかつそれを学習し身につけるための知識や技術の受容能力も不足していた。さらに，中国には「構造化された不確実性」も伝統的に横たわっていた。構造化された不確実性（Structured Uncertainty）とは，D.ブレズニッツとM.マーフリー（Breznitz and Murphree, 2011）が提起した概念である。これは，「広範囲に交差した忠誠心，絡み合った権威のマトリックス，制度化されない無数の組織，個人の権威や人的ネットワークに対する継続的で強力な信頼」と定義されている。中国には，中央政府と地方政府間の複雑な命令系統があり，また，官僚組織の中に「関係（Guanxi）」と呼ばれる独特な人的ネットワークが存在する。そして，それが組織や地域の枠を超えて繋がっているため，組織をより複雑にしているなど，さまざまな「曖昧さ」が存在する（Breznitz and Murphree, 2011；加藤, 2013）。加藤（2013・2016）は，構造化された不確実性を生み出すこれらの特徴を過去の膨大な研究蓄積を横断的に整理しながら，「曖昧な制度」としてまとめた。曖昧な制度とは，高い不確実性に対処するため，リスクの分散化をはかりつつ，個人の活動の自由度を最大

【図表 5-2】中国におけるイノベーションの歩み

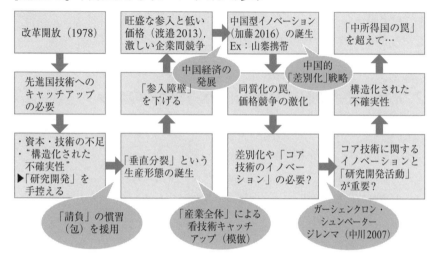

出所：筆者作成。

限に高め，その利得を最大化するように設計された中国独自のルール，予想，規範，組織をさす，という。構造化された不確実性について端的に説明するとすれば，それは，中国に内在する曖昧な制度により生み出された不確実性であるといえる。

　不確実性が極めて高い中国においては，それを低減するための商慣習として，古くから「包」と呼ばれる仕組みが存在した。「包」とは指定した内容の完成を担保するなら，あとはあなたの自由にしてよいという，一種の請負を意味する。例えば，ある仕事を1,000元で請け負い，800元で達成できたとき，残りの200元について，日本などでは仕事の発注者に返還する必要があるが，「包」の世界では，その残余は多くの場合，仕事を請け負った側が手にすることが出来る。日本人など外部から見れば，一見「曖昧」な「包」のシステムの最大の特徴は，このようにさまざまな取引においてある種の「幅」をもたせ，その「幅」をインセンティブとして仕事の受け手に与えることで，確実な契約の履行を促す点にある。経済発展を至上命題としてきた中国の中央政府は，

「包」という概念を援用しながら，さまざまな制度に「幅」を持たせ，「曖昧さ」を持たせたことで，国有でも民営でもない企業，企業のように行動する政府，組織に縛られない個人，などが有機的に繋がりながら，経済発展を達成することが出来たのである。

　中国企業は，技術的キャッチアップにおいてもこの「包」の仕組みを援用し，「垂直分裂」という産業組織を自然発生的に構築した。垂直分裂とは，垂直統合（自社の製品やサービスの工程を上流から下流まで統合して一手に担うこと）とほぼ正反対の概念であり，従来一つの企業の中で垂直統合されていたいろいろな工程ないし機能が，複数の企業によって別々に担われることを指す（丸川，2007）。丸川（2007）や丸川（2013）によれば，中国においては，パソコン産業，テレビなどの家電産業から自動車産業まで，多岐にわたる産業において垂直分裂が観察されるという。その中でもとりわけ特徴的であるのが，携帯電話機産業，特に中国政府の認可を受けた携帯電話機ではなく，正式な認可を受けていない「山寨携帯」の生産工程である。「山寨」とは，山賊のすみか，などの意味があるが，それが転じて「コピーや偽物」を意味する。日本などにおける携帯電話機の生産は，外装やICチップまで，ほぼ一貫して同一企業内で生産され，組み立てられるが，山寨携帯の生産工程は，極めて細かく「分裂」している。丸川（2013）によれば，携帯電話機の企画や販売を手掛けるインテグレーターと呼ばれる企業が，基盤やソフトの設計会社，金型メーカー，ケースの設計会社を繋ぎ，基盤やソフトの設計会社はICチップのメーカーや各種部品メーカーを繋ぐことで，インテグレーター（と基盤やソフトの設計会社）が主体となりながら，各企業がさまざまな携帯電話機の部品の開発・生産を担っており，極めて細かな企業間分業が観察されるという。

　この垂直分裂の仕組みこそが，最先端技術の結晶である携帯電話機を，技術力を持たない中国の中小メーカーが生産できた理由である。垂直分裂により，技術水準の低い小規模企業もハイテク市場への参入が可能になり，中国の多くの市場で旺盛な参入が散見された。その結果，非常に激しい企業間競争が生じ，言い換えれば激烈な価格競争が生じたため，最終製品の価格が低く抑えら

れるようになった（渡邉，2013）。

　垂直分裂は，技術的キャッチアップを促すだけでなく，「第二世代イノベーション」に取り組む企業も生み出した。第二世代イノベーションとは，既存の技術を用い，主にデザインや機能の側面を中心とした新商品開発を指す（Breznitz and Murphree, 2011）。ブレズニッツとマーフリーによれば，中国企業は「構造化された不確実性」の存在を踏まえ，アメリカや日本などで追求される，長期の研究開発期間を要するリスクの高い最先端のイノベーションを手控え，短期間で確実に成果が得られる低リスクの第二世代イノベーションを行うという選択をする，という傾向があるという。その結果，革新的ではないものの，ある種の（第二世代的な）技術進歩が起こり，結果的に中国では一部の企業や産業の急成長が達成されたという。

　垂直分裂は「旺盛な参入」や「低価格」を可能にしただけでなく，「第二世代イノベーション」までももたらし，中国経済や中国企業の発展に大きく貢献した。しかし，加藤（2013）が指摘するように，中国には非常に激烈な企業間の生存競争が存在する。そのような環境においては，生き残るためにはイノベーション活動をほとんど行わず，模倣品や，デザインや仕様をわずかに変えただけの新製品を安価で販売することで価格競争に勝利し，短期的に収益を上げる戦略（模倣戦略）をとる企業が多く見られる。しかし，この戦略は，製品の同質化とそれに付随する価格競争の激化による利益率の低下という弊害を生む。それを避けるためには，他社製品と差別化ができるような新製品を開発する必要があり，R&D投資を伴うイノベーションに取り組む（革新戦略）ことが必要不可欠となる。しかし，中国の多くの企業は，激しい価格競争という状況下においても，強く圧迫されているとはいえ，少なからず利益が得られるため，国内に存在するさまざまなリスクを冒して技術革新に取り組むことは避けがちであり，模倣戦略を転換するインセンティブに乏しい。同質化の罠を抜け出し，将来的な利益を確保するために革新的なイノベーションに取り組む重要性は痛感しているものの，さまざまなリスクやインセンティブの不足により革新戦略へと移行できない。このような状況を，中川（2007）は「ガーシェン

第5章 「二重の不確実性」を越えて：米中貿易摩擦で揺れ動く中国のイノベーション

クロン・シュンペータージレンマ」と呼ぶ。

　本節では，中国のイノベーションの歩みについて，先行研究を横断的に整理しながら確認した。多くの中国企業は，横たわる制度的不確実性をうまく回避しながら，独自のイノベーションを進化させ，企業の発展に繋げてきた。しかし，それらについて整理した研究成果の多くは主にフィールド調査によって定性的に明らかにされたものであり，大規模データを利用して定量的な確認に取り組んだ研究はあまり多くはない。三並（2015）では，第二世代イノベーションが中国企業の成長にとって大きな役割を果たしたとするブレズニッツとマーフリーの仮説を実証的に確認したが，次節ではそれを修正・発展させる形で，中国企業独自のイノベーションの実態についてより詳細に検討したい。

3. 実証分析

　本節では，前節で取り上げた「第二世代イノベーション」に焦点を当て，それについて定量的に検討したい。具体的には，第一に，中国企業の第二世代イノベーションを行うという選択が，実際にその企業の成長につながったかについて，現在利用可能な最大規模のデータベースを用いて，試験的な実証分析を行う。具体的には，同様の分析を行った三並（2015）の研究成果をもとに，追加的なデータクリーニングを実施しながら，分析モデルや説明変数の定義を若干変更し，より精緻に検討する。第二に，第二世代イノベーションに取り組む企業について，産業ごとに詳細に確認する。

(1) データ

　本章での実証分析には，2005年から2007年の「中国鉱工業企業データベース」という企業レベルの個票データを用いる。これは，売上高500万元以上の大中規模企業の主に財務情報を収録した個票データである。毎年30万社前後をカバーし，これらの企業による生産額の合計は，中国工業総生産値の約9割を占めている。分析の前に，同じデータベースを用いて分析を行った劉（2014）

に倣い，データのクリーニングを行った。具体的には，①企業の収入，資産，資本金，研究開発費，労働者数等の情報が入力ミスにより，負の値や異常値となっているデータ，ごく一部の，企業コードが重複しているデータを除外した。また，産業コードをもとに，鉱業および電力等のインフラ産業のサンプルは除外し，製造業のみに限定した。次に，R&Dに関するデータは2005年から2007年までしか存在しないため，その間に継続して存在し，なおかつ，すべてのデータをそろえた中国の製造業企業（203,918社）を抽出し，分析対象企業とした。この作業により，サンプルサイズは元データ（例えば，2007年では336,768社）の約3分の2となったが，元データとクリーニング後のデータセットを比較し，産業や地域，規模，所有構造などの割合は大きく異ならなかったため，データセットのクリーニングにより，分析結果に大きな偏りは生じないと考えられる。

(2) 分析手法

本章において利用するデータは，現在中国において入手可能な最大規模のミクロデータである。ただし，基本的には財務情報を収録したものであるため，イノベーションの研究のために利用できる情報は，R&Dへの支出額しか存在せず，また，先述の通りR&Dへの支出額は2005年から2007年の3年間という短い限られた情報であるゆえに，それを元に実証分析を行わなければならない。そこで，本章では限定された情報をできる限り有効に用いることができるように，変数の多くに平均値を用いて，平均的な企業の成長を規定するモデルを構築した。これにより，データの制約を踏まえつつ，試験的かつ簡便的にではあるが，企業の平均的な傾向をつかむことが可能となる。具体的には，企業の成長を規定する要素として，資本や労働，中間投入といった要素と，効率性などを規定する要素をそれぞれアドホックに挿入した，以下のようなモデルを設定し，OLSによって推計を行った。

第5章 「二重の不確実性」を越えて:米中貿易摩擦で揺れ動く中国のイノベーション

$$Firm\ Growth_i = Second\ generation\ innnovation_i + Capital_i + Labor_i$$
$$+ Intermediate\ input_i + Export_i + R\&D_i + Year_i + Wear_i^2$$
$$+ Coast\ (Developed)\ Area_i + Industry_i + a_i + u_i$$

　Firm Growthは企業の平均成長率、Capital、Labor、Intermediate Inputは、それぞれ、固定資本、労働投入、中間投入の平均成長率を指す。平均成長率は、2005年から2006年の成長率と2006年から2007年の成長率の平均値である。なお、推計結果の頑健性を得るために、企業の平均的な成長を測るFirm Growthは、多角的な視点、即ち営業収入と主営収入の二つの側面から計測した。主営収入は、企業の主な営業活動から得られた収入であり、営業収入は、主営収入にその他の収入(無形資本の利用や固定資本の貸与等、主な営業活動以外からの収入)を加えた、企業の全体的な収入を指す。Exportは、企業の輸出への積極性をとらえるための平均輸出額を指し、2005年から2007年の輸出額の平均値とした。なお、質的変数(ダミー変数)を除くすべての説明変数については、企業規模の効果をコントロールするため、劉(2014)に倣い、全て資産総額で基準化し、資産総額1単位あたりの値に調整されている。

　R&DとSecond Generation Innovation変数は本章において特に鍵となる説明変数であるため、ここでその詳細について確認したい。まず、R&D変数は企業の「R&D活動を行う」という戦略を示す。2005年から2007年までの間に研究開発費を継続して支出していれば1を取るダミー変数である。一般的に、企業のR&D経費の半分以上は人件費であることが知られている。したがって、R&D活動を行う場合、雇用の継続の必要からR&D経費を継続して支出する必要がある。よって、本章では試験的に、2005年からの3年間継続してR&D経費を支出している企業は、R&D活動を行うという選択をした企業、即ち、「自主イノベーション」に取り組んでいる企業であると定義した。自主イノベーションとは、中国企業が主体的に、財産権を有する技術、基準、ブランドの確立を目指す創造・革新のことであり、従来の海外からの技術導入や模倣とは区別される(関、2013)。

Second Generation Innovation変数は，企業の「第二世代イノベーション」を行うという戦略を指す。具体的には，2007年に新製品を発売したが2005年と2006年にR&D活動をしていない（R&D経費を支出していない）企業は1をとるダミー変数である。これは，R&D活動（経費）は雇用の側面から考えて，継続して行われる（支出される）ものであるという認識に基づき，R&D活動を継続して行っていないにも拘わらず新製品を販売しているということは，即ち，技術は外部から導入し，機能やデザインの面から新たな価値を生み出す第二世代イノベーションを行うという選択をしている，と仮定した。

その他，各企業の操業年数とその二乗項（$Year_i, Year_i^2$），沿海先進地域ダミー（Coast Develped Area），産業ダミー（Industry）をそれぞれモデルに加えた。操業年数は2007−創業（開業）年とし，沿海先進地域ダミーは，企業が北京市，天津市，河北省，遼寧省，山東省，上海市，江蘇省，浙江省，福建省，広東省に立地していれば1を取るダミー変数である。産業ダミーは，産業の二桁分類を元にダミー変数をそれぞれ作成しモデルに挿入した。本章で特に注目したいのは「第二世代イノベーション」を行うという選択が企業の成長に対してどのような効果を与えたか，であるため，Second Generation Innovation変数以外はすべて制御変数（Control Variables）である。なお，モデルの構築や所有制の決定など変数の定義の多くについては，劉（2014）を参考にした。記述統計表は，図表5-3の通りである。

4. 推計結果と考察

(1) 推計結果

本項では，まず，第二世代イノベーションを行うという選択が企業の成長に及ぼす効果について，中国の製造業全体の推計結果をもとに検討する[3]。推計

---

[3] なお，三並（2015）は本章と同様の推計を実施しており，企業を産業別や企業規模別等に区分した詳細な分析も実施している。詳細についてはそちらも参照のこと。

【図表5-3】記述統計表

変数名	変数	説明	平均値	標準偏差	最小値	最大値
Firm Growth	営業収入平均成長率	各企業の収入の成長率（％）	295.45	27346.13	−96.56	7354978
	主営収入平均成長率		175.37	20765.85	−96.24	7354978
Second Generation Innovation	第二世代イノベーションダミー	「第二世代イノベーション」を行うという選択	0.1	0.3	0	1
Capital	平均固定資本投資成長率	資産総額で基準化した固定資本の平均成長率	31.79	938.58	−226.79	192396.8
Labor	平均労働投入成長率	資産総額で基準化した労働者数の平均成長率	3.09	107.64	−93.95	27051.06
Intermediate Input	平均中間投入成長率	資産総額で基準化した中間投入の平均成長率	224.24	10659.95	−138310.60	1682206
Export	平均輸出額	資産総額で基準化した平均輸出額	0.42	1.15	0	101.957
R&D	R&Dダミー	05年から07年の間、継続してR&D活動を行っていれば1。	0.06	0.24	0	1
Year	開業年数	2007−操業年	10.12	9.30	2	407
Year2	開業年数二乗	開業年数の二乗	188.87	642.81	4	165649
Coast (Developed) Area	沿海ダミー	沿海先進地域＊であれば1。	0.76	0.43	0	1
Industry	産業ダミー	産業ごとのダミー（2桁分類）を入れた。	省略			

沿海先進地域＊：北京、天津、河北、遼寧、上海、江蘇、浙江、福建、山東、広東の各省市。
「第二世代イノベーションダミー」以外の説明変数は、全てコントロール変数。
出所：筆者作成。

【図表5-4】推計結果

	営業収入平均成長率		主営収入平均成長率	
	係数	t値	係数	t値
第二世代イノベーションダミー	628.25**	2.58	698.64***	3.77
平均固定資本投資成長率	0.11*	1.77	0.12**	2.37
平均労働投入成長率	8.71***	15.48	8.88***	20.78
平均中間投入成長率	0.02***	2.78	0.02***	3.98
平均輸出額	−32.98	−0.59	−27.91	−0.66
R&Dダミー	−104.70	−0.40	−0.62	0.00
開業年数	−14.96	−1.43	−15.48*	−1.95
開業年数二乗	0.10	0.64	0.11	0.99
沿海ダミー	−965.84***	−6.48	−470.75***	−4.16
定数項	1691.03***	6.04	1395.18***	6.56
産業ダミー（2桁）	yes		yes	
標本数	203,918		203,918	
自由度調整済み決定係数	0.002		0.002	

出所：筆者作成。

　結果は，図表5-4の通りである。推計結果によれば，企業の第二世代イノベーションを行うという選択は，営業収入および主営収入の成長率に対し，ともに正で有意な結果となった。これは，ブレズニッツとマーフリーがフィールド調査で明らかにした，第二世代イノベーションを行うという選択が，企業の成長に対して有意な正の影響を与えるという傾向を，ミクロデータを用いた実証分析でも肯定した結果であるといえる。

　制御変数に関しては，労働投入・中間投入の成長率が正で有意な影響を与える一方，沿海先進地域への立地は成長率に負の影響を与えることが示された。これは，沿海先進地域は内陸後進地域に比べて企業間競争が激しく，企業の成長がより難しいことを示している可能性がある。主営収入の成長率に対しては，操業年数が上昇すれば成長率が下がるという結果が示された。劉（2014）によれば，企業の存続期間が一定年数を超えると，現地特有の優れた技能やノウハウの優位性の低減，投資した設備の老朽化などにより，企業の成長が徐々

第5章 「二重の不確実性」を越えて:米中貿易摩擦で揺れ動く中国のイノベーション

に低下する可能性があるという。通常,一定年数を超えた後に生じると考えられるそれらの影響は,操業年数の二乗項が捉えると考えられる。しかし,操業年数の二乗項ではなく操業年数が負で有意であるということは,中国の激しい競争環境を踏まえれば,企業の操業年数が増えてゆくと,より早い段階でその優位性などが陳腐化し,それが成長の停滞に繋がっている可能性がある。

なお,推計結果の頑健性の確認のため,以下二点の推計も併せて実施した。第一に,本項の被説明変数は(2)項でもそのまま利用するため,基準化をせずそのままの成長率を利用した。そこで,被説明変数も説明変数と合わせ,資産規模で基準化した推計を実施した。その結果,本節の推計結果と大きく変わらない推計結果が得られた。第二に,本章の推計では最もシンプルな推計手法であるOLSを用いた。これは,均一分散を仮定しているが,大規模企業データを利用した推計においては不均一分散が推定係数の有意性検定にバイアスをもたらす可能性が存在する。そこで,不均一分散頑強標準誤差を用いた推計も併せて実施した。その結果,制御変数は一部で有意性が変化したが第二世代イノベーション変数についての有意性は大きく変わらない推計結果が得られた。二つの追加的な推計結果を踏まえれば,推計結果の頑健性がある程度確認されたといえる。

(2) 考察

本項では,実証分析に用いた大規模データベースを利用し,中国企業のイノベーションの実態を産業レベルで概観する。図表5-5では,中国企業を二桁産業分類(ハイテク産業に関しては二桁の分類では識別が難しいため三桁の産業分類)で区分したうえで,前項のデータに基づき,まず,企業をイノベーション戦略別に,すなわち,第二世代イノベーションを実施している企業,自主イノベーションに取り組んでいる(R&D活動を実施している)企業,そのどちらも実施していない企業に分類した。次に,それらの企業群の主営収入の平均成長率の中央値と,全企業に占める当該戦略を採用した企業の割合をそれぞれ示した。

[図表5-5] 中国企業のイノベーション戦略と平均成長率（主営収入）

	産業	第二世代イノベーション		R&D		どちらも実施せず		企業数合計
		平均成長率(中央値)	割合	平均成長率(中央値)	割合	平均成長率(中央値)	割合	
13	農副食品加工業	29.32	3.49	22.20	2.66	25.60	93.85	11532
14	食料品製造業	22.53	5.82	15.84	6.95	20.76	87.23	4418
15	飲料製造業	24.07	7.32	17.69	5.69	20.93	86.99	2813
17	紡織業	16.43	6.46	16.50	2.51	15.78	91.03	18588
18	衣服（靴）製造業	12.64	5.68	19.01	1.71	14.46	92.61	9568
19	皮革羽毛製品製造業	22.51	8.35	20.15	2.13	15.91	89.52	4981
20	木材加工製造業	22.49	4.40	18.79	1.21	27.61	94.39	4227
21	家具製造業	28.25	7.66	20.32	2.47	22.14	89.86	2466
22	製紙業	18.96	3.44	20.68	1.68	17.54	94.88	5961
23	印刷業	13.60	3.34	12.60	2.56	11.88	94.10	3594
24	文化教育運動用具製造業	16.25	7.90	9.99	3.30	14.62	88.80	2786
25	石油精製及びコークス製造業	26.32	3.00	20.52	4.93	32.12	92.08	1401
26	化学製品製造業	24.47	5.65	18.22	7.58	23.02	86.77	15283
27	医薬品製造業	22.24	9.36	13.28	24.78	20.30	65.86	4274
28	化学繊維製造業	18.67	7.18	23.50	5.87	16.40	86.95	1073
29	ゴム製品製造業	21.48	5.76	18.95	5.84	23.45	88.41	2450
30	プラスチック製品製造業	19.79	5.83	17.92	2.67	17.49	91.50	9925
31	非金属鉱製品製造業	22.97	4.04	22.14	3.23	22.16	92.74	16153
32	鉄鋼業	30.15	4.27	26.18	2.74	26.98	92.99	4824
33	非鉄金属製造業	34.47	5.68	35.17	4.46	34.65	89.86	3995
34	金属製品製造業	24.07	5.63	23.95	2.81	21.34	91.56	11286
35	はん用機器製造業	23.72	8.81	20.83	6.84	23.55	84.35	16828
36	特殊産業用機械製造業	20.24	8.88	17.34	11.38	22.65	79.74	8297
37	輸送機器製造業	28.08	9.48	24.03	11.04	23.06	79.48	9231
39	電気機器製造業	24.15	9.85	21.89	9.58	23.94	80.57	12868
40	情報通信機器製造業	22.19	10.83	17.16	16.33	18.35	72.84	7379
41	測量器具及び文化事務用機械製造業	18.65	12.39	17.80	19.61	14.69	68.00	3116
42	その他の製造業	16.21	8.85	12.33	3.33	15.58	87.83	4148
43	廃棄物再生業	22.46	2.05	16.16	0.88	26.75	97.07	341
	ハイテク産業	23.34	9.19	17.11	15.85	22.21	74.95	23237

出所：筆者作成。

第5章 「二重の不確実性」を越えて：米中貿易摩擦で揺れ動く中国のイノベーション

図表5-5によれば，第一に，平均して9割弱の企業がいずれのイノベーション活動も実施していないことが分かった。ただし，医薬品製造業は例外であり，およそ25％の企業が研究開発を実施している。研究開発が企業の成長と直結するという製薬業界の世界的な状況は，中国においても同様であることが分かる。

第二に，自主イノベーションに取り組む企業とどちらも実施しない企業でそれぞれ5業種であるのに対し，第二世代イノベーションに取り組む企業では全体の3分の2の産業（約20業種）で主営収入の成長率が最も高いことが示された。第二世代イノベーションが企業の成長に大きく貢献したという，ブレズニッツとマーフリーの示した研究成果と整合的である。特に，彼らが研究の中で示した電気機器製造業や情報通信機器製造業では，第二世代イノベーションに取り組む企業の平均成長率が20％を越え，自主イノベーションに取り組む企業やどちらも実施しない企業のそれを上回っている。

第三に，第二世代イノベーションに取り組む企業と自主イノベーションに取り組む企業の成長率を比較したとき，ほぼすべての産業で第二世代イノベーションに取り組む企業のそれが高くなっている。上述の，医薬品製造業においても，自主イノベーションに取り組む企業が比較的多い一方で，その成長率は第二世代イノベーションに取り組む企業の方が大きく上回っている状況が示された。熱心に研究開発に取り組む一方で，その取り組みは成果にいま一つ結びついていない状況が確認できる。研究開発力の強化は，中国企業の課題の一つであろう。

これまでの実証分析の結果によれば，「第二世代イノベーション」，とりわけR&D投資をしない（あるいは，ほとんどR&D投資をしない）新製品開発が中国企業にとって非常に重要な役割を果たしていたわけだが，今後は，それぞれの企業が置かれた産業の状況に応じて，それぞれの企業にとって最適なイノベーションを選択し，創造的な人材の育成などを通じてそれを発展させる必要があると考えられる。もとより，本研究における実証分析は，データの制約からさまざまな仮定を置いたやや試験的な性格のものである。中国企業のイノ

ベーション活動について，大規模なミクロデータを用いた実証研究が非常に少ないことを踏まえれば，試験的な実証分析を行ったことは本研究の貢献の一つであると考えるが，より厳密に中国企業のイノベーション活動における独自性を把握するためには，さらに精緻な分析が望まれる。以下では，今後の研究課題として重点的に取り組もうと考えている課題を，いくつか指摘しておきたい。

　本研究では，データの制約から，2005年から2007年というやや古い企業情報を用いざるを得なかった。また，自主イノベーションを行う企業を「継続してR&D活動を行っている企業」，第二世代イノベーションを行う企業を「継続的なR&D活動を行っていないにも拘わらず新製品を販売した企業」と区分した。この区分によっても，十分両者の特徴を識別することは出来ていると考える。ただし，コア技術を外部依存し，既存技術を組み合わせながら，機能やデザインの面から新たな価値を付け加えるという第二世代イノベーションの本来の意味は，必ずしもR&D投資と矛盾するわけではない。言い換えれば，本研究の実証分析では簡単化のために一括りとした自主イノベーション活動を，大量の研究開発費を投じてコア技術の開発を志向する「コア技術のR&D」としてのそれと，既存の技術や部品の組み合わせの手法を中心に研究し，より洗練された革新的新製品を生み出そうとする「第二世代イノベーション的なR&D」としてのそれに区分できる可能性がある。

　現在の中国においては，自主イノベーションに取り組む企業の多くが「第二世代イノベーション的なR&D」に取り組んでおり，「コア技術のR&D」に取り組む企業はまだまだ少ないと考えられる。今後の中国企業や産業の発展をより厳密に論じるためには，両者を区分し，これからも現状のままの「第二世代イノベーション的なR&D」に取り組み続けることが重要なのか，「コア技術のR&D」へと転換する必要があるのかという点を明らかにする必要がある。ただし，これを議論するためには，既存の企業データのみではなく，特許等の幅広いデータを収集し，各企業が取り組むイノベーション活動のタイプをより厳密に区分する必要があり，この点を今後の研究課題としたい。

第5章　「二重の不確実性」を越えて：米中貿易摩擦で揺れ動く中国のイノベーション

5.「二重の不確実性」を越えて：
米中貿易摩擦で揺れ動く中国のイノベーション(4)

　これまで，中国企業は「構造化された不確実性」を，古くから中国に存在した「包」という商慣習を援用し第二世代イノベーションという独自のイノベーションを深化させることで克服し，企業を発展させてきたことを実証した。しかし，序節で述べたように，2017年にドナルド・トランプ氏が米国大統領となってから，米中間の貿易摩擦が激しさを増し，トランプ氏は中国の知的所有権の侵害を徹底的に批判し，攻撃を続けている。これはトランプ氏だけの意向ではなく，米国全体の意向であると考えられ，今後，最新のコア技術を持つ外国企業を買収するといったこれまでの姿勢を，中国が取り続けることは難しい。したがって，これまでは，いうなれば「アウトソーシング」していたコア技術を内製化する必要が生じる。しかし，それを一朝一夕に実現することは難しいため，必要な技術の獲得が困難となり，技術開発の行方が不透明さを増すことになる。中国のイノベーションは，これまでの「構造化された不確実性」だけでなく，米国から「外生的にもたらされた不確実性」の「二重の不確実性」に直面することになる。中国が，この「二重の不確実性」をいかに乗り越えるのか，本節では，中国のイノベーションの行方を展望したい。

　2018年後半から，米中間の「経済摩擦」が激しさを増している。米国は7月6日に関税措置第一弾として自動車や原子炉，航空機など340億ドル（818品目）分の製品に関税を掛け，そこからおよそ1か月おきに第二弾，第三弾と矢継ぎ早に関税措置を発動している。これらの措置に対して，中国も報復措置を発動し，米中両国の「経済摩擦」は泥沼化の様相を呈している。

　この経済摩擦の行方や中国への影響を正しく予言することは難しい。したがって，米中貿易摩擦が本章で議論している「中国のイノベーション」に与える影響も正しく予言することは出来ない。しかし，これまでの政治経済学的な経緯をたどりながら「想像」することは出来る。そこで，米中貿易摩擦が中国

---

(4) 本節に登場する政府関係者の肩書は，それぞれ当時のものである。

のイノベーションに与える影響について「想像」し，米中貿易摩擦の実態を概観するために，まずは，これまでの米中の動きを政治経済学的に整理してみたい。

(1) 米国トランプ政権に対する一つの見方

　上記の「想像」をするうえで，確実かつきわめて重要な点がある。それは，ドナルド・トランプ氏は正式に選挙で選ばれた第45代米国大統領であるという点である。昨今のニュースを見ていると，トランプ大統領の人格を攻撃しながら「米国民はなぜあのような人を大統領に選んだのだろう，米国は混迷の度を増してゆくだろう」とマスメディアで平然と主張する識者がいる。まず，ドナルド・トランプ氏を大統領に選んだ米国民の選択が正しかったかどうかを議論することに意味はない。民主主義システムにおいては選挙結果が全てであり，そこで選ばれた候補者は，その国の多くの国民の声を代弁していると素直に考えるのが正しい。ドナルド・トランプ氏は「アメリカ・ファースト」を唱えて選挙に勝利した。トランプ氏は，中国に対しては選挙期間中も不公正な貿易や知的所有権の侵害を痛烈に批判してきたが，そのトランプ氏が勝利したということは米国民の多くもまた，トランプ氏と同様に中国との不公正な貿易や知的所有権の侵害に対して批判的であるということだ。トランプ氏は，中国に対してのみ攻撃的な姿勢を示しているのではなく，同盟国であるヨーロッパ諸国や韓国，そして日本に対しても非常に厳しい要求を突き付けている。米中間の「派手な」貿易摩擦がクローズアップされ，中国への厳しい姿勢に注目が集まっているが，トランプ氏は，中国とヨーロッパ，韓国や日本をある意味「同列に」扱っており，すなわち，「アメリカ・ファースト」という選挙公約を忠実に実行しているに過ぎない。

　つぎに，トランプ氏を前記のように批判する識者は，米国政府の閣僚が次々と交代させられている状況を見て，「米国政府は機能していない」と批判するが，これは，トランプ大統領の政治的な意思決定メカニズムがこれまでの歴代大統領のそれと異なっているだけであり，米国政府は適切に機能している。日

第5章 「二重の不確実性」を越えて：米中貿易摩擦で揺れ動く中国のイノベーション

高（2018）によれば、「これまでのアメリカだけでなく、日本やヨーロッパを含め、民主主義国家の基本的な政策決定のプロセスは、担当者があげてくる提案のうちから、トップが最終的な選定を行い、決定するという仕組みになっている。つまり、下部組織が作り出した政策、提案を上部、そしてトップが採用するかどうか決定するのが、正当な民主主義システムのやり方だと考えられている」という。そして、「アメリカの場合は、候補者時代に選挙に協力した多くの機関や企業（石油や自動車の大手企業から農業団体、シリコンバレーの中小企業にいたるまで）が選挙に協力して、選挙に勝てるように尽力するのが普通のプロセスであった。そして、当選した大統領のホワイトハウススタッフには選挙戦に参加した組織の関係者が送り込まれ、大統領の政治を行う。しかし、それぞれの組織や企業から送り込まれたスタッフは、それぞれの出身組織からの任務（例えば、石油企業は、国有地での自由な石油掘削を、環境保護団体は、野鳥や動物を守るための政策を作らせる、など）を背負っており、そういった利害が相反するスタッフが作り上げた政治的提案、オプションの中から大統領が選択し、決定をするというのが一般的であった。しかし、トランプ大統領は、そういった仕組みを一切受け付けず、すべての政策を自らが決め、実施を要求する。そのため、ホワイトハウスが混乱し、閣僚やスタッフが相次いで辞める事態になった」という。このような事態を見て、マスコミは「米国政府は機能していない」と指摘するが、日高（2018）は前記の状況を説明しながら、トランプ大統領がすべての決定を行うことがトランプ政権の強さであり、「ホワイトハウスの混乱」と伝えられている状況は、トランプ氏のホワイトハウスの強さの象徴であると指摘する。米国政府による大規模な政策転換をトランプ大統領の人格の責任にすることで安心すると、本質を見誤る可能性が高い。トランプ大統領が実施する政策は、米国民の多数の総意であると考え、その背景や影響を客観的に考察する姿勢が正しい。

(2) トランプ大統領に翻弄される中国政府

習近平主席率いる中国政府は、ドナルド・トランプ氏が米国大統領に就任し

た時から，トランプ氏に翻弄され続けてきた。トランプ大統領誕生当時の中国政府の様子は近藤（2018）に詳しい。近藤（2018）によれば，トランプ新大統領（当時）は中国政府にとって全くの「白紙」であり，わかっていたことは「前例が通用しない政権」になるということだけだった，という。ただし，「トランプ氏は，TPPからの脱退を表明しており，それは「一帯一路」に対して追い風になると考えられる点，トランプ氏は実業家出身であり，「フィリピンのトランプ」ことドゥテルテ大統領が訪中し，中国から多くの経済援助と引き換えに南シナ海問題を穏便に解決することで合意できたように，金銭的に「ディール」で外交問題の多くを解決できるのではないか，と期待できた点，などの理由から，中国政府はトランプ氏の大統領就任を歓迎した」という。トランプ氏が大統領就任後，中国政府は，崔天凱駐米大使を中心に「攻略」に動くことになる。崔大使は佐々江賢一郎駐米大使から助言を受け，アリババの馬雲（ジャック・マー）会長を通してトランプ氏側に接近し，2017年4月6日，7日と南部フロリダ州のトランプ大統領の別荘「マー・ア・ラゴ」で初の米中首脳会談を実施することになる。

　米国を代表するジャーナリストであるボブ・ウッドワード氏の著書FEAR：TRUMP IN THE WHITE HOUSEを読むと，トランプ大統領は就任当初，対中貿易赤字を問題視している程度で，中国に対して現在ほどの攻撃的姿勢や関心は有しておらず，アジアへの関心はもっぱら，対北朝鮮政策にあったと考えられる。中国は北朝鮮に対して圧倒的な影響力を有しており，その中国を動かすために貿易問題を持ち出したという見方もある。初の米中首脳会談の夕食会でデザートを食べながら，トランプ大統領は習主席に対して，毒ガス攻撃を行ったシリアを59基のトマホーク巡航ミサイルで攻撃していることを伝えると，周主席が「理解できます。結構なことです，当然の報いですね」と応じたことからも，周主席が動転したことが分かる。通常，米国が軍事行動に踏み切った際，中国政府がこのように肯定することは非常に稀だからである。その後，中国政府は北朝鮮への経済的圧力を強めてゆくことになる。

　トランプ大統領は，北朝鮮問題に対する中国の協力が不可欠と考えており，

中国への圧力を強めることを当初は躊躇っていたという。ウッドワード(2018)によれば，ゲーリー・コーン国家経済会議（NEC）委員長とロバート・ライトハイザー通商代表は，中国の貿易慣行における知的財産権侵害を調査する承諾を，何か月もかけてトランプ大統領を説得することで得たという。当初の二ページの決定通知書に中国という言葉が5回出てくることについて，トランプ大統領は「なんにでも署名するが，声明では中国とはいいたくない」と抵抗し，最終的に中国についての言及は1回に落ち着いたという。この記述から，メディアでは，米国政府の中国への強硬姿勢はトランプ大統領の独断であるかのようなイメージが先行しているが，そうではないことがわかる。すなわち，中国の台頭と安定的な経済の拡大を米国全体として警戒しており，中国の「封じ込め」は米国の総意であり，たとえ政権が交代したとしても長期的に見ればその方針は受け継がれてゆくだろう。

(3)「中国製造2025」のゆくえ

米国がそこまで中国の台頭を警戒する要因のひとつが，「中国製造2025」に代表される中国のイノベーション戦略である。「中国製造2025」とは，中国国務院が2015年5月に発表した，製造業の持続発展とグレードアップを目指すイノベーション戦略である。それによれば，2025年までの第一段階で「製造強国」の仲間入りを果たし，2035年までの第二段階で中国の製造業レベルを世界の製造強国陣営の中等レベルにまで到達させ，さらに建国100周年となる2049年までを第三段階として「製造大国」としての地位を固め，総合力で世界の製造強国のトップクラスになる，という目標が掲げられている（高橋，2018）。木内（2018）によれば，「中国製造2025」は，インターネットと製造業の融合を推進させる，いわゆる「インターネット・プラス」と呼ばれる考えが盛り込まれており，製造業をデジタル化し，インターネット等を駆使して設計から製造までをシームレスに行うような，製造業の革新を促進する巨大プロジェクトである，ドイツの「インダストリー4.0」に強く刺激されているという。木内（2018）によれば，「中国製造2025」は欧米から強く非難されてお

り，特に米国政府がこの政策をことさら恐れるのは，中国の政治体制とも関係しているという。すなわち，「共産党がすべてを指導する中国で，ひとたび中国政府が，中国が世界の製造強国のトップクラスに立つということを国家目標に掲げれば，企業は採算度外視でその達成に向けて邁進することが予想される。実際にその実現に向けて政府は巨額の補助金，金融支援，政府調達での優遇などの手段を駆使して，企業を全面的にサポートする。そのもとで先端産業との争いに米国が敗れれば，民主主義のもとでの資本主義経済という体制が最善であるという，米国の基本理念が大きく揺らいでしまうことになりかねないからだ」，という（木内，2018）。

そのため，米国政府はさまざまな機会に中国の知的財産権問題を強く批判し，報復関税で揺さぶりを掛けながら，中国政府に「中国製造2025」の転換を求め続けてきた。その結果，日本経済新聞電子版によれば「複数の米メディアは12月12日，中国政府がハイテク産業育成策「中国製造2025」の見直しを検討していると報じた。中国企業が将来の先端技術を独占する色彩を薄め，外国企業の参加を認めるなどの修正案をつくっているという。トランプ米政権は同政策の撤回を要求しており，受け入れるかどうかは不透明だ。米紙ウォール・ストリート・ジャーナル（電子版）によると，中国は19年初めにも新たな政策を公表する見通しであり，品目ごとに国産比率の数値目標を設けていたが，これを取り下げることを検討しているという。米ブルームバーグ通信は達成目標時期を現行の25年から35年に10年間先送りする可能性があると伝えた。19年2月末を期限とする米国との協議をにらみ，対立激化を避ける狙いがあるとみられる」（2018年12月13日付）という。

（4）米中貿易摩擦と「アウトソーシング的イノベーションシステム」転換の可能性

米国商務省は2018年4月，米企業から中国通信機器大手の中興通訊（ZTE）への部品輸出を禁止する制裁を発動した。同社は半導体部品が調達できず，経営危機に陥った。ZTEは6月29日夜，殷一民（イエンイーミン）会長ら14人

第5章 「二重の不確実性」を越えて：米中貿易摩擦で揺れ動く中国のイノベーション

の取締役全員が退任すると発表した（朝日新聞デジタル，2018年6月30日付）。トランプ大統領の指先一つで中国を代表する巨大企業をいとも簡単に倒産の危機に追い込むことができるというこのニュースは，中国政府に衝撃を与えた。ただ，周主席自身は，この危険性をそのかなり前から認識しており，例えば2018年5月の中国科学院の総会では，「現実は繰り返し我々に伝えている。肝心なコア技術はもらえない，買えない，ねだってもいただけないものである。それを自分たちの手で習得してこそ初めて根本的に国の経済的安全を保障することが出来る」と述べたという（木内，2018）。以前から，コア技術に関する中国企業の弱さは指摘されており，「自主創新」の重要性がスローガンのように叫ばれてきたが，中国の国家主席が公式の場で前記のように明確にその「弱さ」を指摘したことは前例がなく，中国政府の危機感を感じ取ることが出来る。

中国はこれまで，困難や不足を巧みに利用して経済を拡大させてきた。1978年の改革開放は，社会主義経済体制の，実質的な，狭い意味での資本主義体制への転換のきっかけであったが，それは大躍進政策や文化大革命による経済的な低迷を「大義」として，社会主義体制の堅持を主張する守旧派を抑え込むことで成し遂げられた。中国の携帯電話機市場が飛躍的に発展したのは「山寨携帯」が重要な役割を果たしたが，それは「技術の不足」の状況を，「包」という古くから慣習として存在してきた請負のシステムを援用し「垂直分裂」という産業組織を構築することで克服したことは，前節までにおいて指摘したとおりである。

中国はこれまで，コア技術を外部に依存する，言い換えれば，最新技術を持つ企業をM&Aなどの形で買収する，または，古くはリバース・エンジニアリングのように製品を分解する，などの方法で獲得してきた。いうなれば，「アウトソーシング的イノベーションシステム」とも呼べる手法で技術獲得を続けてきた。しかし，米中貿易摩擦の影響で，中国による米国企業（外国企業）の買収は制限され，コア技術を含む，これまでのような技術の獲得は困難になった。トランプ大統領と周主席が首脳会談などで「ディール」に合意し，短期的

に米中関係が改善の方向に向かったとしても，米国大統領がトランプ大統領から変わったとしても，米国は中国の台頭は許さず，前記のような「困難」は，これからの中国に付きまとうだろう。中国政府は「中国製造2025」でもコア技術の獲得の重要性を強調しているが，周主席が上記のような演説をしたことを考えても，米中貿易摩擦という「困難」をこれまでのように上手く乗り越えるため，今後はコア技術の内製化と自主開発，すなわち，「自主創新」に本格的に取り組むだろう。

6. 結びにかえて

　印刷，製紙，羅針盤，火薬と，古代中国の四大発明は有名であるが，これに倣って，中国が進めている広域経済圏「一帯一路」に参加する20か国の若者による，2017年度における投票によれば，高速鉄道，支付宝（アリペイ），シェア自転車，ネットショッピング，が中国の「新四大発明」に選ばれたという（李，2018）。高速鉄道以外のすべてが，政府が推進したものではなく，中国の「草の根」から生まれたものである。「山寨携帯」の誕生以降，中国ではソフトウェアに関するイノベーションが急速に進んでいる一方，ハードウェアは山寨携帯やドローンなど「第二世代イノベーション」的な製品が中心である。イノベーションで生み出される製品をハードウェアとソフトウェアに分けるとすれば，ハードウェアの方が模倣は簡単に見えるかもしれない。しかし，一つのハードウェアを全て分解して，そこに使われている部品それぞれを作り出して組み上げれば製品が完全に模倣できる，というほどリバース・エンジニアリングは甘くはない。半導体ひとつにしても，その自給率を向上させ内製化するためには数十年かかるという指摘もある。中国で，AIやモビリティ，フィンテックなどソフトウェアに関するイノベーションがより進んでいる要因も，ここに求められるかもしれない。

　本章では，激しさを増す米中貿易摩擦や知的財産権問題を巡って揺れ動く中国のイノベーションについて，以下の二点から議論を展開してきた。第一に，

第5章 「二重の不確実性」を越えて：米中貿易摩擦で揺れ動く中国のイノベーション

これまで中国のイノベーションの中心であった「第二世代イノベーション」が企業の成長に真に貢献したかどうかを定量的に確認した。第二に，米中貿易摩擦や知的財産権問題の深刻化に伴い，中国のイノベーションは「二重の不確実性」―「構造化された不確実性」と米国による「外生的な不確実性」―に直面しているのではないかという問題意識のもと，米中貿易摩擦について政治経済学的に考察し，中国のイノベーションの行方を展望してきた。

第一の点については，三竝（2015）は，中国企業は長期の研究開発期間を要する自主イノベーションではなく，短期間で確実に成果が得られる低リスクの第二世代イノベーションを選択し，それが中国企業の成長につながったというブレズニッツとマーフリーの仮説を実証的に確認したが，本章前半では，その成果を修正・発展させながら，大規模企業データベースをもとに産業ごとの特徴を把握し，中国企業の発展に対する第二世代イノベーションの貢献について定量的に確認することができた。

第二の点については，米中貿易摩擦という「困難」を乗り越えるため，これからはコア技術の内製化と自主開発，すなわち，「自主創新」に本格的に取り組む可能性を示唆した。ただし，ここではその詳細までは踏み込まないが，産業特区を設定する，企業に補助金や助成金をつぎこむ，工業団地を造成する，など，これまで中国では数多くの産業政策が実施されてきたが，それらを見ると，政府が力を入れたものほど失敗する傾向にある。それは中国だけでなく，日本においても同様である。イノベーション政策においても，前記のように「コア技術」に対して「自主創新」といって政府が力を尽くしても，一朝一夕には上手くいかない可能性が高い。しかし，加藤（2013）が指摘するように，中国には非常に激烈な企業間の生存競争が存在する。そのような環境においては，生き残るためにイノベーション活動をほとんど行わず，模倣品や，デザインや仕様をわずかに変えただけの新製品を安価で販売することで価格競争に勝利し，短期的に収益を上げる戦略をとる企業が多く見られる。しかし，この戦略は，製品の同質化とそれに付随する価格競争の激化による利益率の低下という弊害を生む。それを避けるためには，やはり，他社製品と差別化ができるよ

うな新製品を開発する必要があり，R&D投資を伴うイノベーションに取り組むことが必要不可欠となる。

　李（2018）によれば，「中国では3G通信の普及と格安スマホが起爆剤となり，近年，アリババ集団の支付宝（アリペイ），テンセントの微信支付（ウィーチャットペイ）などのモバイル決済が急速に普及した。モバイル決済によってシェアリングエコノミーの新サービスが生まれ，膨大な利用人口から得られる膨大な数の決済が膨大なデータとして蓄積される。データの蓄積によって，個人の信用情報が整備され，新たなサービスに活用される。そこにベンチャーファンドなどの資金が世界中から集まり，人工知能（AI）など最先端分野のベンチャー企業が相次いで誕生している。すなわち，新サービス→データ蓄積→資金流入→新サービス→データ蓄積，の好循環が生まれ，モバイル決済は，ビッグデータと画像認識やディープ・ラーニングなどのAI技術との融合によって，2017年代後半から「無人スーパー」「シェアリングエコノミー」「スマートシティ」などの新サービスを生み出す母体になった」という。今後の中国のイノベーションは，このようなソフトウェアの方面により注目が集まってゆく可能性がある。ただし，前記のように，米中貿易摩擦という「困難」から，最新のコア技術を持つ外国企業を買収し，技術を獲得するということはこれから困難となることから，それを克服するため，今後はコア技術の自主開発，すなわち，「自主創新」にもより一層本格的に取り組んでゆくだろう。

　データなどのさまざまな制約から，これまであまり多くの研究がなされてこなかった中国のイノベーションについて，特に，本章前半部分においてその独自性の一端を実証的に明らかに出来たことは，本研究の貢献の一つであると考える。今後も中国は世界経済の中で非常に重要な位置を占めることは疑いなく，その持続的な発展が望まれる。中国経済の持続的な発展という文脈の中でイノベーションは必要不可欠な要素であり，今後もそれについて研究を続けてゆきたい。

第5章 「二重の不確実性」を越えて：米中貿易摩擦で揺れ動く中国のイノベーション

【参考文献】

Breznitz, Dan and Michael Murphree (2011) "*Run of the Red Queen: Government, Innovation, Globalization, and Economic Growth in China.*" Yale University Press.

Schumpeter, A. Joseph (1912) "*The Theory of Economic Development: An Inquiry into Profits, Capital, Credit, Interest, and the Business Cycle.*" Harvard University Press.（塩野谷祐一・中山伊知郎・東畑精一訳『経済発展の理論（上）』『経済発展の理論（下）』岩波書店）

加藤弘之（2013）『「曖昧な制度」としての中国型資本主義』NTT出版

加藤弘之（2016）『中国経済学入門』名古屋大学出版会

関志雄（2013）『中国 二つの罠 待ち受ける歴史的転換』日本経済新聞出版社

木内登英（2018）『トランプ貿易戦争—日本を揺るがす米中衝突』日本経済新聞出版社

近藤大介（2018）『習近平と米中衝突—「中華帝国」2021年の野望』NHK出版新書

髙橋洋一（2018）『2019〜世界と日本経済の真実—米中貿易戦争で日本は果実を得る』悟空出版

中川涼司（2007）『中国のIT産業—経済成長方式転換の中での役割』ミネルヴァ書房

日高義樹（2018）『アメリカに敗れ去る中国—安倍外交の危機』徳間書店

ボブ・ウッドワード（2018）『FEAR恐怖の男—トランプ政権の真実』伏見威蕃訳, 日本経済新聞出版社

丸川知雄（2007）『現代中国の産業 勃興する中国企業の強さと脆さ』中央公論新社

丸川知雄（2013）『チャイニーズ・ドリーム—大衆資本主義が世界を変える』筑摩書房

三竝康平（2015）「中国における第二世代イノベーションにかんする実証分析」『比較経済体制研究』第21号, pp.23-40

三竝康平（2018a）「本格化するイノベーション—新たな価値を生み出す「創造大国」への挑戦」『現代中国を知るための52章【第6版】（藤野彰編著）』第20章, 明石書店

三竝康平（2018b）「社会主義と市場経済—「曖昧な制度」が生み出す不確実性」『現代中国を知るための52章【第6版】（藤野彰編著）』第21章, 明石書店

山口亮子（2018）「「大衆創業, 万衆創新」起業ブームが広がった理由」『Wedge』2018年2月号, pp.14-17

劉曙麗（2014）「中国における企業の研究開発活動およびその決定要因の実証分析」

『中国経済研究』第11巻第1号
李智慧（2018）『チャイナ・イノベーション─データを制する者は世界を制する』日経BP社
渡邉真理子（2013）『中国の産業はどのように発展してきたか』勁草書房

三竝康平

第 6 章
中国の金融債務の実態と影響及び将来展望
—— 近憂と遠慮がともに求められるデレバレッジ

1. はじめに

　中国のサプライサイドの改革と経済体制の構造調整及び経済成長のスローダウンがはっきり見られたなかで米中貿易摩擦または貿易戦争が新たな不安定要因になり，金融・債務リスクへの懸念が大きく拡大し，これをテーマに書かれた論文やレポートも多く見られている。直近の『日本経済新聞』の「経済教室」欄でも「黄信号の中国経済」というタイトルで上中下3回にて足許の中国マクロ経済情勢に関する研究者の見解が報じられ，過剰投資と債務膨張による財政，経営への圧力増大と市場低迷および対策の手詰まりが浮き彫りにされている[1]。

　無論中国の金融債務問題は今に強く関心が持たれたものではなく，アメリカのサブプライムローン問題に起因した国際金融危機への中国大型財政出動（4兆元投資）の数年後に次第に問題視され，特に2011年と2014年の中国国家審計署の2回の調査による政府債務の状況報告によって関心が強まり，わけても大型投資の主役を果たした地方政府の債務問題が注目された[2]。おりしも中国

---

[1] 『日本経済新聞』の同特集記事は今年2月13日〜15日に掲載され，㊤「投資バブル後の構成不可避」（津上俊哉日本国際問題研究所客員研究員），㊥「軟着陸へ財政・金融政策カギ」（露口洋介帝京大学教授），㊦「目先の対応策，将来に禍根」（伊藤宏之ポーランド州立大学教授）の3テーマで取り上げられた。
[2] 筆者も研究論文「中国政府債務拡大について：その背景・影響および対策」（邵永裕，2017）を執筆したが，中国の債務問題は当時よりも広がりを見せ，政府部門から

政府は「新常態」(ニューノーマル) という穏健な成長路線に切り換え,「三去一降一補」(過剰生産力,不動産在庫,レバレッジの削減,コストの引き下げ,脆弱産業分野の支援) を主とする構造調整とイノベーション重視の政策が掲げられてきたここ数年の間に安定的な経済成長は基本的に確保され,第4次産業革命への呼応を目指すイノベーション(「大衆創業(しゅう),万衆創新(しゅう)」)も相当な成果が見られる一方,中国の債務状況は大きく変わってきており,構造化,重層化,長期化の様相さえ呈してきた。

これまで重要視されてきた地方債務に加え,非金融企業と家計債務といった民間債務も大きく拡大し,またその相互間の絡み合いと影響によって従来以上に対応しがたく,更に米中貿易摩擦の外部要因が加わり,中国の金融財政にこれまでにない試練を突き付けられていることは確かである。

本稿は上述を踏まえ中国債務問題の多様性や複雑性を可能な限り分かりやすく整理し,その背景要因と影響及び対策などを検討し,米中貿易摩擦の激化と長期化に向けての政策提言を行い,将来展望を試みる。

構造化,重層化,長期化となった中国の金融債務問題を捉えるために,以下では債務状況の全般動向を概観したうえ,4部門(非金融企業,家計,政府と金融部門)別の債務状況を考察したあと,その異同点や問題点を指摘し,また債務問題と投融資,貨幣供給など相関性を検証し,これらを踏まえて,政策上のインプリケーションとしたうえ,米中貿易摩擦による新たな外的ショックへの対応と金融債務の将来課題を提起し,全篇を結ぶものとする。

2. 中国金融・債務リスクの現状認識と債務動向の概観

昨今において中国政府(財政部主体)は主に自国ベースの統計調査で国内の債務状況を報告してきたが,国際決済銀行の統計データやIMFの報告書などを横目に見過ごすのではなく,特にマスコミや研究機関などの報道や論調を踏

民間部門へ拡大してきたことは確かである。

【図表6-1】主要経済体のレバレッジ比率の推移比較

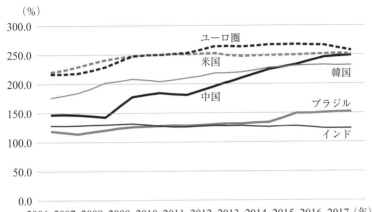

出所：中国人民銀行「中国金融安定報告2018」より引用。原資料は人民銀及びBISによる。

まえて債務問題に因む金融リスクに対して非常に重要視しており、冷静な状況認識と多様な対応策を行っていた。例えば、2017年の上半期だけでも財政部をさておき銀監会、保監会、証監会の3職能機関によるデレバレッジ関連の通達文書が20通以上制定・公布され、一昨年の中国共産党第19回全国大会以降の金融財政策の運営や先般に開催された中央経済工作会議でも債務管理の強化と金融リスク防止の取り組みが強調されてきた。

米中貿易摩擦に入った昨年3月以降に作成された「中国金融安定報告2018」（中国人民銀行編集執筆グループ）では米中貿易摩擦を新たなかく乱要因ととらえ、BIS統計に基づくグラフ（図表6-1）を文中に掲げて米国に比肩した中国のレバレッジ比率（債務総額のGDP比率）を強調し、警戒を喚起しているのも印象的である。

とは言え、サブタイトルが「中国デレバレッジ2017年度報告」となっている中国社会科学院研究者らによる新しい研究論文（張暁晶・常欣・劉磊、

【図表6-2】中国実体経済部門のレバレッジ比率の推移

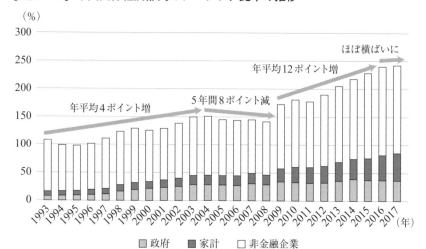

出所：張暁晶，常欣，劉磊（2018.8）より加工引用。原資料はBIS，人民銀，統計局，財政部，Wind，国家資産負債表研究中心による。

2018)[3] ではこれまで（1993～2017年）の中国のレバレッジの推移を主に三つの段階に分けて上昇から下降へまた上昇を経て2017年に横ばいに落ち着き始めた（図表6-2）ととらえ，同年を転換点として構造的にデレバレッジを進めていく過程や論理と見通しを論じ，若干早い時間に発表された論文（張暁晶・劉学良，2017）と同じく比較的これまでの債務削減の取り組み成果と楽観的な将来展望を示した。

それ以外の研究議論も特に中国の証券系レポートや日本の複数民間シンクタンクの新出レポートなど（関辰一，2018；三浦有史，2018・2019；岡嵜久実子，2018）も中国の家計債務と企業債務及び地方政府の隠れ債務の拡大と対

---

(3) 論文名は「結构性去杠杆：进程，逻辑与前景」（「構造的にデレバレッジ実施：道程，論理及び見通し」，『経済学動態』2018年第5期。第一著者である張暁晶氏は中国社会科学院科学院国家金融与発展実験室副主任，国家資産負債表研究中心主任を務めている。

【図表6-3】 中国の総債務規模の拡大とGDP比推移

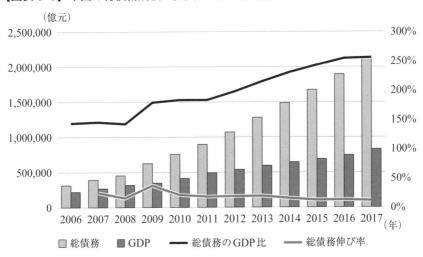

出所：BIS，中国国家統計局より作成。レバレッジは各債務の対名目GDPの比率を指す。

策難を取り上げている。

また日本の内閣府の年次レポート「世界経済の潮流」（2018年）でも主にBISとIFMの統計データを使って主要国の民間債務の動向を分析しているが，中国に関しては特に非金融企業特に国有企業の債務拡大と家計部門債務の急増を指摘し，金融リスクへの注意喚起をしている。

図表6-3にBIS統計による中国の総債務残高が確かに右肩上がりに増加しているが，GDPに対する比率（レバレッジ）はそれまでの5年次（2012～2016年）連続上昇と違って頭打ちになり，総債務の伸び率は金融危機直後の2009年をピーク（前年比37.5％）に次第に低下し，2015年に16％に下がり，2017年に史上最低の11.9％増を記録した。また図表6-4の分野別（政府，非金融企業，家計）債務の推移を見ると，3者とも残高を積み上げているが，最大規模の非金融企業のレバレッジが2016年に頭打ちになり，2017年に微減に転じたのに対して政府と家計部門のレバレッジが増勢を保ちながら重なってきた。つまり，最大規模の企業債務のレバレッジ低減が総債務レバレッジの低下に最も

【図表6-4】中国部門別の債務額とレバレッジの推移

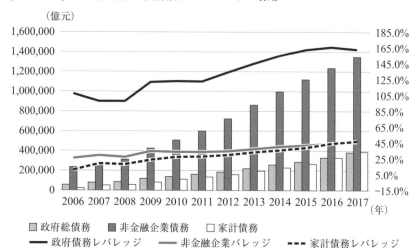

出所：BIS, IMF及び中国国家統計局より作成。レバレッジは各債務の対名目GDPの比率を指す。

寄与したといえる。

とはいえ，主要国と比べても中国の非金融企業債務のレバレッジが特段に高く（図表6-5），また家計債務のレバレッジも拡大してついに政府のそれを超えるようになったことから以下では先にこの2部門の債務動向を詳しく見ていく。

3. 非金融企業の債務動向

図表6-6のように，中国非金融企業の債務残高も2009年に最大の伸びを示してから伸び幅が低下し，2012年の反動を経て2017年まで下がり続け，同年の伸び率は初めて10％を割り込んだ（9.2％）。これが前述の中国のレバレッジ報告書で強調される成果でもあろう。

しかし，国際比較でみると，中国の企業部門債務の残高は2，3位の米国と

第6章　中国の金融債務の実態と影響及び将来展望

【図表6-5】部門別のレバレッジ比率の国際比較（2017年末）

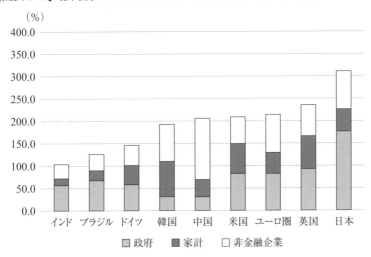

出所：図表6-1に同じ。

【図表6-6】非金融企業の債務残高と伸び率の推移

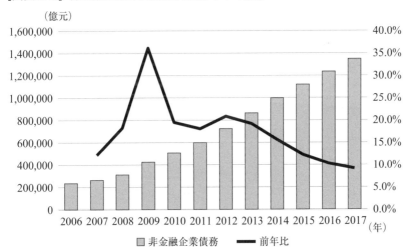

出所：BIS統計より作成。前年比は計算値。

【図表6-7】国別にみた企業部門債務残高の規模

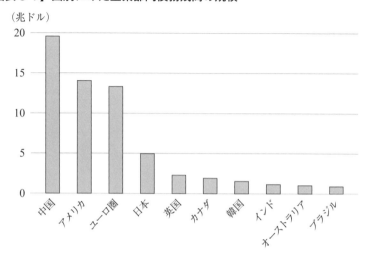

出所：内閣府「世界経済の潮流2018」より引用。データは2017年7〜9月期のもの。

ユーロ圏を大きく超えており（図表6-7），GDPに占める割合（レバレッジ）も世界一の水準に高まっている状況である（図表6-8）。中国は企業部門での債務増加が目立つ中でその8割前後を国有企業が占めているのが特徴である（図表6-9）。大きな経済規模を持つアメリカや日本，ユーロ圏の企業債務は規模的に中国より相当小さいことから見れば中国の企業債務の対応が非常に緊急な課題であることは明らかである。

なお，国有企業の債務規模が大きい背景にはもともとその融資を受けやすい立場にあることで長い間融資を拡大してきたことに加え，一般に収益性も民間企業より低いため債務の返済力も制約されていることなどが挙げられる（AMRO，2017ほか）が，2017年に入って国有企業債務の割合が明確に低減し，国有企業の債務に対する政府の関連対応策が奏功し始めたと考えられる。

企業債務の拡大の背景には，当然リーマン・ショック後の中国の4兆元景気対策によるインフラ建設などの実施が挙げられ，鉄鋼などの金属や建材の生産体制が過剰な業種で負債が膨らみ，国内での債券発行の急拡大も影響してい

第6章　中国の金融債務の実態と影響及び将来展望

【図表6-8】国別にみた企業部門債務残高のGDP比率

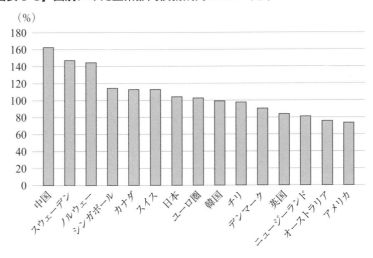

出所：図表6-7に同じ。

【図表6-9】中国の国有企業の債務残高のGDP比と企業債務に占める割合推移

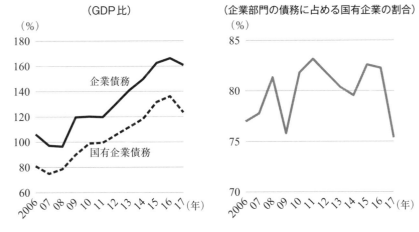

出所：図表6-7に同じ。

【図表6-10】業種別上場企業の資産負債比率の変化

(％)

業種		2008年	2016年	変化幅
全株企業（非金融）		51.21	39.43	−11.78
設備過剰または周期性業界	鉄鋼	64.56	67.40	2.84
	石炭	51.56	57.84	6.28
	不動産	61.51	66.91	5.40
一般製造業	電気設備	53.30	39.20	−14.10
	機械設備	52.91	35.07	−17.84
	自動車	56.96	42.77	−14.19
	家電	55.57	46.57	−9.00
	アパレル	52.57	33.23	−19.34
	軽工業品	53.70	37.67	−16.03
	食品飲料	42.64	31.56	−11.08
	バイオ医薬	42.13	29.16	−12.97
	エレクトロニクス	40.83	39.39	−1.44
	コンピュータ	39.31	30.46	−8.85

出所：李晩晴・田野（2018）「我国企業部門杠杆率及其債務風険的弁証分析」『金融監管』2018年第2期より引用。資産負債比率＝負債総額/資産総額×100％。

る。無論融資手段も多様化しており，いわゆる「影の銀行」（シャドーバンキング）による資金調達も多くなされてきた。

また，図表6-10にみるように，資産負債比率でみる非金融企業の国際金融危機以降のレバレッジ動向は従来の過剰設備業界（鉄鋼，石炭）と景気変動に大きく左右される周期性業界（不動産）において進み方が芳しくない（資産負債比率の変動幅の値がプラスになっている）のに対して一般製造業分野のそれはいずれもマイナス値になっている研究（李晩晴・田野，2018）から10年前の金融危機に対するインフラ投資の後遺症が長く続いていることが分かるほか，一般製造業のデレバレッジがこの間一定の成果を挙げられていることも言える。

とは言え，卓賢（2018）で指摘されたように，利益率が低いほど負債率が高いという負の相関関係が工業分野の41業種に対する分析で見られているので成長性に富む新興産業の中小民間企業にもっと金融面の政策支援を強化し，イノベーション事業を促進しなければならないという政策課題も大きい。

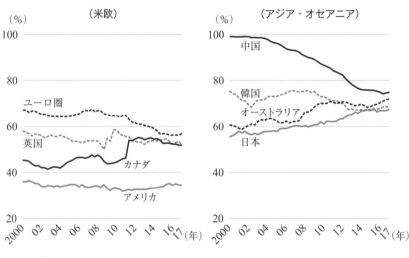

【図表6-11】民間非金融部門債務残高に占める銀行借入の割合推移比較

出所：図表6-7に同じ。

　図表6-11は民間非金融部門の債務残高に占める銀行借入割合の国際比較を見たもので，間接金融が主体である中国企業の場合当然ながら銀行借入割合が最大の比率を有したが，2000年過ぎてから下がり続け，70％台に高止まっている。

　このように，非金融企業の債務残高は引き続き拡大しているが，前年比でみると低減している状況であり，金融リスクがそれほど高くないと考えられる。

4. 家計債務の変化動向と原因

　企業債務とともに，近年大きく注目されているのが家計債務である。これまで最小規模であった中国の家計債務は2009年以降年平均24％のスピード（2017年も18％増。図表6-12）で増えたので今や政府債務と同規模に拡大し，政府債務よりも速いスピードで増えているため，いよいよ政府債務の規模を超えることになるが，国際比較でみると，日本やイギリスを上回っているものの

【図表6-12】中国の家計債務残高の推移

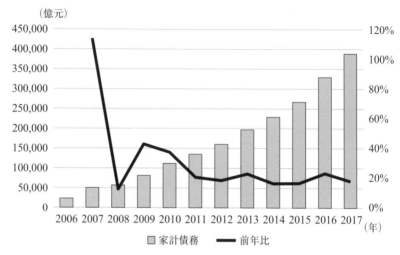

出所：BIS統計より作成。前年比は計算値。

ユーロ圏に次ぐ世界3位で米国の半分以下の水準である（図表6-13）。また国際比較でみた中国家計債務のレバレッジ比率はドイツや日本などに接近しつつもアメリカ，イギリス，カナダなどの上位組にはまだ相当開かれている（図表6-14）。人口レベルや経済発展の水準などから見ると，中国の家計分野債務の拡大には比較的大きな余地が残されていると思われる。

また地域間格差が大きい中国では家計債務の拡大状況に大きなばらつきがあるのも当然である。図表6-15でみると，経済発展が最も進んでいる3大都市圏（首都，長江デルタ，珠江デルタ）の家計債務のレバレッジが高いだけでなく，発展が遅れている中西部地域にも全国平均よりも高いレバレッジを示している行政区が見られている（甘粛省は広東，北京，福建よりも高い59.8％のレベルに）[4]。家計債務リスクの対応においても地域特性を重視する取り組み

---

(4) 内陸の複数地域の家計債務のレバレッジが高いのは諸要因があるが，中でもこれらの地域の所得水準が低い故返済能力も低いことが大きく関わっている。またこのことは中国の地方債務にも当てはまっており，つまり1人当たりGDPの低い地域（中

第6章　中国の金融債務の実態と影響及び将来展望

【図表6-13】上位5カ国・地域の家計部門債務残高の比較

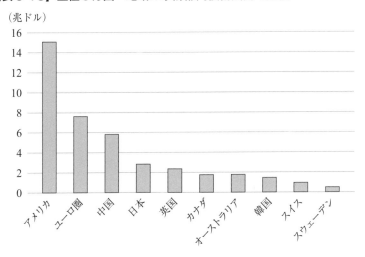

出所：図表6-7に同じ。

【図表6-14】家計分野レバレッジ水準の国際比較（2017年末）

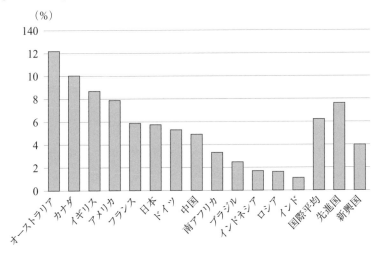

出所：図表6-7に同じ。

【図表6-15】中国本土各地域家計債務のレバレッジ水準比較

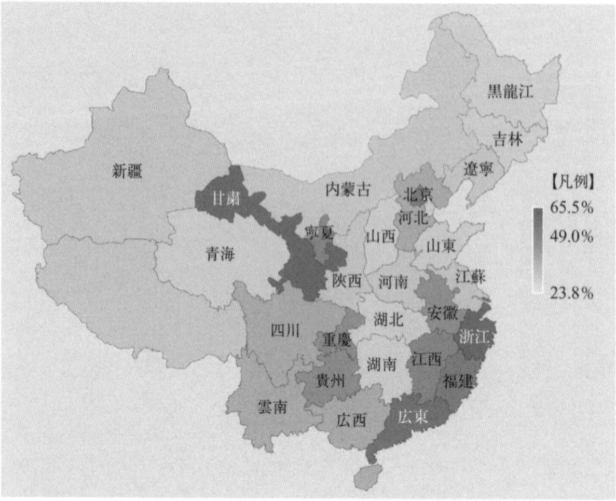

凡例
65.5%
49.0%
23.8%

出所：中国人民銀行金融安定局作成資料より引用。

が求められる。

　なお，中国家計債務の構成内容をみると，中長期の住宅ローンと短期の消費ローンが上位2大の項目になるが，住宅ローンの融資残高は2008の3兆元から2017年の21.9兆元（7倍以上増）に達し（図表6-16），同期間（2008～2017年）の家計債務における住宅ローンの比率も45％から54％の高い水準で推移している（図表6-17）。中国においても住宅ローンが最も大口の融資になっていることは変わらないが，中国の住宅価格が国際比較でも割高になっていることも確かである。不動産バブルと長らく言われていた中国で住宅価格が長い間基本的に高い水準で推移したが，2009年のように緩和的な財政・金融政策が取られると，大きな上振れが生じ，それに伴い家計の住宅ローンも大きく拡大した。2009年末の住宅ローン残高は前年比47.9％増（4.4兆元）で家計

西部内陸地域）ほど地方債務の対GDP比が高い状況は複数の研究（梶谷，2018ほか）で指摘され，貧困撲滅をはじめ2020年に目指される全国一斉の小康社会実現に向けて避けて通れない地域問題である。

第6章　中国の金融債務の実態と影響及び将来展望

【図表6-16】使途別にみる中国家計部門債務（ローン）残高の推移

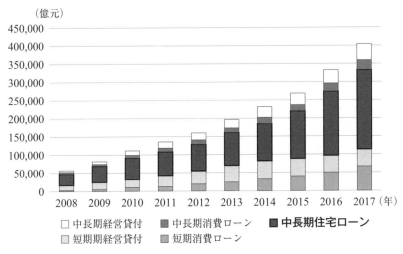

出所：中国人民銀行「中国金融安定報告2018」より引用。

【図表6-17】家計の住宅ローン残高と家計債務に占める比率の推移

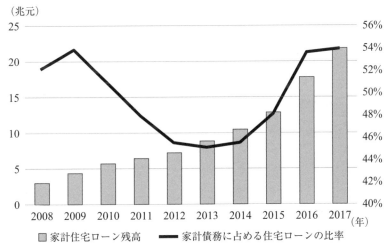

出所：中国人民銀行「中国金融安定報告2018」より引用。原資料は人民銀行による。

203

債務（8.2兆元）の伸び（43.3％）を上回っていた。

　家計債務における短期消費ローンは近年高く伸びてきた項目であるが，その背景には金融業の発展と個人消費の多様化とくにクレジットカードの普及によるところが大きい。家計債務に占める短期消費ローンは2008年の7.3％から2017年の16.8％に拡大し，伸び率も速く，2017年10月に同期比40.9％を記録したこともある。2012～2016における個人短期消費ローンの金融機関全貸出の割合は5.8～7.7％であったが，2017年に13.8％に高まってきた。その原因の一つとして住宅ローンの返済負担で家計の支出力が制約され，短期消費ローンがより利用されるようになったと考えられる。

5. 金融分野の債務拡大とその対応

　中国の債務状況を見る場合，金融機関の発展動向，経営基盤を見ることも大変重要と思うが，図表6-18に見るように，不良債権の比率が2011年以降2％以下の水準に抑えられていることは好ましい状況であるが，要注意債権残高と不良債権残高の規模が近年拡大傾向を続け，特に要注意債権残高がこれまでにない規模に増えたことは留意すべきであろう。

　ここで金融部門の債務動向を中心に見ていこう。中国金融機関の負債状況は2015年から大きく伸びており，2017年には130兆元を超え，GDPに対する比率も2012年の90％未満から2017年の155.4％に拡大した（図表6-19）。

　金融債務の中で最大の2項目は銀行理財商品資産残高とその他預金性公司債券外の負債（両者合計4割以上）であるが，資産運用となる理財商品の残高は2016年まで大きく拡大したのに対してその他預金性公司債券外の負債分は増勢を続けており，やがて前者を超えるであろう。これは理財商品に対する政府当局の規制強化によって資金が分流していると考えられる。ただ，他の項目の負債減少があったことでレバレッジが2017年に入って頭打ちになってきたようである（図表6-20）。

　ただ，国際通貨基金（IMF）のレポートでも理財商品残高の増加ぶりと

第6章　中国の金融債務の実態と影響及び将来展望

【図表6-18】金融機関の要注意債権残高と不良債権の動向

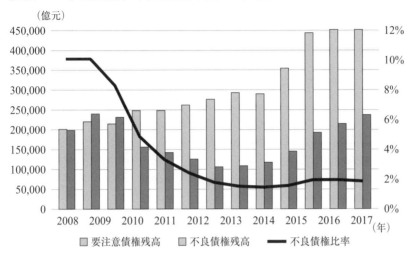

出所：中国人民銀行「中国金融安定報告2018」より引用。原資料は銀保監会による。

【図表6-19】金融分野の総負債額とレバレッジ動向

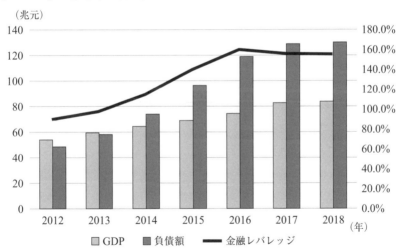

出所：Windおよび太平洋証券投資戦略報告より作成。2018年は5月時点の推計値。

【図表6-20】金融部門負債にける主要項目分野の推移

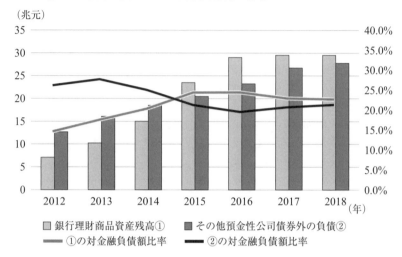

出所：Windおよび太平洋証券投資戦略報告より作成。2018年は5月時点の推計値。

GDP及び全預金残高に占める比率の大きさに着目している（図表6-21）だけに理財商品に関するリスク管理も大きな課題になることは間違わない。

このように，金融分野の債務も近年大きく拡大し，レバレッジ比率は非金融企業に比肩するほどになったが，またそれと同様に2017年に横ばいに転じてきた。その背景には過剰生産設備能力削減に伴う企業部門の投資需要の低下と大きくかかわるが，中国の社会融資規模を見ると2014〜2015の2年の低下を経て再び拡大方向に向かっており，新興産業やその他部門の需要がまだ底堅いように見えている（図表6-22）。

ここで試みに社会融資規模を横軸に，非金融企業と家計債務を横軸に散布図をプロットすると図表6-23のような非常にフィットの良い2本の回帰直線が描かれるが，社会融資規模と非金融企業債務額は非金融企業債務額が大きいだけにR2の値が更に大きくなっている。

その意味で社会融資規模の抑制を通じて債務リスクの管理を行うことが一つの政策手段になると考えられるが，絶対的ではないことは債務拡大の背景要因

第6章　中国の金融債務の実態と影響及び将来展望

【図表6-21】中国の理財商品残高の拡大動向

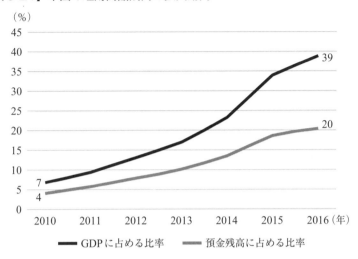

出所："IMFCountry Report No.17/358" より引用。

【図表6-22】中国社会融資規模の推移（2002～2017年）

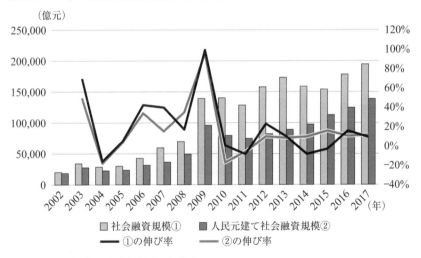

出所：中国政府（人民銀行）統計より作成。

【図表6-23】社会融資規模と非金融企業債務及び家計債務

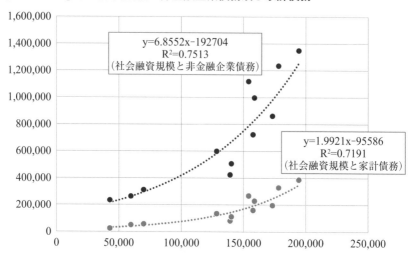

出所：中国政府統計及びBIS統計より作成。

と対策手段は複数にあり，時には相矛盾さえすることもあり，単純な対策を講じられないであろう。

6. 政府債務の動向と財政収支情勢

　中国における政府債務の統計は制度化されていないことはよく知られているが，中国審計署（日本の会計検査院に相当）の2回の調査（2011年と2014年）によって報告されてきたことで広く注目され，今でもこの調査報告が利用される。それ以来同署から新たな調査報告書が公表されておらず，それによる時系列的な研究分析ができない状況が続いている[5]。

---

(5) 無論，同調査は地方政府債務や融資使途，返済時期などに関してかなり詳しく集計されているので利用価値が高い。それによれば，2013年6月時点のGDPの50%に当る約30.27兆元。中でも地方政府債務が全体の6割を占める約17.9兆元に達しているので特に関心が持たれていた。また，中国社会科学院国家金融・発展実験室が公表

第6章 中国の金融債務の実態と影響及び将来展望

【図表6-24】中国政府債務残高のと対GDP比の推移

(兆元)

年次	中央	地方	合計1	合計2	名目GDP	GDP比1	GDP比2
2014年	9.6	15.4	25.0	25.8	64.4	38.8%	40.1%
2015年	10.7	14.8	25.4	28.7	68.9	36.9%	41.7%
2016年	12.0	15.4	27.4	33.1	74.4	36.8%	44.5%
2017年	13.5	16.5	30.0	38.4	82.7	36.3%	46.4%
2018年	13.4	16.6	30.1	—	90.0	33.4%	—

出所：中国財政部発表とBIS統計より作成。合計2とGDP比2はBISによる。

　図表6-24は中国財政部による発表数字とBIS統計の数字を見比べる形でまとめたものである。BIS統計による中国政府の合計債務は中国財政部よりやや多め（特に2017年に8.4兆元多い）になっているため、それによるレバレッジ比率（GDP比）も2017年10ポイント以上開かれている。

　実は中国地方債務の規模融資地方について最も議論と推計が分かれていることは中国政府が2014年以降公式にまとまった発表がなされていないことと大きく関係があることは言うまでもない。2017年に中国政府当局が地方債務の再調査に踏みきったと言われているが、いまだに調査結果が報告されていない。地方融資平台（LGFV）と大きく関わる当該債務の正体を掴むことが簡単ではないことは確かであるが、それによる憶測や疑心暗鬼の議論も多く出ているのも事実である。

　本稿でも経年的な変化動向を捉えるやめに、やはりBIS統計を利用するしかないが、図表6-25のように、中国政府部門の債務が前述の国家審計局の調査報告があった翌年の2014年から2年間の低い伸びに転じたものの第13次5か年の開始年である2016年にはまた上昇傾向に変わり、2017年には15%強の伸びになっている。つまり政府債務のデレバレッジは基本的に成果が上がってい

した「中国国家資産負債表2015―レバレッジ調整とリスク管理」では2014年末までの地方政府の負債総額は30兆2,800億元だったことを明らかにしたが、中国でも数字の不一致が生じていることも問題である。なお、地方政府債務に関して拙稿（2017）ではこれらのデートを利用して詳しく紹介しているので参考されたい。

【図表6-25】 中国政府債務の推移動向

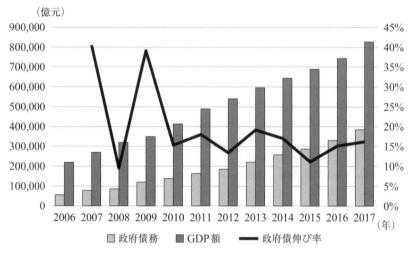

出所：BIS統計より作成。前年比は計算値。

ないことが言える。

その最も大きな要因は政府部門の財政状況によることは自明だが，従来の土地収入の依存度が低下した中で財政赤字が2015年から大きく拡大し，2017年に続いている（図表6-26）。政府債務の残高は財政赤字と強い正の相関関係を有しているので財収以上の伸び率で増加する財出を賄うために債務を増やすしかなすすべがない。

一方，財政支出の多くが向かう固定資産投資の動向を見ると，2014年から大きく伸び悩み，2015年に10％以下に転落した（図表6-27）。これはまた近年の中国経済のスローダウンの状況をうかがわせているが，固定資産投資は基本的に政府債務だけでなく，企業債務とも強い相関関係を持つものと想定できるのでそれらの関係を検証すると，図表6-28のような当てはめの良い2本の回帰直線が得られる。つまり，固定資産投資は政府債務だけでなく企業債務（非金融系）とも極めて強い相関関係を有しており，固定資産投資の抑制は企業と政府債務の抑制には有効であることが言える。

第6章　中国の金融債務の実態と影響及び将来展望

【図表6-26】中国の財政収支の長期的推移

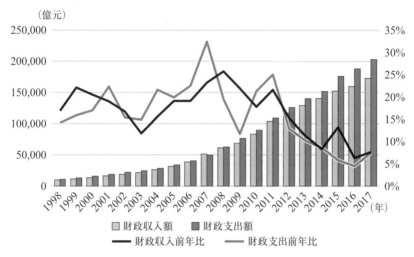

出所：中国国家統計局より作成。

【図表6-27】中国固定資産投資の長期的推移

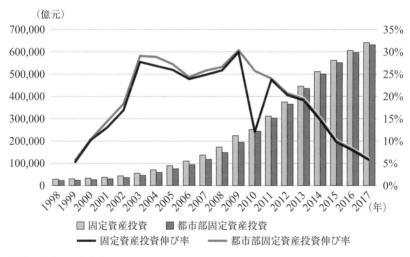

出所：図表6-25に同じ。

211

【図表6-28】固定資産投資と企業債務・政府債務の関係

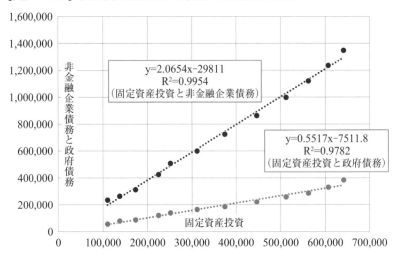

出所:中国政府統計及びBIS統計より作成。

　第4節でみた社会融資規模が非金融企業及び家計債務と強い相関関係を持つように、経済成長を大きく左右する固定資産投資は中国の企業債務及び政府債務に大きく影響するため今後の経済成長維持と企業と政府債務を監督管理するうえで一定のアプリケーションになると思われる。これに加え、通貨供給量（M2）も固定資産と政府債務との間でより強い相関関係が検出されるので適度に貨幣供給量の抑制を行うことも固定資産投資または政府債務の管理抑制にも重要な意義があり、財政政策のみならず金融政策の実施も過剰投資と過剰債務の抑制や金融リスクの防止に有利と考えられる（図表6-29）。

7. おわりに

　上記のように、本稿はこれまで強く関心を持たれた中国の債務問題について、利用可能なデータや資料をもとに分野ごとに考察し、その拡大状況と傾向及び原因を検討してきた。各分野（政府，家計，金融・非金融企業）とも程度

【図表6-29】中国の通貨供給量（M2）と固定資産投資・政府債務

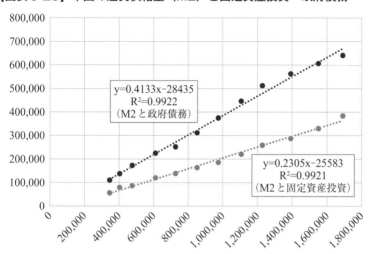

出所：図表6-28に同じ。

こそ異なるが，みな債務残高を拡大している。ただ最大規模の非金融企業の債務伸び率が鈍化し，各分野の中で最も顕著に前年比が低下する傾向が現れているのでデレバレッジの取り組みが最も効果が上がっている分野とも見ることができよう。その意味で中国の構造改革（パターン転換）とグレードアップは企業債務の抑制と効率化，新興産業の育成において一定の進展があったと思われる。

しかし，比較的に規模の小さかった家計債務がいまだに高い比率で増えており，政府債務と同等な規模になったため金融リスクの対応を図るうえで注意が求められるだけでなく，不動産価格の適正化や地域所得格差の改善などの関連策も必要であろう。金融機関の債務残高も近年顕著に拡大したが，不良債権比率が相当低い水準に抑えられているので大きなリスク発生は考えにくいが，要注意債権や不良債権の残高が拡大傾向にあるので油断は許されない状況である。

最も憂慮すべきはやはり政府部門とくに地方政府の債務問題であり，基本的

【図表6-30】 中国のサプライサイドの改革の概念図

需要側の3大要素　　　　　　　　　　　　　　供給側の4大要素

投資／消費／輸出 ＞ 需要側の刺激 → 供給側の改革 ＜ 労働力／土地／資本／イノベーション

需要側の刺激 → 経済成長 ← 潜在的経済成長 ← 供給側の改革

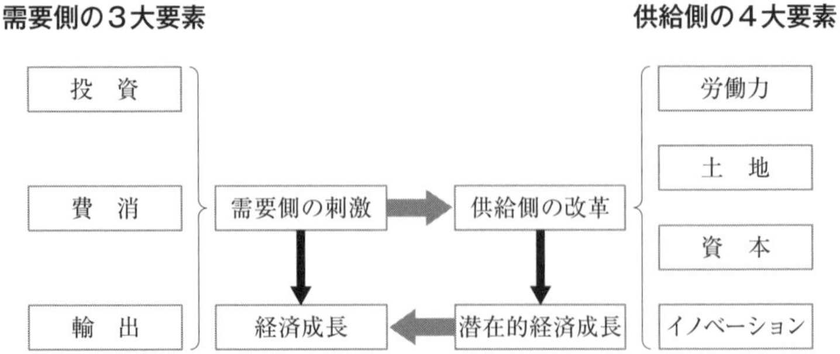

出所：海通証券「債務周期分析：中国経済分析框架」(2017.9.7) より加工・引用。

に歯止めがかかれていないのが実態であろう。これについては後述でまた触れる。

　全般的には，やはり冒頭で触れたように，中国の債務問題は構造化，重層化，長期化に向かう傾向が出てきており，一朝一夕に単純な政策手段で善処できるものではない。債務問題は経済の発展段階にできたものである以上，総合的な対策で時間をかけて対応していく必要があり，特に債務問題と財政収支との関係や固定資産投資及び貨幣供給，社会融資規模とも強い相関関係ひいては因果関係を有するので財政・金融政策の手段を採用するうえでもこれら関係をうまく処理することが必要である。

　2016年に入ってから中国は「三去一降一補」という構造改革に本腰を入れて取り組みを進めてきたが，道まだ半ばにして国内よりも米中貿易摩擦の深化または長期化という大きな外圧に遭遇することになった。中国の構造改革はこの外部要因により大きく阻害を受けることが考えられ，予期目標の到達が難しくなる恐れあり，債務問題の対応も一層難しくなったことも事実である。

　図表6-30に示す中国のサプライサイドの改革の概念図から見ると，経済成長と諸要因の関係がより分かりやすくなるであろう。米中貿易摩擦は供給側の諸要素に影響を及ぼす可能性があるだけでなく，需要面特に消費と輸出の二つの成長エンジンに直接影響を与える可能性が高く，企業，家計及び政府の債務

【図表6-31】中国経済成長の供給と需要両面の主要素のマトリックス（相関行列）

列項目＼行項目	貨幣供給量	社会融資規模	GDP規模	固定資産投資	政府総債務	非金融企業債務	家計債務	総債務
貨幣供給量	1.000							
社会融資規模	0.882	1.000						
GDP規模	0.996	0.895	1.000					
固定資産投資	0.996	0.877	0.994	1.000				
政府総債務	0.996	0.864	0.989	0.989	1.000			
非金融企業債務	0.998	0.867	0.992	0.998	0.995	1.000		
家計債務	0.992	0.848	0.983	0.981	0.998	0.991	1.000	
総債務	0.999	0.864	0.992	0.995	0.998	0.999	0.995	1.000

出所：中国政府統計及びBIS統計により作成。

問題も更に拡大することが予想される（梶谷懐，2018）。

これまで重要視されてきた供給側の諸要素のうちの資本関連に関してそのほとんどすべてが互いに極めて強い相関関係を有する状況にあるだけに（図表6-31），債務拡大による金融リスク管理対応が経済成長への抑制にもなりかねず，また土地，労働力の諸要素もただでさえタイトな状況にある中で米国による中国への厳しい構造改革上の要求は中国の自主的な構造調整の足並みと道のりを混乱または遅延させてしまう恐れが大きいものと思われる。

特にいまだに解決されていない地方融資平台（LGFV[6]）とシャドーバンキング（影の銀行）による地方債務拡大問題は更に悪化する恐れがあろう（図表6-32）。

現に公表されている地方債務に加え，LGFVがらみの地方政府の隠れ債務32兆元以上とされている研究もある（図表6-33。40兆元の説もある）。

---

[6] 中国の地方政府債務の増大は大きく関連している。中国地方政府は慢性的な資金不足に加え，財政規律を維持するために地方債の発行も制度上禁止されていたため，LGFVの設立運営を通じて借入や債券発行を進め必要な資金調達を行った。一方，シャドーバンキング（影の銀行）を通じた資金調達も増加（1.6兆元の説もある）。影の銀行による地方政府の違法・違反融資行為に対し中央政府か禁止令が出されていたが，明確な効果が見られなかった。

【図表6-32】LGFVと影の銀行による地方政府債務形成の構造

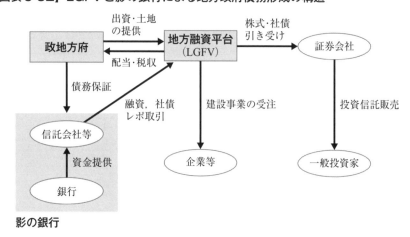

出所：梶谷懐「中国経済のリスク要因—影の銀行と地方債務問題を中心に」，「2013年10月23日ERINA賛助会セミナー」資料より修正・引用

【図表6-33】融資チャネルに見た地方政府隠れ債務額

融資チャネル	地方政府融資平台（LGFV）への投資枠（兆元）
銀行融資	17.10
融資リース	0.46
証券投資信託基金	0.60
ファンド子会社	0.63
信　託	3.78
保険債権投資計画	1.87
城投債	7.02
政府性基金とPPP案件	3.10
政府予算納入済分削除	−1.70
合　計	32.86

出所：海通証券研究所集計・公表資料より作成。

　企業と家計債務も基本的に銀行融資と不可分の関係にあるため（図表6-34），今後の景気低迷による企業と家計両部門の債務拡大も予想され，銀行

【図表6-34】中国の銀行金融商品と企業債務の関係

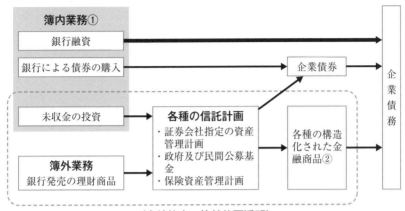

〈点線枠内：比較的不透明〉

出所：ASEAN+3（日中韓）マクロ経済調査事務局（ASEAN+3 Macroeconomic Research Office：AMRO）(2017) より加工引用。①「簿内業務」とは通常取引のことを意味する。②の金額規模はシャドーバンキングの債務金額に相当。

の不良債権の拡大も余儀なくされよう。それにより中国の金融リスクが高まっても低下することが考えにくいであろう。

　実際貿易摩擦に入った直後の2018年6月現在（BIS統計）の中国非金融企業債務のGDP比が155.1％に大きく低下した（2017年の163％）ものの，家計債務が同50.3％を記録し，これまでの最高水準となってきた（2017年は47％）ので実体経済への債務リスクが拡大していると見てよかろう。

　目下，アメリカが中国に「徹底的な構造改革」を求めているが，それはあくまでもアメリカの国益を第一に考えている場合のことで中国または世界の利益を考ええていないはずである。

　これまでの米中交渉を見ると，中国側の度重なる譲歩で終わっているが，すでに現れ始めた構造改革の成果が水に流されないためにも中国は守るべきは守って，特に米国が迫る金融分野の急速な開放拡大や新興産業への政府支援，企業のイノベーション事業の奨励などは譲らずに堅持していくべきであろう。

　中国の債務状況は確かに増大しているし，金融リスクも高まっているが，し

かしだからと言って中国発の世界金融危機や中国発のサブプライム問題が襲ってくる可能性も高まったとは言えない。貿易摩擦による経済影響が見られる中，中国著名な経済学者（中国金融40人論壇の高級研究員張斌氏）が債務抑制，リスク予防を重視する必要があるが，一方では新たに財政出動策を取る必要や余力も中国にはあると新しい論文（張斌，2018）で主張している。筆者は100％賛成でなくても，重要分野（例えば，環境保護，貧困撲滅，農村地域のインフラ整備など）や新興産業（AI，IoT，新エネ・省エネ，ヘルスケアなど）への財政支援や政府ファンドによる助成強化が必要不可欠と考える。つまりサプライサイドに必要不可欠な新しい促進要素であるイノベーションへの財政支援に手を緩めることができなく，貿易摩擦による影響解消を図る上でもそれが必要であると考える。その根拠は政府による産業政策の必要性に加え，中国の財政収支の許容度もまだ高いことがあるからである。

　世界主要国の2008～2017年の財政赤字の年平均値（図表6-35）を見ても中国は最も低い水準にあり，昨年でも財政赤字率は2.8％程度にとどまっており，2017年にわたっても3％台に維持されると見られている（図表6-36）。

　また中国の貯蓄率も高く，債務リスクの防止に有利だけでなく，今後の市場需要の促進にもプラス要因になる。世界第2位の経済国として今でも6％以上の経済成長を保っていること自体奇跡に近いうえ，世界一の外貨準備と世界2位の外国直接投資受入れ国としても外的ショックに耐える力が高いことも言えよう。しかし，財政赤字と債務膨張の重荷は「負の資産」として未来世代に残さず，世代衡平の実現を如何に図っていくかが中国のみならず世界多数国の共同課題であることは間違いなく，その意味でも中国は現在にも将来にも金融債務のリスク対応とデレバレッジの実施を地道に貫くべきである。

　近年中国における債務問題は政府部門から民間部門にくすぶっているが，国際経済機関（世銀，BIS，IMFなど）[7]，中国政府特に金融財務担当機関，政府系シンクタンクなどがこの問題を極めて重要視しており，さまざまな注意喚

---

(7) 例えば，世界銀行/中国財政部（2015），IMF（2017），BIS（2018）など。

【図表6-35】2008〜2017年主要国の財政赤字平均値の比較

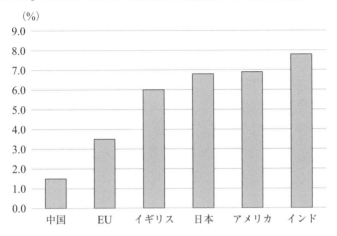

出所：張斌（2018）「財政政策"開前門"」より作成。

【図表6-36】中国財政収支額と赤字率の推移予測

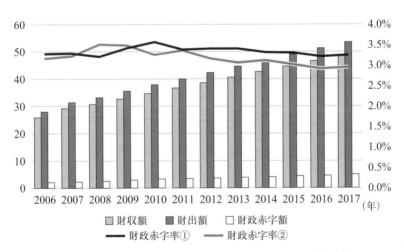

（注）左軸の金額単位は億元。財政赤字率①はWind, Ceicにより、財政赤字率②はIMFによる予測値。
出所：図表6-35に同じ。

起と取り組みを進めており(8)，一定の成果を収めている。米中貿易摩擦による外圧が強まるなかで経済成長の確保を図る上で財政出動，債務増大の圧力が増大しているが，節度ある穏健的な財政金融政策をバランスよく取っていく必要があり，国内経済成長の確保と国際協調の対応（目下主に対米順応）のかじ取りが実に難しく中国政府指導部とくに主要当局機構の手腕と知恵が問われるだけでなく，米国側の理不尽過ぎなく，世界大局への広くて遠い坦懐と胸襟が求められる。その意味で中国では近憂と遠慮がともに求められているデレバレッジの実施が切実であり，また国内外両面の努力と協力が必要であろう。

【参考文献】

ASEAN+3（日中韓）マクロ経済調査事務局（ASEAN+3 Macroeconomic Research Office：AMRO）（2017）
https://www.amro-asia.org/wp-content/uploads/2017/12/

祝迫得夫（2012）『家計・企業の金融行動と日本経済：ミクロの構造変化とマクロへの波及』日本経済新聞出版社

宇沢弘文・花崎正晴編（2000）『金融システムの経済学：社会的共通資本の観点から』東京大学出版社

岡嵜久実子（2018）「中国の地方債務問題」，財務総合政策研究所主催研究会講演資料，2018年10月2日
https://www.mof.go.jp/pri/research/seminar/fy2018/lm20181002.pdf

梶谷懐（2011）『現代中国の財政金融システム：グローバル化と中央―地方関係の経済学』名古屋大学出版会

梶谷懐（2018）『中国経済講義』（中公新書2506），中央公論新社

姜超（2017）「債務周期分析」海通証券『宏観研究』2017年9月7日

剛猛（2017）「監管風暴下的地方債務生態」『財経』2017年5月15日

国際決済銀行（BIS）（2016）"BIS International banking and financial market devel-

---

(8) 紙幅の制限で本稿はこれまでの中国政府による債務対策に関して触れられなかったが，地方政府及び国有企業の債務問題の主な対策として債務の株式化とPPP（官民連携）による公共投資の推進などが実施されているが，一定の成果が挙げられている反面，課題も多く残されている。詳しくは梶谷懐（2018），邵永裕（2017），関辰一（2018），三浦有史（2018・2019）などを参照されたい。

opments" BIS Quarterly Review,September 2018.
https://www.bis.org/publ/qtrpdf/r_qt1809.pdf.
国際通貨基金（IMF）（2017）"PEOPLE'S REPUBLIC OF CHINA FINANCIAL SYSTEM STABILITY ASSESSMENT-PRESS RELEASE AND STATEMENT BY THE EXECUTIVE DIRECTOR FOR PEOPLE'S REPUBLIC OF CHINA", December, 2017.
呉曉求（2017）『中国資本市場研究報告（2017）』中国人民大学出版社，2017年
周哲（2017）「特別報道：地方債治乱」『財経』2017年3月6日
邵永裕（2009）「国際金融危機下における中国金融政策の展開」福井県立大学編『東アジアと地域経済2009』京都大学学術出版会
邵永裕（2017）「中国政府債務拡大について：その背景・影響および対策」郭四志編著『中国経済の新時代：成長パターンの転換と日中連携』文真堂
周雨・金達莱（2018）「去杠杆全景図」太平洋証券『投資策略報告』2018年8月6日
世界銀行/中国財政部（2015）「地方債務管理与重組：国際経験教訓」
http://doc.mbalib.com/view/49473c2f627cedfdc862bc5bbdb9e541.html
関辰一（2018）『中国経済成長の罠』日本経済新聞出版社
曾岩・陳莉敏（2018）「対標日米：去杠杆已至第二段階末期」華泰証券『証券研究報告：策略研究/深度研究』2018年7月19日
卓賢（2018）「金融膨張与中国経済転型」『財経』2018年6月4日
張暁晶・常欣・劉磊（2018）「結構性去杠杆：進程，逻辑与前景—中国去杠杆2017年度報告」『経済学動態』2018年第5期
張暁晶/劉学良（2017）『中国発生主権債務危機可能性極低』国家資産負債表研究中心WEBサイト掲載論文
http://www.nifd.cn/Paper/Details/328
張斌（2018）「財政政策開"開前門"」，中国金融四十人論壇2018年第2四半期マクロ政策報告（総第36期），2018年7月29日
http://www.cf40.org.cn/uploads/PDF/20181112.pdf
陳建奇（2017）「政府債務風険的誤読」『財経』2017年第11期
内閣府（2018）「民間債務からみた世界経済のリスクの点検」『世界経済の潮流2018』2018年
範一飛他（中国人民銀行金融安定小組）（2018）『中国金融安定報告』2018年11月
三浦有史（2018）「着地点がみえない中国の過剰債務問題—債務の株式化が示す政策の矛盾」RIM環太平洋ビジネス情報Vol.18, No.70.

三浦有史(2019)「中国が直面する家計債務増加のリスクとジレンマ」JRIレビュー
　　Vol.3, No.64.
李晩晴・田野(2018)「我国企業部門杠杆率及其債務風険的弁証分析」『金融監管』
　　2018年第2期

邵　永裕

第7章
1980年代後半の日米半導体摩擦：
米中ハイテク摩擦への教訓

1. はじめに

　中国の経済成長に伴う輸出拡大によって米国の対中貿易赤字が拡大し，さらには情報通信など中国のハイテク産業が急速に米国にキャッチアップする中，米中の対立が鮮明になりつつある。米国は不公正な貿易によって中国が自国の製造業の雇用を奪い，また安全保障上も重要なハイテク技術をさまざまな方法で不当に入手していることを背景に，安全保障や知的所有権侵害を名目に，中国からの輸入に対して追加関税を課し，これに対して中国も報復関税で対抗した。特にハイテク産業での中国企業のキャッチアップは米国の技術覇権，そして安全保障にも関わることもあり，現在米中の対立はエスカレートし，情報通信で世界市場に台頭してきたファーウェイの幹部を対イラン禁輸に関わる詐欺の容疑で逮捕したり，中国企業による技術獲得を防ぐために対米投資を審査・制限する法律を強化したりするなど，対立の中心は貿易摩擦から技術摩擦に移りつつある。この対立は両国に大きな損害を与えているだけでなく，米中の関税引き上げによって世界的に株価の下落や生産拠点の移転がみられるなど，グローバルなサプライチェーンが発達した世界経済において，大きな混乱要因となっている。

　この米中のハイテク摩擦の問題を考えるにあたり，1980年代から1990年代にかけての日米貿易摩擦が参考になる。日米貿易摩擦は，1980年代に日本の産業が高度化し，当時米国の主要産業であった自動車や半導体などで米国企業

のシェアを奪い対日貿易赤字が拡大する中で発生した。当時，日米間でも，日本の自動車市場や半導体市場が閉鎖的であること，それが対日貿易赤字や米国の失業の一因になっているとして，2国間交渉の下で自動車や半導体貿易の管理につながった。またハイテク産業であり軍事的にも重要な米国半導体産業の競争力低下は国家の安全保障上も問題であるとして，管理貿易による日本企業の弱体化に加え，知的所有権保護の強化やハイテク技術を持つ米国企業の買収阻止など，現在の米中ハイテク摩擦に見られるような，米国の技術覇権を守るためのさまざまな措置が講じられた。

本稿の目的は，そのような日米のハイテク摩擦が，両国，およびその通商関係にどのような影響を与えたのかを考察することを通じて，現在の米中のハイテク摩擦に対する教訓を導き出すことである。

本章の構成は以下の通りである。まず第2節では，現在の米中ハイテク摩擦の背景とその全容を概観する。第3節では，日米ハイテク摩擦を半導体摩擦を中心に振り返り，その2国間交渉とその影響を評価することで，米中摩擦への教訓を導き出す。

2. 米中ハイテク摩擦と経済覇権をめぐる戦い

(1) 米中ハイテク摩擦とその背景

中国は現在，投資主導型の経済成長が減速し，一方で賃金の上昇による労働集約型産業の競争力低下や素材産業の供給過剰などの問題を抱えるようになっている。これらの問題を克服するために，中国は産業構造の高度化，投資主導型から消費主導型経済への移行を目指し，そのためのイノベーション力の向上，企業効率の向上，品質向上，さらには情報化と工業化の高度な融合による第四次産業革命の実現による，「製造強国化」を目指している（郭編，2017；経済産業省，2018）。

実際に，中国のイノベーション力は近年急激に上昇している。図表7-1は主要国の国際特許出願件数の推移を2000年から2017年について見たものである

【図表7-1】主要国の国際特許出願件数の推移

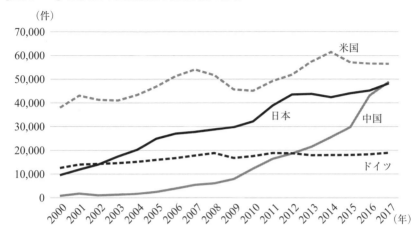

出所：経済産業省（2018）より筆者作成。

が，2000年には米国が1か国で国際特許出願件数の40％を占めていたものが，中国の出願件数が特に2010年代に急増し，その結果，世界第2位の日本を2017年についに追い越し，米国に追いつきそうな規模にまで上昇している。これは中国が世界でも最も活発にイノベーション活動を行っている拠点へと成長していることを示している。

現在中国政府は，「製造強国化」を進めるべく，国民経済・社会発展第13次5か年（2016年から2020年が計画期間）において，「中国製造2025」を掲げた。これは製造業のイノベーション能力の向上や情報化と工業化の高度融合をはじめとする9つの戦略任務を掲げ，10の重点分野として，①次世代IT産業，②高級NC工作機械とロボット，③航空・宇宙用機器，④海洋土木設備及びハイテク船舶，⑤先進型軌道系交通設備，⑥省エネ・新エネ車，⑦電力機器，⑧農業設備，⑨新材料，⑩バイオ医薬品及び高性能医療機器を指定し，2025年までに多くの重点品目の国産化率を60〜80％の水準に引き上げ，2035年までには世界のイノベーションをリードする能力を形成し，2049年の最終ゴールの際には総合的な実力において世界トップレベルの製造強国と肩を並べ

【図表7-2】米中の技術別国際特許公開件数の推移

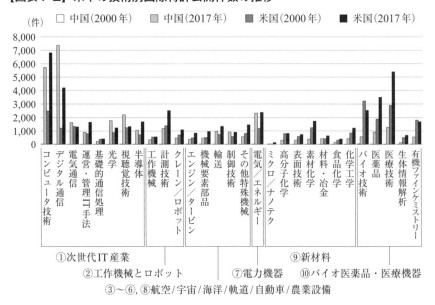

出所：WIPO Statistics Databaseを使い経済産業省（2018）が作成した表から筆者が作成。

るとするものである。中でも，次世代IT産業の分野である情報通信の分野での研究開発に力を入れ，デジタル通信やコンピュータ技術の分野での国際特許公開件数は急増し，その分野での技術開発力は世界トップレベルになりつつある（経済産業省，2018）。

図表7-2は2000年と2017年の米中の国際特許公開数を「中国製造2025」の重点10分野に分類し，両国を比較したものである。以上の研究開発活動の急拡大の結果，図が示す通り，2000年にはすべての分野の各項目において50にも満たなかった中国の国際特許公開数はこの17年で急増した。その結果，2017年には①次世代IT産業の分野ではコンピュータ技術やデジタル通信を中心に，全般的に中国の特許の方が多く，すでに研究開発において中国が優位性を持ち始めている。中でも次世代IT技術の核ともいえるAIや5G，そして次世代スーパーコンピュータなどで，中国はすでに米国と同等かそれ以上の技術

を持つといわれている。企業別の特許出願数でも，中国の通信機器メーカーのファーウェイやZTEは近年急激に特許出願数を増やし，2017年現在で世界の1,2位を占め，特にファーウェイは5G関連の特許で世界の29％を占めトップに位置する（日本経済新聞，2019年2月4日）。②の工作機械やロボット，③〜⑥，⑧の航空・宇宙や自動車など，そして⑨の新材料では米国がやや強く，⑩のバイオ医薬品・医療機器では米国が圧倒的に強いものの，全般的に中国のキャッチアップが著しい。

このようなハイテク産業での中国の急激な台頭に対して，競合する米国は自らの技術覇権に挑戦するものとして強く警戒するとともに，以上の重点産業に対して国家がさまざまな支援策を講じることで世界の技術覇権を握ろうとする「中国製造2025」をはじめとした政策に，以下を主な理由に大きな非難を浴びせている。

1. 産業発展における政府介入：中国が政府主導で国家資源を特定の産業や分野に大量に動員することで，イノベーション，海外技術の導入，設備投資を支援している（関，2018）[1]。事実，金融，エネルギー，鉄鋼や自動車などの優良企業の大半は国有企業である。国や地方政府により経営者の責任を追及せず，また損失を補填する形で行われる資金供給は「ソフトな予算制約」となることで企業の過剰投資の一因となり，鉄鋼やアルミなどで世界的な生産過剰にもつながった（郭編，2017）。「中国製造2025」では政府の支援の強化と世界での競争力強化が宣言されており，これは世界市場での価格の低下をもたらすだけでなく，海外企業の撤退などにもおよび，自由市場による効率的な国際分業のゆがみをもたらす可能性がある。例えば現在中国が育成を急いでいる半導体産業でも，半導体の自給率を2020年に40％，2025年に

---

[1] ブレマー（2011）はこのように国が資本主義に大きく介入し管理する中国のような経済体制を国家資本主義と呼び，国家資本主義は国益あるいは支配者層自らの利益を増大させ，体制の安泰を保つために使用されかねないと指摘した。よってその下で行われる産業政策は政府が自分たちの政治・経済面の影響力を拡大する狙いから行われ，国際市場もそのために利用される懸念があると指摘している。

は70％に上げることを目標としている。例えば精華紫光集団傘下のYMTC，福建省晋華集成電路（JHICC），RuiLiの3社は中国系政府ファンドから1.5兆円の支援を受け，強力な国家支援の下でメモリの国産化が進められており，半導体産業においても将来過剰供給の問題が国際市場にも波及するのではないかと危惧されている（経済産業省，2018；週刊ダイヤモンド編集部，2018）。

2. 国内企業の優遇：外資系企業よりも中国企業を法律と規制の面で優遇し，WTOで定められた内国民待遇が欠如している。例えば，電気自動車市場においては，現地メーカーの充電池を採用する自動車メーカーが補助金で優遇されることで，現地の電池メーカーが事実上優遇されている[2]。半導体産業でも，「2025年までに中国で製造する自動車に使う半導体の70％は中国企業のものを採用する」よう中国政府が今後通達を出すとの情報もあり，現地市場での現地半導体メーカーの優遇が見られる（週刊ダイヤモンド編集部，2018）。これら現地企業の優遇は，WTOの原則の一つである内国民待遇の原則に反し，公正な国際競争を阻害する。

3. 知的所有権の侵害：米通商代表部の報告書によれば，以下の4つの侵害が発生している（日本経済新聞，2018年3月26日）。

①外資規制と不透明で差別的な認可制度によって技術移転が強要されている。市場参入には現地企業との合弁会社設立を条件とし，差別的な認可や規制によって最終的に技術を中国側に渡さなければ事業ができないようにしている[3]。

---

[2] 中国政府は2010年から新エネ車の国内販売に対して最大6万元の助成金を交付してきたが，2017年からはその条件として「自動車動力蓄電池業界の規範条件」（2015年3月）で設定した基準をクリアしたメーカーからEV電池を調達するという条件を加えた（助成制度は段階的に縮小され，2020年に終了の予定）。しかし同リストに載っている50社以上のメーカーはすべて中国企業で，パナソニックやLG化学など，海外で利用されている外資系の電池は，その安全性に問題があるとして，1社も含まれていない（田中，2018；日本経済新聞，2010年6月2日）。

[3] 実際に，報告書が引用した米中ビジネス評議会の2017年調査によると，中国に進出する企業のうち19％が中国への技術移転を合弁相手の中国企業あるいは中央政府や

②技術移転契約で米企業を差別的に扱っている。中国政府に契約内容を通知しなければ，受け取った特許権使用料を本国送金できない，ライセンス供与契約が終了した後でも，特許使用を中国企業に終了させるための措置をとっていない，などである。

③政府系ファンドを使い，中国政府の計画上重要と考えられる産業において，中国企業によるハイテク米企業買収を後押ししている。例えば，中国の印刷機器大手が米プリンター大手のレックスマーク・インターナショナルを買収できるよう資金援助を行った。

④米企業の技術を盗むためにサイバー攻撃を行っている。例えば，原発や鉄鋼メーカー，太陽電池関連企業など，中国企業と競合する米国企業のコンピュータに侵入して情報を盗み出したとして，中国人民解放軍の当局者5人が逮捕された（但し，中国政府は国家的関与を認めていない）。

(2) 米国の報復措置とエスカレートする報復合戦

以上のような米国が不公正とする中国政府，企業の活動に対して，米国政府は知的所有権の侵害に対する報復を名目として，WTOが発足した1995年以来発動していなかった通商法301条による報復関税を発動した。まず2018年の7月6日と8月23日に分けて，産業機械や電子部品，半導体やプラスチックなど，「中国製造2025」にも関連する1,100品目500億ドル分の製品に25％の追加関税を課し，さらには同年9月にも食料品やかばんなど2,000億ドル相当5,745品目の輸入に対して，当面は10％の追加関税を行い来年には25％に引き上げるとした。これに対して中国も報復関税で対抗し，米国からの大豆，自動車，古紙をはじめ，液化天然ガス，木材などに合わせて1,100億ドルの追加関税を課した。これらの報復合戦によって，2018年末現在，米国は約5,000億ドルの対中輸入額の約50％，中国は対米輸入額1,500億ドルのうちの70％

地方政府から求められ，要求を受け入れて技術を移転した企業がそのうちの3割を占めた。

強が追加関税の対象となる，大規模な関税戦争に投入している（日本経済新聞，2018年9月25日）。

　以上と合わせて，米国政府は安全保障に関連したハイテク技術が中国に流出するのを防ぐために2018年8月に以下の3法を制定した。まずサイバーセキュリティを強化するための，2019年度米国国防権限法の制定である。これにより，軍事機密をはじめとする米国の知的財産を中国政府が中国製通信機器を通じて盗む危険性があるとして，中国のZTEとファーウェイの通信機器を米政府機関の調達禁止リストに加え，政府調達から締め出した[4]。第二が，米国の最先端・基盤的技術が買収によって中国に奪われるのを防ぐために制定した，外国投資リスク審査近代化法（FIRRMA）である。これは，安全保障を脅かす恐れのある対内直接投資を規制するために2007年に制定された外国投資及び国家安全保障法（FINSA）を強化したもので，誘導ミサイルなど軍事分野，航空機・原発などの重工業，半導体などの電気・通信分野，素材・バイオ分野など27の産業を対象とし，対米外国投資委員会（CFIUS）が審査を行う。第三が，米国製品や技術が売買されることで技術が移転されるのを防ぐための輸出管理改革法（ECRA）の制定である。この法律により，「エマージング技術」と呼ばれる最先端技術，例えばAI，ゲノム編集，拡張現実，自動走行車，3Dプリンターなど，広範な技術を輸出管理の対象にした。

　このように，米国政府は中国政府による特定産業への集中的な資源投入，米国が不公正とする手段による最先端技術の獲得に対し，関税措置だけでなく，技術流出阻止のための対内直接投資，対中輸出の制限まで行う徹底的な措置で対抗しているのである。

　米国による政府主導の不公正な貿易や知的所有権の侵害などに対する不満

---

(4) ファーウェイがIoTや5Gなどの次世代通信で国際標準を握ることになれば，米国のデータが奪われるという懸念が米国には存在する。中国では2017年に国家情報法が制定され，中国国民に国の情報活動に協力することを義務付けた。この法の下では，企業や個人が情報機関からスパイ行為を求められれば拒否できず，米国の情報盗難の懸念を増幅させている。これに対し，中国政府，ファーウェイともその意図を否定している。

は，トランプ政権前からもたびたび表明されてきており，このような米国の非難に対して，中国は対外開放と知的所有権の保護強化などを約束してきた。例えば，2017年1月に開かれたダボス会議の開会式では，習近平国会主席が金融，証券，保険などのサービス業やインフラ建設など，これまで外国資本の参入を制限していた分野を中心とした外資参入の規制緩和，知的財産権の保護や政府調達などあらゆる面での内外資企業の公平な市場ルールの促進，外資招致の強化などを表明した（関，2017）。また関税戦争が始まった2018年にも，7月と9月にそれぞれ1,500品目程度，合計1兆円規模の関税引き下げを実施，また11月には習近平が今後15年間にモノやサービスを40兆ドル分輸入する目標を打ち出すなど，たびたび対外開放と保護主義への反対を主旨とするメッセージを送ってきた。しかし，このような中国の貿易・投資の更なる開放，および外資企業への強制的移転の禁止措置などについては，米国がその実行が不十分であると断じ，両国の交渉は2018年末時点で決裂したままである。

3. 1980年代から90年代にかけての日米半導体摩擦とその教訓

（1）日本の半導体産業の発展と日米半導体摩擦の発生

　日米の間でも，日本の経済成長に伴い半導体などのハイテク産業が米国にキャッチアップする中で，日米ハイテク摩擦が起こった。このセクションでは，ハイテク産業の中で，特に摩擦の中心であった日米半導体摩擦を中心に取り上げ，それらについて2国間でどのような交渉がなされたのか，それが日米両国にどのような影響をもたらしたのかを概観する。

　日本では，1950年代後半以降，経済成長と共に輸出産業が高度化していく中で，1950〜60年代には繊維，1970年代後半からはカラーテレビ，鉄鋼製品，1980年以降には自動車，半導体，工作機械など，機械製品の集中豪雨的な輸出が行われ，それが欧米との貿易摩擦を引き起こし，輸出自主規制が行われてきた。また，1980年代には，日本が経済大国になり米国との間で慢性的な貿易不均衡が続く中で，輸入拡大も要求されるようになり，MOSS協議，日米

【図表7-3】 主要国での特許出願件数

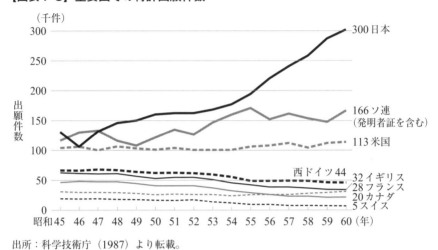

出所：科学技術庁（1987）より転載。

　構造協議，日米包括経済協議と相次いで2国間交渉が行われた。それら交渉では日本市場の閉鎖性も問題となり，金融自由化，公共投資における政府調達の対外開放，閉鎖的な流通システムの是正，独占禁止法の厳格化と適用強化，特定産業を重点的に保護・育成する日本の産業政策の是正など，市場開放と公平な競争環境に向けた国内制度の改革が次々に要請された。

　特に，半導体やその製品であるコンピュータ，航空・宇宙などのハイテク産業は，日米の間で貿易不均衡だけでなく，その技術的キャッチアップが摩擦の対象となった。

　当時のハイテク摩擦の背景には，日本の科学技術の進歩によって，一部新素材や電子などの日本の民生技術に米国の安全保障が大きく依存するようになったことが挙げられる（秋山，1991）。日本の科学技術水準は1970年代から1980年代にかけて急激に上昇した。図表7-3は1970年から1985年にかけての各国での特許出願数の推移を見たものである。日本での出願数は，日本企業の研究開発の活発化により，1970年の段階ですでに米国を抜きソ連に次ぐ件数を記録していたが，1970年代から1980年代にかけての研究開発の活発化に

【図表7-4】 日本の先端科学技術の分野別特許出願件数

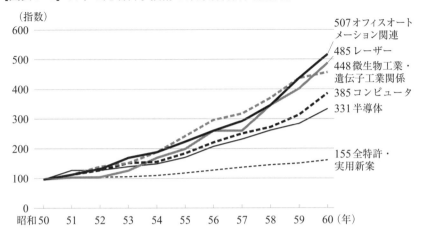

(注) 各分野の特許出願件数は1975年を100としたもの。
出所：科学技術庁（1987）より転載。

よって米ソを大きく引き離し，1985年には30万件と，米国の3倍弱の規模にまで増大した。さらに分野別にみると，電気・電子機器に関連する特許が急増している。図表7-4は1975年を100とした場合の，先端科学技術分野における特許，実用新案出願件数の推移を見たものであるが，15年間で全特許・実用新案が約1.5倍に増えた中，オフィスオートメーション関連やレーザー，コンピュータや半導体など，電気・電子機器の開発・製造やそのシステム構築に関係する特許の出願件数が急増している。

以上の結果，80年代半ばの時点で日本の技術力は分野によっては米国に追いつくものも出てきた。図表7-5は科学技術庁が研究開発を行う民間企業を対象に行った「民間企業の研究活動に関する調査（昭和62年）」の結果から，研究分野別に日米の研究開発能力評価を見たものである。日米企業を比較すると，ライフサイエンスについては圧倒的に米国の方が高いが，生産・加工の分野では，コンピュータソフトウェアを除き，メカトロニクス，コンピュータハードウェア，超LSI，高度高精密加工など，全般的に日本の方が開発能力が

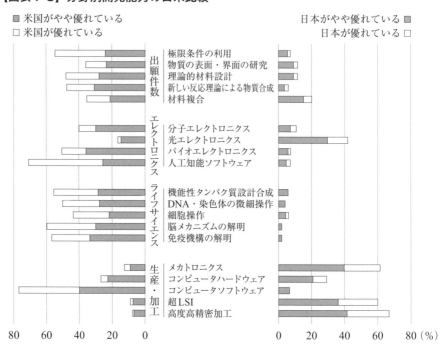

【図表7-5】分野別開発能力の日米比較

出所：科学技術庁（1987）より転載。

高い。またエレクトロニクスについても，工作機械や電子機器などにさまざまな用途を持つ半導体レーザーの技術開発が進んだ光エレクトロニクスについては日本が優位と考えられており，ハイテク製品である超LSIなどを含め，電気・電子機器の分野で日本の開発力が米国を上回っていたことを窺わせる。このような中，軍事・安全保障にかかわるハイテク技術を日本に依存するのは危険であり，米国の技術覇権を維持，強化することが重要な政策テーマとなったのである[5]。

---

(5) 日本のハイテク技術は，91年の湾岸戦争で使われたスマート爆弾，パトリオット・ミサイルなどにも使用された。

第7章　1980年代後半の日米半導体摩擦：米中ハイテク摩擦への教訓

　このためハイテク産業では，現在の米中摩擦同様，さまざまな方法で日本叩きが行われた。例えば1982年にはIBMの技術情報を不当に手に入れたとして産業スパイ容疑で日立の社員が逮捕され，また国内法であるスーパー301条による報復を脅しとして米国製半導体の輸入拡大やダンピングの疑いがある対米輸出の価格管理が行われた。また安全保障を理由にNECや富士通などのスーパーコンピュータが米国の政府調達から締め出され，航空・宇宙分野では日米衛星調達合意によって衛星調達が国際競争入札に変更された結果，日本の人工衛星開発が抑制された。F-2支援戦闘機の開発でも，当初国内自主開発が計画されていたにもかかわらず米国の輸出拡大と日本のハイテク製造技術の獲得を意図して共同開発が押し付けられるなど，米国のハイテク分野の貿易不均衡の是正やその競争力維持と安全保障上の目的が複雑に絡み合った"日本叩き"が行われた。

　米中ハイテク摩擦と日米ハイテク摩擦には，以下のような共通点が見られる。

1. 2国間の貿易が盛んになる中で市場内およびマクロ的な貿易不均衡が発生し，そこで日本や中国の経済システムの異質性が問題となったこと。
2. 半導体などのハイテク産業は，基礎研究における研究開発のリスク，規模に関する収益逓増，技術波及による正の外部性など，市場の失敗が発生しやすく，また，産業高度化のための技術基盤を形成できる点でも産業政策の対象となっており，過度の介入が国際分業を歪める可能性もあるため，その是非が問われたこと。
3. 経済的だけでなく，軍事的にも重要なハイテク産業の一部門で米国に追いついたため，一産業の貿易摩擦を超えて，技術覇権や安全保障上の問題に発展したこと。

　では，以上のハイテク摩擦の中でも米国へのキャッチアップが最も脅威とされた日米半導体摩擦は，どのような背景で生まれ，どのような交渉へと進んでいったのであろうか。

　日本の半導体産業は，1950年代に総合電機メーカーの一部門として立ち上

げられ,例えば1955年にソニーがトランジスタの特許を米国のウェスタンエレクトリック社から取得し日本初のトランジスタラジオを発売するなど,米国からの技術導入によって初期の発展を遂げた。1960年代には電電公社（現NTT）の通信機器需要,1970年代にはテレビやラジオなどの音響機器,電卓やコンピュータの市場拡大に伴い,半導体市場は順調に拡大した。図表7-6のa）は1978年から1992年について,主要地域の市場規模の推移を見たものである。図が示すように,日本の半導体市場規模は1980年代初めに北米に次いで世界第2位となると,1980年代半ばには米国を抜き世界トップに躍り出た。装置産業であり,規模の経済が働く半導体市場において,日本企業はこの国内需要や1980年代前半のレーガノミクス下でのドル高に支えらえたこともあり,DRAMを中心に輸出も順調に伸ばした。図表7-6のb）は,1973年から1992年までの日本の半導体の輸出入額と貿易収支,および輸出比率の推移を見たものである。図が示すように,1980年代以降日本の輸出は急増し,輸出比率も1980年代には30〜40％を超えるようになった。

この結果,1980年代半ばに日本の半導体世界シェアは世界首位に到達する。は1978年から1996年までの主要国の半導体出荷額の世界シェア推移を見たものである。図表7-7が示すように,1976年の段階では米国の世界シェアは60％を超え,半導体市場の約2/3を一国で押さえていた。しかし,図表7-8が示すように,1980年代前半にDRAM市場において日立,東芝,日本電気（NEC）などの生産が拡大することで日本のシェアが拡大する一方,米国のTI,マイクロン,インテルなどのシェアは落ちたことで,1986年には日本のシェアは米国を追い抜いた。その後,DRAM市場では1986年までにアメリカ企業9社のうち7社が撤退,日本企業がほぼDRAM市場を独占するようになり,1980年代の終わりには日本の半導体シェアは40％を超えるほどになった（タイソン,1993）。

日本のDRAM市場での成功として,以下の要因が挙げられる[6]。

---

[6] 以下の基本的な議論は主に（伊丹・伊丹研究室,1995）による。

【図表7-6】半導体市場の規模と日本の半導体貿易

a）主要地域の半導体市場規模

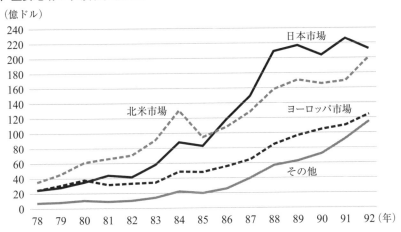

b）日本の半導体輸出入額・貿易収支と輸出比率

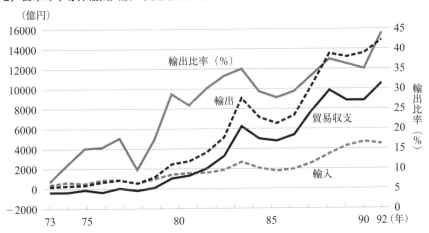

出所：伊丹・伊丹研究室（1995）より転載。

【図表7-7】世界の半導体市場の地域別出荷額割合の推移

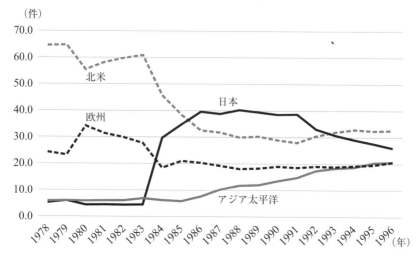

(注) 3カ月移動平均の月次データを年単位に換算したものを使用。
出所：Semiconductor Industry AssociationのHPより筆者作成。

【図表7-8】主要半導体企業の世界シェアと世界市場規模

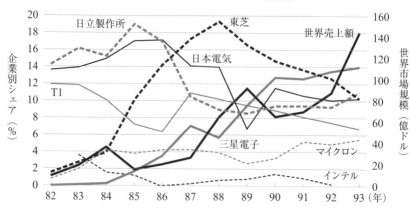

出所：伊丹・伊丹研究室（1995）より転載。

第7章　1980年代後半の日米半導体摩擦：米中ハイテク摩擦への教訓

　第一に，政府の研究開発への補助や国営企業である電電公社による通信機器関連需要が，初期の半導体産業の成長を支えたことである。また，1970年以降には，当時IBMによって事実上独占されていたコンピュータ産業の育成を含む，産業高度化のための先端研究の支援が特に1980年代以降活発に行われ，特に半導体産業において1976年から1980年の4年間にわたって行われた超LSI研究プロジェクトでは，政府が開発費の40％を補助する形で技術の研究開発に取り組み，超LSIの製造装置とそれに必要な要素技術を開発し1,000件の特許を生み出すなど，超LSIの基盤的技術の確立に貢献した（小宮・奥野・鈴村編，1984）[7]。

　但し，民間企業の努力に負うところも大きい。日本のDRAM部門の成長には，従来のバイポーラ型技術ではなく，MOS型技術を使ったメモリの開発に力を入れたことが重要である。MOS型技術は消費電力が小さくかつ高集積化しやすく，民生用電子機器が求める技術特定を持ったため，日本企業によって開発が進み，それが超LSIの主流となった[8]。MOS型技術では，技術開発の焦点が新規のデバイス開発という画期的技術進歩よりも，既存デバイスの漸進的改善による高機能化・高集積化という漸進的技術進歩に移ったため，競争の中心がデバイスのシステム設計など米国企業の得意分野ではなく，高集積の半導体の高歩留まりの大量生産のための，製造プロセス技術の改善と設備投資に移り，これが開発競争において日本企業が躍進する大きな転機となった。

　超LSIの生産では，技術進歩が速いために継続的かつ巨額の研究開発，設備投資が必要となる[9]。さらには，生産において規模の経済性が働くのに加え，

---

(7) 技術開発に対する官民共同プロジェクトで，参加企業は富士通，NEC，日立，三菱電機，東芝，沖電気など7社で，通産省の超LSI研究組合に技術者が出向して行われたものである。
(8) 以上のMOS型技術の確立は，EPROMや大容量マスクROM，マイクロプロセッサなど，幅広い分野に波及していき，日本の半導体産業の技術基盤確立に大きく貢献した。
(9) MOS型メモリは技術進歩が早いため装置の陳腐化が早く，ほぼ3年で製造装置を入れ替える必要がある。特に80年代に設備投資費用の巨額化が顕著になった。

累積生産が増えるほど生産費用が低下する「経験曲線（習熟曲線）」と呼ばれる動学的な規模の経済性も強く働く[10]。以上の理由から価格競争も激しく，またシリコンサイクルによって市況も大きく変動する。メモリ産業は特にこの傾向が強く働くため，継続的かつ巨額の資金調達，および需要の確保と，超微細加工のための製造プロセス技術の改善が市場における競争優位に少なからず影響する。

　まず，その設備投資競争上重要な資金調達力で，日本企業は優位に立った。日本にはメインバンク制といい，主力の取引銀行が長年にわたり貸出先企業と親密な取引を行い，資金供給の中心を担う日本独自のシステムがある。このメインバンク制度は，政府の低金利政策もあり，市場ベースでの低コストかつ長期安定的な資金供給を可能にし，内部資金に頼る部分の多かった米国半導体企業に資金調達上優位に立った[11]。

　さらに，日本の半導体産業は垂直統合型の総合電機の一部門として成立したためユーザーをグループ内に抱え，そのため必要な技術情報，ニーズなど，マーケティングや製品開発上重要な情報を入手しやすく，その上販売先の確保も見込むことが出来た[12]。さらに他部門の収益を半導体への投資に回したり，あるいは総合電機として規模が大きく経営も安定していたことがメインバンクからの借り入れに有利に働いたりするなど，資金調達上も有利に働いた。

　これらメインバンクからの資金と，総合電機メーカーとして企業内の他部門からの収益を投資に回せた日本企業は，ベンチャー出身の半導体専業メーカーが多い米国企業に対して，資金力において大きな優位性を持つことが出来たの

---

[10] 学習による歩留まりの改善によって，累積生産量が2倍になると，生産コストが27～28％低下するとされた（大矢根，2002）。
[11] 1970年～1979年の平均で，日本企業は設備投資のうち，メインバンクなどの都市銀行を中心とした借入金に34％依存し，対する米国企業は7.5％であり，70.5％を内部資金に頼っていた（ダニエル・菅野，1985）。
[12] 民生用機器はさまざまな用途，状況で使われるため，機能や耐久性などさまざまなニーズに関する情報を集めることが製品の改良や開発の上で重要であり，系列内を含め国内に多くの民生用電子機器メーカーをユーザー企業として持つ半導体メーカーに有利に働いた。

である。

　また，超LSIの開発で重要となる超微細加工技術の漸進的改善の上では，素材産業，製造装置産業など関連産業の発展も重要な役割を果たし，例えば製造装置産業と共同で進めた生産工程の自動化は，歩留まりの向上に大きく役立った[13]。

　このように，政府の支援をはじめとして民間企業の微細加工技術の確立によって国際市場で1980年代に台頭した日本の半導体産業であったが，1980年代始めまで半導体というハイテク産業で事実上世界市場をほぼ独占していた米国に対する日本の急激なキャッチアップは，当時一産業の貿易問題を超え，技術覇権，安全保障にもかかわる大きな問題となった。さらに，日本からの対米半導体輸出が急増し，一方で米国やヨーロッパでは高いシェアを占めていた米国企業の日本市場でのシェアが伸びない中，米国は日本半導体産業の成功は日本市場の閉鎖性や日本の産業政策による過度な支援によるものであると主張した。さらにその日本市場の閉鎖性には，日本の政府・企業間関係や，系列などの企業間取引など，欧米先進国とは異なる日本の異質性が大きく影響しているとして，「日本異質論」として非難の矛先が向けられた。

　米国による日本異質論は以下の通りである[14]。第一に，競争制限的，保護的な政府・企業間関係の存在である。日本では戦後に市場競争を促進するため独占禁止法が制定されたが，適用除外が存在したり，厳格には適用されなかったりするなどした。むしろ，過当競争を防ぎ，安定的な産業の発展を実現するために行政指導という不透明な政策が行われ，それが自由な市場競争や新規参入を阻んできた。

　第二に，貿易・投資の制限による保護である。日本は半導体産業を立ち上げ

---

[13] 例えば，1980年に16K-ICメモリの故障率に関して調査したヒューレットパッカードの調査委によると，米国企業3社の不良品率は0.059～0.267％だったのに対し，日本企業3社のそれは0.01～0.019％と，米国企業の方が10倍ほど高かった（伊丹・伊丹研究室，1995）。
[14] 以下の基本的な議論は主に（タイソン，1993）による。

た1950年代中期以来,さまざまな手段で産業を保護してきた。まず,日本は1970年代に入るまで,高関税や輸入枠の設定によって輸入を制限した。さらに対内投資についても,1970年代半ばに入るまで,国産化を目指して国産技術の開発を重視し,集積回路やコンピュータなど外資の100％所有の子会社の設立や,半分以上の所有権を持つ合弁会社の設立申請を拒否し,また,外国人による株式取得も制限した。また,通産省は外貨不足という事情もあって民間企業の技術導入に介入したため,外国企業は技術売却の制限やロイヤルティーの減額という損失を被った(小宮・奥野・鈴村編,1984)。

第三に,半導体産業をターゲットとした戦略的な産業への補助や優遇措置である。特に前述の超LSI研究プロジェクトは,DRAMで不可欠な超微細加工の技術基盤を確立する上で大きく貢献したが,この計画は政府の集中的支援によって実現されたものであり,官民癒着のいわば「日本株式会社」による市場歪曲行為であるとして,競合する米国の半導体工業協会(SIA)は批判した(大矢根,2002)[15]。また,政府調達では,電電公社が日本製品しか調達せず,需要面でも国内企業を差別的に優遇したと主張した[16]。

また,企業間関係も,米国とは異質である。日本の大企業は系列グループを形成しており,企業の取引が限られた範囲の系列企業としか行われないため,外国企業を含む新規参入が容易ではない。流通でも,日本市場は上流の大手製造業に支配され,特定ブランドの商品しか扱えない流通業が多い。このため外国企業に対する参入障壁となっており,肝心の独占禁止法もそれを厳しく取り締まらない。

さらに,日本では,株主の安定化を実現し,買収を防ぐため,系列グループ

---

(15) SIAは米国半導体工業会の略称であり,日本の半導体メーカーの台頭に対抗するために,米国の半導体業界によって1977年に結成された団体である。
(16) 政府調達に関しては,1970年代までは政府が国産品や国内のサービス業者を優遇することは当然とされ,GATTでは内国民待遇原則の例外として扱われていた。しかしその閉鎖性が非関税障壁の一つと捉えられるようになり,1973年から開かれた東京ラウンドでは政府調達自由化のための話し合いが行われ,ウルグアイラウンド,WTOにも引き継がれるなど,徐々に自由化が進められている。

第7章　1980年代後半の日米半導体摩擦：米中ハイテク摩擦への教訓

など関連の強い企業同士で株の持ち合いを行ってきた。この仕組みにより海外企業は買収による日本市場参入ができなかった。

　以上のような日本型経済システムは，日本における半導体産業の成長に寄与した。まず日本政府の保護政策や排他的な系列内企業取引は，日本企業が最小限の規模を手に入れることを可能にし，また，大規模設備投資のリスクを減少させることで，海外企業との競争を歪曲した。これらの市場歪曲的な補助や企業慣行に加えて，メインバンク制，垂直統合型組織，終身雇用制などの他の日本的な企業システムが低コストの投資資金の調達，期待収益率の低い設備投資行動を可能にするという強みを加えた（八代，1995）。それら日本的経済システムは，継続的かつ大規模な設備投資が不可欠で，価格競争が激しく好不況の波が激しい半導体産業において，積極的な投資を可能にすることで，世界市場での略奪的なダンピングによる輸出攻勢をもたらし，それが米国企業の撤退や失業の輸出をもたらしたと，米国側は主張したのである。

（2）半導体交渉とその結果

　以上のような米国が不公正とする手段による日米貿易不均衡や半導体技術での米国へのキャッチアップは，米国半導体産業による対日制裁要求へとつながっていった。まず，世界市場シェアの低下に悩まされたSIAが1985年に日本の不公正貿易に対してスーパー301条に基づく公式の請願を行い，日本政府のターゲティング政策を基盤にしたダンピング輸出と日本市場の閉鎖性を不公正であるとして告発し，米国企業の日本でのシェアを，米国での日本企業のシェア17％と同程度にするため，日本政府の推奨を義務付けることを求めた。さらには同年，日本の半導体輸出がダンピングに当たるとして，数社の半導体メーカーがDRAM，EPROMのダンピングでも提訴した。

　その結果，日米両政府の間で2国間交渉が行われ，半導体貿易の管理のための措置が取られることとなった。

　まず，MOSSが行われ，米国の要求をのまなければ上の反ダンピング関税を実行すると脅した結果，半導体貿易に関して，以下の2つを骨子とする半導

体貿易協定（SCTA）が1986年に締結された[17]。
1. 日本による輸入自主拡大：日本市場において当時10%だった米国企業のシェアを5年以内に20%にすると約束させた（大矢根，2002）。その米国側の根拠は，公正な市場競争を監督するはずの独占禁止法の適用の緩さの下では，日本の閉鎖的な系列取引や政府調達による市場機能の歪みは解消できず，むしろ結果の確保が市場機能を回復する契機になるというものであった（タイソン，1993）[18]。
2. ダンピング輸出防止のための価格規制：ダンピングを防ぐため，日本の各半導体メーカーが提出した原価情報（原価に8%のマージンを加えたもの）に基づいて各企業の海外市場価格を設定，米国での価格はそれを下回ってはならないとした。また通産省がDRAMなどいくつかの半導体について，日本企業の輸出価格を監視することに同意した（その後，政府による価格管理は1992年に廃止されたものの，輸入自主拡大のための数量目標の設定と海外市場価格を下限とした米国内での価格規制は10年間続くこととなった）。

以上の半導体貿易への介入に加えて，米国政府はハイテク技術の流出防止のために以下のような一連の対策を講じた。

第一が，知的所有権の保護強化である。MOSSにおいて，エレクトロニクス産業の知的所有権の保護について話し合われ，米国企業の知的財産権が侵害されていた半導体チップのオリジナルデザイン，コンピュータソフトウェアを中心とする知的所有権は，それぞれ10年と50年の著作権保護が米国と同様に保護されるよう，日本でも法律が定められた。

第二が，日本企業が米国企業を買収によることによって安全保障にかかわるハイテク技術が漏えいすることを防ぐための，対内投資の審査の厳格化であ

---

(17) MOSSは市場重視型個別協議のことで，国際競争力がありながら日本市場に参入できないエレクトロニクス，電気通信，医薬品・医療機器，林産物の分野を対象として，個別に市場開放や貿易阻害要因について話し合われた。
(18) この輸入自主拡大は，公式文書上は外国業者のすべてを対象にしており，GATTの差別禁止の原則には反していなかったが，日米政府高官同士の交渉の中で米国企業のシェア拡大を強く要請する秘密文書が作成されていた。

る。1987年,富士通が米国半導体企業のフェアチャイルド社を買収するという計画が明らかになり,1988年,米国はエクソン・フロリオ条項を成立させた。これにより,CFIUSが大統領令で権限を与えられ,外国企業による米国企業の買収が米国の安全保障を脅かす可能性がある場合,それを適当な期間,停止または禁止することができるようになり,民生用のハイテク製品および技術（半導体,人工知能,ロボット,超電導,先端光学,レーダーなど）の中で,安全保障にかかわる技術の海外移転につながる危険がある投資を審査した。この法律の制定過程での米議会での富士通批判の高まりによって,富士通はフェアチャイルド社の買収を断念した。

　第三が,1988年に制定された,ココム違反企業への罰則強化である[19]。1982年から1983年にかけて,東芝機械が9軸同時制御可能な大型推進用プロペラ切削工機をソ連に輸出したことがココム違反として摘発された[20]。米国の工作機械業者による議会への提案もあり,ココム違反企業には,違反を犯した外国企業だけでなく,その親会社,子会社そして関連会社を含めて,製品のアメリカへの輸入禁止および政府調達からの排除を2年から5年にわたって行うという法律が制定され,その結果,東芝機械からの輸入を3年間禁止,親会社の東芝の製品は3年間政府調達を禁止するという重い処分がとられた。一方でソ連のアフガニスタン侵攻があった1979年以降際立って厳しくなっていた米国企業の輸出規制は逆に緩和された。これは,日本に対する技術優位確保戦略の一つでもあり,また日本の市場開放の一つの交渉材料としても意図されたものであった（秋山,1991）。

　このような半導体交渉はどのような影響をもたらしたであろうか。半導体協定による輸出価格の管理により,日本のダンピング輸出は防がれたが,逆に,

---

(19) ココムとはNATO加盟国と日本によって結成された対共産圏輸出統制委員会のことで,共産主義諸国への軍事技術,戦略物資の輸出の制限や禁止を取り決めた。
(20) これによりソ連の潜水艦のスクリュー音がそれ以前の10分の1あるいは20分の1に低減されたため,ソ連の潜水艦の探知が著しく困難になったとされる（秋山,1991）。

DRAM市場に関しては，1986年までにアメリカ企業9社のうち7社がDRAM市場から撤退し，当時日本企業が世界の1メガDRAM市場のシェア90％を握り，事実上市場を独占していた中で輸出価格管理が行われた結果，日本企業によるカルテルを生み出した。1985・1986年に日本企業は過当競争により設備過剰に陥ったことから安値競争に陥り多額の損失を生み出したばかりか，対米摩擦の過去もあったため，通産省の行政指導の下で数量カルテルを実施した結果，1988・1989年には，コンピュータ産業の周期的な需要拡大などもあり，1メガDRAMの価格が大きく上昇し，米国のユーザー企業は損失を被った。ちなみに，日本企業のシェアが低く米企業と競合するEPROMではカルテル行為は起こらず，DRAMほど価格は上昇しなかった。日本市場における外国企業のシェアは，1991年には14％台に上昇し（そのほとんどは米国企業によるもの），1993年には景気悪化による日本市場の縮小もあり，20％に到達した。
　また，世界のDRAM市場においても，半導体協定の後，1986年に80％近くあった日本企業のシェアは1991年にかけて20％程度低下し，一方でそれまで1978年の70％台から1986年には10％台にまで急落した米国のシェアは下げ止まり，代わりに韓国企業が日本企業が失ったシェアとほぼ同程度シェアを伸ばした。また，世界のEPROM市場における米国企業のシェアは1986年に40％程度だったものが1991年には10ポイント以上回復して50％以上になった。米国が仕掛けた半導体協定は日本企業がすでに優勢を確立したDRAM市場では効果を上げなかったものの，EPROM市場では成果を上げたといえる（タイソン，1993）。
　また，一連の2国間交渉の中で，日本政府の対応として，公共事業の拡大などによるマクロ的な内需拡大策に加えて，1990年代以降，特定産業へのターゲティング政策から産業横断的な産業政策への一層の方針転換，独占禁止法の適用強化と不透明な行政指導を防止するための行政手続法の制定，小売，金融，電気通信部門などの規制緩和など，市場機能重視の市場開放策が取られた（鶴田，1997）。

（3）日米半導体交渉の評価と米中ハイテク摩擦への含意

　以上のような日米半導体交渉はどのように評価でき，そこから現在の米中貿易摩擦にどのような教訓を得られるであろうか。

　日米半導体交渉の問題点として第一に挙げなければならないのは，力を利用した2国間交渉には多くの問題がある点である。第一に，通商法301条などの国内法を脅しに使った力による2国間交渉は，まず（Bhagwati, 1991）が指摘するように，米国が交渉テーマを決め，米国がさばき，米国が報復措置を自由に決める点で不公正であり，一方的な制裁措置の発動はWTO協定違反の可能性もある。また，反ダンピング関税やセーフガード措置はWTOのルール内にあるため一定の歯止めがある一方，301条は国内法に基づくため，大国による自国の軍事力や市場という経済力を背景にした交渉は，大国による乱用の危険性がある。事実，301条は交渉の道具として多用され，1989年にはスーパー301条が制定され，日本の人口衛星，スーパーコンピュータ，木材加工品，電気通信，自動車でも，管理貿易の道具として利用された。今回の米中摩擦においても，米国は対中国に限らず，NAFTAや対韓国FTAでの交渉を有利に運ぶために，鉄鋼・アルミ輸入に対する安全保障を理由とした通商法232条による追加関税を交渉の道具として乱用している[21]。

　また，関税引き上げはそれ自体，確かに自国産業の保護に役立ち，さらに半導体市場のような寡占市場における競争においては，クルグマン（1995）など戦略的貿易政策の理論が指摘するように，相手国のレントを自国にシフトさせ，自国の経済厚生を改善する可能性がある。相手国が同様に関税引き上げで対抗した場合には，両国の経済厚生は自由貿易時よりも低下する。特に，

---

[21] 事実，トランプ政権は2018年3月に鉄鋼やアルミ産業が安全保障上重要であるということを名目に両輸入に対して追加関税をかけた。当初はカナダ，メキシコ，韓国，欧州連合，ブラジル，オーストラリアなども対象となったが，これらの地域からの輸入シェアは鉄鋼が6割，アルミが5割にもかかわらず，輸入制限の適用が一時猶予された。これは安全保障のためという理由との整合性に問題があり，カナダ，メキシコ，韓国は，FTA協定の交渉中であり，米国が有利な条件を引き出すためのカードとして用いられていると推測される（石川，2018）。

GATTで認められていない国内法による関税引き上げは報復を招く可能性もある。日本の場合，関税を回避するために米国の要求を呑み，半導体の輸出管理を行ったが，それは管理貿易であり，米国ユーザーの不利益という代償をもたらしたものの，日本のDRAM産業の利益は確保できた。しかし，今回の米中の場合は，米国の関税引き上げに中国が報復で応え，関税をかけ合う事態に陥ったため市場が縮小し，勝者のいない最悪の辞退となっている。

　比較優位による国際分業の原則に基づけば，自国の輸出を振興する一方で比較劣位にある輸入競争は関税引き上げでブロックするのではなく，セーフガード措置を用いて時限的に短期的な調整費用を和らげつつ，積極的な調整政策によって生産資源を比較優位分野へ移動することが，国際的な相互利益の増進のためにも望ましい。その点，八代（1995）も指摘するように，貿易摩擦で相手国をいたずらに避難するのではなく，貿易の利益を得る上で不可避となる国内の利害調整・産業調整を行うべき自国政府の調整能力の欠如を大いに問題とすべきであり，今回の米中摩擦でもそれが大いに当てはまる。

　次に，日本政府が行った輸入自主拡大については，今回の米中摩擦でも輸入拡大が中国の一つの譲歩策となっている。しかし，日米半導体協定で行われた日本市場での外国企業シェア20％という数値目標の設定は，形式上は全ての外国に開かれGATTの最恵国待遇を満たしていたものの，実質的には米国からの輸入拡大を目指したものであり，かつ日本企業による寡占市場の下で，政府管理のカルテルに繋がったことで市場をゆがめた。今回の米中摩擦でも，米国の圧力と中国政府の統制力の強さを考慮すると，仮に中国の市場開放が実現しても，中国市場において米国が実質的に差別的に優遇される懸念が残る。

　伊藤・下井（2009）が指摘するように，仮に障壁があるならば，輸入量の直接管理によって輸入を増大させるのではなく，障壁を撤廃する政策を直接取るべきである。経済の相互作用が深まる中では，各国で異なる市場ルールについて，市場機能の順守を原則とした各国ルールの調和が不可欠であり，その方向での障壁撤廃措置が望ましい。日本では米国から不透明な行政指導や閉鎖的な企業間取引を根拠に輸入拡大を迫られたが，独占禁止法の厳格化と適用強化

を十分に行わない中で米国の要求を「自由貿易に反する」と反論するだけの日本の対応は説得性を欠き，米国の市場主義に反する結果志向の要求に根拠を与える結果となった（滝川，1994；八代，1995）。その点，日米構造協議での米国の要請を契機とした独占禁止法の厳格化と適用強化，および行政指導の法改正による透明化は，国際的な市場ルールの調和に繋がった点，市場メカニズムの徹底をもたらした点で，重要な改革となった。さらに，協議で決められた大規模店舗法を含むその後1990年代以降行われた規制緩和も，外国企業に公正な参入の機会を提供しただけでなく，日本にとっても外圧とはいえ，それまで政官財の癒着構造の中で遅々として進まなかった国内の競争ルールの改革に繋がった[22]。現在の米中摩擦でも米国からの要求に対して中国政府は市場開放とそのための貿易・投資規制の緩和を約束しているが，行政指導による市場管理から競争法の改正及びその適用強化による市場機能を通じた管理への移行，および貿易・投資の自由化を段階的にせよ確実に行うことは，透明性のある公平かつ効率的な市場管理の実施を通じて，米国を含む世界だけでなく，最終的には中国の国益にもつながる政策となろう。

次に，日本政府の産業政策については，幼稚産業保護の観点からは，将来的に生産コストが低下し，比較優位を持ちうる産業であり，その利益が補助のコストを上回るならば，国内的には経済厚生の最大化の上で妥当な政策であり，1970年代までの日本の貿易・投資の時限的な制限はその観点から行われてきた[23]。研究開発や学習による生産性拡大の可能性が大きい半導体産業は民間企業の努力次第で特にその可能性が見込まれる産業である。また，研究開発や生

---

(22) 例えば，大規模店舗法の緩和は，80年代後半以降の円高と相まって流通の専門化をもたらし，流通業界の競争促進の中で海外からの輸入の増大や，海外拠点を活用した製造小売りの台頭などをもたらし，消費者利益につながった（鶴田・伊藤，2001）。
(23) 幼稚産業保護の必要条件としては，生産を行えば費用条件が時間を通じて改善されるという動学的規模の経済が存在し，更に，産業が成熟した段階では私企業ベースで採算がとれていなくてはならないという「ミルの規準」，さらには保護育成による将来の社会的利益を社会的割引率で割り引いた現在価値が，現時点の保護育成の社会的費用を上回ってなくてはならない（伊藤・清野・奥野・鈴村，1988）。

産における政府の補助も，開発リスクや技術開発の外部性などがもたらす市場の失敗を解消するための政策であり，GATTでは認められてきた。むしろ市場が寡占化しやすいハイテク産業では，競争促進を通じて技術の発展や価格の低下など，世界経済全体の利益にもなり得る。但し，過度の保護や補助金などの助成は，本来比較優位を持たない産業を拡大する可能性があるだけでなく，対外的な競争力の歪曲や世界全体の過剰生産をもたらす可能性があるため，相手国の不利益だけでなく，世界の経済厚生低下を招きかねない。

　日本の産業政策について市場歪曲効果があったかの判断は難しいが，超LSI研究プロジェクトでの政府の研究補助の割合は大きかったとはいえ，時限的であり，当時の半導体産業に対する政府の研究開発支援は全体の10％前後に過ぎず，米国における安全保障上の同産業への補助金40％と比較しても低率であった。また共同開発への支援も，競争制限効果があるとされる半導体製品そのものの開発ではなく，その弊害が弱いとされる基礎研究への補助であり，それは当時のGATTでも認められたものであった（大矢根，2002）。前述のように，日本企業の資金調達の中心は内部資金と民間銀行からの借り入れという市場ベースのものであり，超微細加工技術の継続的改善など，前述の民間企業の努力に負う部分も大きかった。

　中国の産業政策に関しては，幼稚産業保護の観点から半導体をはじめとして「中国製造2025」の対象となる産業に対して，政府の支援が行われているが，その規模は日本と比較にならない規模であり，鉄鋼などではすでに国営銀行による融資が過剰生産能力をもたらし不良債権化するなど，幼稚産業保護の条件を満たしていない可能性が高い。これらは国際市場をゆがませる可能性があるだけでなく，中国の国益にも最終的に反する。幼稚産業保護の観点から産業の保護育成は認められるにしても，保護は時限的に行い，過度の資源投入を防ぐためにも，市場ベースの発展戦略に移行してゆき，政府は競争制限や国際分業への影響が強い製品市場ではなく，市場の失敗の可能性がある基礎研究や大学教育・研究などへの支援に比重を移すべきである。

　また，ハイテク産業は安全保障にかかわるため，安全保障を理由とした対内

第7章　1980年代後半の日米半導体摩擦：米中ハイテク摩擦への教訓

直接投資規制や輸出制限については，日米ハイテク摩擦でも実施され，安全保障条約を締結していない現在の米中間では制裁のより強力な根拠となっている。確かに，安全保障の面から規制は正当化される場合もあるが，それには，いくつかの問題点がある。

　第一に，安全保障のための措置はWTOでも認められているものの，その定義は曖昧であるため，特定産業での競争力を改善するために政治的に乱用される危険が大きい。ココム違反の罰則という大義名分によって，米国工作機械協会による議会への議言が東芝機械だけでなく，東芝本体に対しても政府調達からの排除という大きな罰則につながったのがその例である。安保条約を結んでいる日米間でもこのような乱用の疑いのある事案が多く見られたこと，また近年民生技術と軍事技術の垣根がますますなくなりつつあることを考慮すると，米中摩擦でのこの懸念はより大きく，安全保障が容易に産業保護の隠れ蓑となる面に注意しなければならない。

　第二に，今回の米中摩擦でも実施されている輸出規制による技術漏洩の防止に効果があるかという点である。米国の輸出規制については，米国企業の独占度が高い場合には，確かに効果を持つ。しかし，米企業の世界市場での独占度が低い場合には，米国で規制されている製品の多くは他の国から入手可能であるので，技術波及防止の効果は薄く，輸出規制の多くはむしろ企業の輸出機会を奪い，米国経済に損失を与える。事実，日米摩擦では，ココムの規制がどれだけ共産圏の技術開発を阻止できたかについては疑念が持たれた（秋山，1991）。投資規制も同様である。更に，技術の移転には輸出や投資以外にも人の移動などさまざまなルートがある。現在のデジタル技術が発達したハイテク産業では，1980年代と比較して技術の陳腐化は非常に早くなっており，国際的な研究者や学生，労働者の移動，さらにはオープン・イノベーションが発達した現在，技術の囲い込みの有効性には限界がある。むしろ，現在ハイテク分野でのイノベーションの中心である米中間の貿易や投資の制限は，健全な技術交流を阻害し，米中を含む世界にとって大きな損失となる可能性が高い。そのためにも，日米摩擦で日本の知的所有権保護が強化されたように，中国におけ

る知的所有権保護法の整備と侵害への罰則強化は、以上の経済的損失を解消する上で、最も重要な第一歩であろう。

日米貿易摩擦をはじめとした80年代以降の貿易摩擦はGATTでも問題となり、国際貿易ルールの改定が進められた。1986年から1993年まで行われたウルグアイラウンドにおいて、反ダンピング関税の乱用の反省からセーフガード措置の発動手続きや用件を詳しく定めたセーフガード協定が結ばれ、輸入急増による国内産業の損害についてはあくまでもセーフガード措置で対処するという方針が確立された。また、GATTルールで灰色措置であった輸出自主規制に関しても、既存のこうした措置を段階的に廃止することが義務付けられた。さらに、301条などGATTの枠外での国内法による紛争処理も問題となり、1995年にGATTがWTOに引き継がれた際には、紛争処理機能が強化され、貿易紛争の多くがWTOにおいて処理されるようになった[24]。

以上の国際貿易制度の強化の中で、更に日本でも2国間交渉によるさまざまな要求を呑んできたことが輸出自主規制の乱発をはじめとした管理貿易化を生んできた反省から、1990年代以降、日本政府は貿易交渉の場をGATTに戻し、1995年に米国が通商法スーパー301条によって自動車や同部品、および写真用フィルムの輸入拡大を要求した際には、日本政府は応じず、WTOに紛争処理をゆだねるなど、多国間交渉へと回帰していった。

米中貿易摩擦でも、ハイテク摩擦が両国だけでなく世界経済全体に貿易縮小や生産拠点の移動など、さまざまなコストをもたらしつつある中、現在のような縮小均衡となる関税戦争は持続可能ではなく、米中の間で解決のための何らかの前進が今後見られるはずである。しかし、最終的には両国を含めたWTOなど多国間交渉への回帰とその中での開かれた貿易体制の再構築が、何よりも求められる。

---

[24] 貿易紛争が紛争手続きに付託され報告書が出されても、敗訴した国がブロックすることも問題だとされ、WTOではパネルにおける採決が全会一致からネガティブコンセンサス方式（全会一致で反対されなければ了承）に変更された（中川、2013）。

4. おわりに

　ハイテク産業は先進国経済の中核を担う産業であり，往々にして産業高度化を進める中進国の育成産業でもあるので，中進国の経済成長に伴い経済摩擦に発展し，また安全保障にもかかわる産業であることから，より政治的に対立が激化する可能性がある。日米及び米中のハイテク摩擦は，そのような中で問題がエスカレートしてきた。

　特に米中では安全保障条約を締結していないこと，中国の技術的キャッチアップが急激なこともあり，貿易戦争は覇権争いにまでエスカレートしている。折しも，貿易摩擦を処理・解決するために米国をはじめとした国際社会が作り上げてきたWTOは近年紛争処理機能が低下する一方，トランプ政権の下で，米国は大国の力を活かせる2国間交渉への傾斜に拍車がかかっている。これはまさに1980年代の日米貿易摩擦で通商法301条やスーパー301条を連発していた頃を彷彿とさせる。米中の交渉決裂は両国だけでなく世界経済全体の不利益につながっており，米国自身が中心となって戦後作り上げてきたGATTおよびWTOの多角的貿易システムを自ら崩壊させかねない，世界経済にとって危機的状況となっている。

　日米貿易摩擦では，力による2国間交渉への傾斜は貿易紛争のエスカレートをもたらし，その反省から国際社会は貿易交渉の場として結局GATTに回帰し，WTOでの紛争処理機能の強化へとつながった。多国間交渉の場であるWTOでは，関係国の力関係ではなく，国際ルールに則って，第三者によって公平に紛争が処理される。パワーゲームによる2国間主義の国際貿易関係は持続可能ではなく，いずれは何らかの形で公平な交渉の場である多国間主義へ回帰せざるを得ない。国際経済関係を世界全体の発展へとつなげられるよう，国際社会による多国間主義への回帰が，早急に求められている。

【参考文献】

秋山憲治（1991）『技術貿易とハイテク摩擦』同文舘出版
イアン・ブレマー著，有賀裕子訳（2011）『自由市場の終焉』日本経済新聞社
石川城太（2018年4月6日）「米輸入制限の弊害（下）報復の連鎖，世界大混乱に」日本経済新聞朝刊
伊丹敬之・伊丹研究室（1995）『日本の半導体産業—なぜ「三つの逆転」は起こったか』NTT出版
伊藤元重・下井直毅（2009）「バブル・デフレ期における日本の通商政策」伊藤元重編『国際環境の変化と日本経済（バブル／デフレ期の日本経済と経済政策3）』内閣府経済社会総合研究所，pp.89-122.
伊藤元重・清野一治・奥野正寛・鈴村興太郎（1988）『産業政策の経済分析』東京大学出版会
大矢根聡（2002）『日米韓半導体摩擦—通商交渉の政治経済学』有信堂高文社
科学技術庁（1987）『科学技術白書 昭和62年版』大蔵省印刷局
郭四志編（2017）『中国経済の新時代—成長パターンの転換と日中連携』文眞堂
経済産業省（2018）『通商白書<2018>』勝美印刷
小宮隆太郎・奥野正寛・鈴村興太郎編（1984）『日本の産業政策』東京大学出版会
週刊ダイヤモンド編集部（2018）「米中戦争 日系メーカー危険度ランキング」『週刊ダイヤモンド』2018年11月24日号，pp.28-61.
関志雄（2017年2月15日）「保護主義に向かう米国・グローバル化を堅持する中国—トランプ大統領の誕生で逆転する米中の立場」
　　参照先：RIETI：https://www.rieti.go.jp/users/china-tr/jp/170215world.html
関志雄（2018年6月4日）「米中経済摩擦の新段階—焦点は貿易不均衡から技術移転へ」
　　参照先：RIETI：https://www.rieti.go.jp/users/china-tr/jp/ssqs/180604ssqs.html
滝川敏明（1994）『貿易摩擦と独禁法』有斐閣
田中道昭（2018）『2022年の次世代自動車産業 異業種戦争の攻防と日本の活路』PHP研究所
ダニエル・I.オキモト・菅野卓雄（1985）『日米半導体競争』中央公論社
鶴田俊正（1997）『規制緩和—市場の活性化と独禁法』筑摩書房
鶴田俊正・伊藤元重（2001）『日本産業構造論』NTT出版
中川淳司（2013）『WTO 貿易自由化を超えて』岩波書店
ポール・クルーグマン編，高中公男訳（1995）『戦略的通商政策の理論』文眞堂

八代尚宏（1995）『対外摩擦の政治経済学』日本評論社
ローラ・D.タイソン著，阿部司・竹中平蔵訳（1993）『誰が誰を叩いているのか――戦略的管理貿易は，アメリカの正しい選択?』ダイヤモンド社

堀内英次

第8章
日本の産業構造と消費構造の変化及び日米貿易摩擦の影響[1]

1. はじめに

　2018年後半からの米中貿易摩擦は，世界経済，とりわけアジア経済にとって大きな影響を与えつつある。日本の場合も1970年代後半以降，米国との貿易摩擦が深刻化し，輸出自主規制を含むさまざまな調整が行われた。各国間の異なる経済発展は産業構造の変化をもたらし，為替レート調整に加えて国際産業調整の問題を引き起こす。[1]

　輸出主導型成長により中所得国となった諸国は，経済規模の拡大とともに外需依存一辺倒の成長に限界を迎え，内需拡大にも依存した「内外需両輪型成長」への転換が重要となる段階を迎える。この転換に成功した国がいわゆる「中所得国の罠（middle income trap）」に陥ることなく，高所得国へと発展することができる。中国をはじめ，東アジアにはこの段階に直面した国が増え，貿易摩擦問題を乗り越え，経済構造の高度化を達成することが重要となっている。

　1993年世界銀行発表の『東アジアの奇跡』以来，経済の節目ごとに東アジ

---

[1] 本稿は，長田（2018）[「日本の産業構造と消費構造の変化—1970年～1990年」公益財団法人 産業構造調査研究支援機構　日中プロジェクト研究会『中国経済転換期における産業高度化と日中産業連携の展開—その取り組み・問題点と展開』（平成29年度報告書）] をベースに，1960年代については長田（2017）を参考に，大幅加筆修正と一部再計算をし，日米貿易摩擦について加筆したものである。

ア経済について書かれた文献は多い。2019年，世界銀行アジア太平洋地域レポートとして『再び浮揚する東アジア―変化する世界への航海』（タイトルの *A Resurgent East Asia-Navigating a Changing World-* を筆者が仮訳，原本はMason, Andrew D, and Sudhir Shetty, 2019）が発表された。ここでは中所得国の罠に陥ることなく東アジアが復活を続けるためには，ICTやAIなどの急速な技術革新や世界貿易の成長鈍化の中で，教育の充実やサービスの近代化による生産性の向上，貿易自由化の推進，透明性と民意の反映を前提とした政府機能の強化と効率化が必要であると提言している。また，包括的成長の重要性も説いている。しかし，ここでいう包括的成長が持続的であるためには，貧困削減のみではなく中間所得層の拡大が重要である。

これまで，長期の経済発展は供給サイドの問題としてとらえられることが多かった。しかし，中所得国から高所得国への移行には，内需，とりわけ中間所得層（いわゆるミドルクラス）の台頭が単なる内需拡大を超えて，新たな消費パターンを生み出し，産業構造にイノベーションをもたらすなどの効果が重要であり，需要サイドの視点も無視することができない。

本稿では，事例研究として1960年代から1980年代までの日本の産業構造と消費構造の変化及びその関連性について概観し，中間所得層の拡大の意味について考察する。その過程で，発展する中国経済についてもどのような類推が可能か言及する。最後に，補足的ではあるが，本研究会の趣旨にあわせて，日米貿易摩擦の対象となった品目を取り上げ，その産業構造と消費構造に変化がみられたかどうか概観し，米中貿易摩擦に直面する中国経済への含意について考える。

2. 経済発展過程における中間所得層増大と経済構造への影響

（1）経済発展メカニズムにおける中間所得層増大の意味

従来，長期的な経済成長は経済の供給サイドによって決定されるという考え方が一般的であった。資本供給，労働供給，技術発展などの諸条件の変化が，

第8章　日本の産業構造と消費構造の変化及び日米貿易摩擦の影響

産業構造の変化として現れるものであり，産業構造のいわゆる高度化が経済発展をもたらすものとみなされてきた。

しかし，日本の経済発展過程を見ると，高度経済成長期の後，先進工業国になる段階でもう一段の産業構造の高度化があった。すなわち，高度成長期においては労働集約産業による輸出が経済を主導する一方，国内では重化学工業を対象とした第2次輸入代替が進み，続いて重化学産業による素材輸出が始まる。しかし，素材輸出は国内経済規模が大きな国においては経済発展要因とはなるが，国内経済規模が小さな国では規模の経済が働かず，輸出化が一般に困難な場合が多い。むしろ，重要なのは次の段階での発展が期待される一般機械，電気機械，輸送機械などの技術集約的な大衆消費財を供給する機械産業であり，中間所得層（ミドルクラス）の台頭により市場を国内で創出することが可能である。すなわち，経済発展により，富裕層と低所得層から構成されていた2つのピークを持つ所得分布が，中間所得層が拡大し，さらには主流となることで，所得分布の形が正規分布のようになる。そうすると中間所得層の新たな消費需要が，大量の家電や乗用車の需要となって体現し，機械産業が発展し，さらにはそれが輸出産業となっていくのである。

図表8-1はこのことを概念的に示したものである。経済成長と産業発展を結ぶ主要なチャネル（径路）が資本と技術の蓄積であり，ここに外的要因としてイノベーション（技術革新）と経済政策がかかわる。特に，経済政策の中で重要なのはいわゆる産業政策（Industrial Policy）である。産業政策とは，特定の産業をターゲットに税制，金融，競争規制，技術指導などを通じて取られる政策的優遇措置の総称であり，1960年代日本が実施した産業政策が典型的なものと言われる。もう一つの重要なチャネルが，経済成長率の加速と人口増加率の低下からもたらされる「1人当たり所得の上昇」である。このことは，その国の所得分配構造を通じてミドルクラスの層の厚さを決め，そのことが家電や乗用車などの大衆消費を爆発させるのである。特に，イノベーションによるその国のミドルクラスに合った商品開発が需要喚起の鍵となる。この需要規模が大きくなるにつれて，その財生産の規模の経済の発現と新商品開発が促進さ

259

【図表8-1】経済発展と消費構造の関係

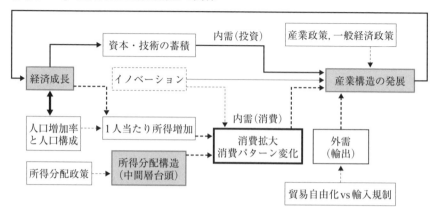

出所：筆者作成。

れる。その結果，これら商品の国際競争力が増大し，輸出が拡大し，更なる経済成長に結びつく。すなわち，図表8-1の供給サイドのチャネルを通じた従来のアジア型の輸出（外需）主導型経済成長に，ミドルクラスの台頭を通じた内需主導型成長が追加され，内外需両輪型成長へと向かうのである[2]。この意味で，所得分配政策においては貧困削減の視点に加えて，いわゆる「新たな富裕層（New rich）」よりも中間所得層の育成の視点の重視が必要であろう。

(2) 中間所得層増大の背景と新たな消費パターン——日本と中国の例

1960年代から始まった日本経済の高度成長は，1973年のオイル・ショックまで続いた。その後は，4％前後の経済成長率となった（図表8-2）。実質GDP成長率は，日本経済全体で見ても1人当たりで見ても，ほぼ同じような傾向を示している。1974年は，原油価格急騰による輸入インフレと低成長という2つの困難に直面し，マイナスの経済成長率となった。その後，70年代後半に

---

[2] 1960年代日本のミドルクラス台頭による消費構造の変化，中国とインドでの近年のミドルクラス台頭の消費と産業構造への影響については変化についてはOsada（2016）及び長田（2017）で検討した。

【図表8-2】経済成長率と所得水準の日中比較

	日本					中国			
	1人当たり名目GDP ($)	1人当たりGDP ($) 2009年価格	実質GDP成長率 (%)	1人当たり実質GDP成長率 (%)		1人当たり名目GDP ($)	1人当たりGDP ($) 2009年価格	実質GDP成長率 (%)	1人当たり実質GDP成長率 (%)
1960	472	2692	13.0	11.1	2000	959	1172	8.5	7.6
1961	570	3217	11.8	11.9	2001	1053	1257	8.3	7.6
1962	640	3572	8.6	7.6	2002	1149	1351	9.1	8.4
1963	725	4002	8.7	7.7	2003	1289	1486	10.0	9.4
1964	844	4587	11.1	10.0	2004	1509	1693	10.1	9.5
1965	920	4909	5.7	3.5	2005	1753	1906	11.4	10.7
1966	1071	5555	10.3	10.4	2006	2099	2214	12.7	12.1
1967	1240	6253	11.1	9.8	2007	2695	2769	14.2	13.6
1968	1452	7024	11.9	10.7	2008	3471	3499	9.7	9.1
1969	1686	7772	12.0	10.6	2009	3838	3838	9.4	8.9
1970	1947	8524	10.3	8.0	2010	4561	4505	10.6	10.1
1971	2470	10291	4.5	3.0	2011	5634	5453	9.5	9.0
1972	2788	11137	8.6	6.9	2012	6338	6023	7.9	7.3
1973	3348	12683	8.1	6.5	2013	7078	6620	7.8	7.2
1974	3942	13706	-1.4	-2.5	2014	7684	7060	7.3	6.8
1975	4302	13688	3.2	1.8	2015	8069	7335	6.9	6.4
1976	4782	14422	4.0	2.9	2016	8123	7291	6.7	6.1
1977	5279	14993	4.4	3.4					
1978	7583	20126	5.4	4.3					
1979	9259	22699	5.6	4.6					
1980	8478	19061	2.7	2.0					

(注) 1. 経済成長率は，日本については1990年固定価格，中国については2015年固定価格のGDPから計算。
2. 2009年固定ドル価格表示の一人当たり所得は，米ドルの2009年固定価格GDPデフレーターを一人当たり名目ドル所得に適用して計算した。
3. セルがグレーになっているのは，成長率が10％以上の年と，所得水準が両国で同レベルの時期。

出所：日本データは総務省統計局監修『新版日本統計総覧』2007。
米国データは，世界銀行 World Development Indicators。
米ドルのデフレーターは，Bureau of Economic Analysis, Dept. of Commerce データベース。

は徐々に回復して成長率も5％台となった。この間の日本経済は，省エネルギー構造への転換を進めた。原油価格が1980年には1バーレル30ドルを超える中，省エネ技術の開発と普及は，日本の産業にとっての競争力強化の大きな要因となった。1980年代前半は，米国のレーガン政権による強いドルの維持を目標とした高金利政策により，世界経済は低成長時代に入った。この高金利はラテンアメリカ諸国では金融収縮をもたらし，経済への悪影響は大きかった。ドル高によりアジアからの対米輸出が拡大し，1984年には日本経済の成

長率もやや上昇した。しかし，貿易収支赤字に堪え切れなくなった米国は，1985年のプラザ合意を境に強いドル政策を放棄し，日本円の対ドルレートは急速に切りあがった。他方，韓国，台湾の通貨の対ドルレートは，切りあがらなかった。このため，米国市場を中心に，日本の輸出が韓国や台湾の輸出によって急速に代替された。また，強い円を背景に日本の輸入は急増した。この結果，日本の製造業の国際競争力が低下し，政府は大幅な金融緩和を中心とした景気浮揚策を実施した。これにより景気は回復したものの，行き過ぎた金融緩和は資産価格の高騰をもたらし，経済のバブル化が進行した。1988年にはGDP成長率は6％を超えた。1990年になるとバブルが崩壊し，日本経済は長期低迷期に入った。

　この間の1人当たりGDPの推移を，国際比較のためにドル表示で見るとおよその経済発展水準の変化がわかる。日本の1人当たり名目GDPは，1970年が1,947ドル，1980年が8,478ドル，1990年が23,193ドルである。2018年の世界銀行のGNI（国民総所得）基準による所得グループの分類では1,005ドル以下が低所得国，その上の3,955ドル以下が低位中所得国，その上の12,235ドル以下が高位中所得国である。この基準との単純比較をすれば，1970年の日本は低所得国から中所得国へと移行する段階にあったということになるが，1970年のドル価値と2018年のドル価値は，ドルの物価上昇分だけ異なるのでこのような比較は意味がない。ここでは，米国の2009年を基準年とした米国商務省公表のGDPデフレーター（名目ドルの物価指数）を用いて，調整を行った[3]。図表8-2によれば，日本は1960年代半ばには，上位中所得国入りしており，1970年には高所得国グループ入りを間近に控えた段階であったことがわかる。そして，いわゆる「中所得国の罠」にはまることなく，1970年代後半には高所得グループ入りしたことがわかる。

　このようなマクロ経済フレームの変化の下で製造業内部にも大きなトレンド

---

(3) ただし，2009年基準の計算値は仮に2018年基準のGDPデフレーターのシリーズが利用可能であった場合と比べると，所得水準の数値は小さめとなる。

の変化が現れた。堀内（2017, p.152）によれば，それは，1960年代に発展した「重厚長大」な素材産業から1973年以降の「軽薄短小」産業へのシフトであり，1980年代には「軽薄短小」産業である機械産業が製造業の中心となったことである。また，1973年以降の産業政策には1970年代と異なる次に列記するような特徴がみられた（以下括弧内は，堀内2017, pp.175-178から引用）。第1に，「市場メカニズムを重視した政策運営への転換」，第2に「省資源型・省エネルギー型の産業構造から知識集約型産業への転換」，第3に「第2の知識集約化構想に関連した，先端技術開発への支援」，第4に，「環境規制の強化」，第5に「構造不況業種の調整政策」があげられている。さらに追加するならば，1970年代半ばで，やっと外資導入からの国内産業保護が終わり，国内市場における資本自由化が制度的には整った。また，1985年のプラザ合意後は，日本企業のグローバル化の時期でもある。ASEAN諸国への直接投資が積極的に始まり，日本企業の国際経営が活発化するとともに，国内産業の空洞化の懸念が指摘されるようになった。

　以上の1960年代から1980年代までの日本経済の発展段階と改革開放以後の中国経済の発展段階にはどのような共通点と違いがみられるか，図表8-2により比較してみる。まず，中国の高度成長の期間は長く，さらに成長率も高い。9％以上のGDP成長率は，中国では1991年から1997年まで，さらに2002年から2011年までである。アジアの通貨危機や中国経済の対外開放のスローダウンの時期を除けば，約20年間9％以上の高度成長が続いたことになる。この結果，1人当たりGDPも高成長し，2016年には名目価格では8,123ドルとなった。これは，世界銀行の上位中所得国の中央値に近い。発展水準比較のために2009年価格固定価格で1人当たりGDPを見ると，2016年が7,291ドルで，日本の1968年の7,024ドルに近い。単純に考えれば，日本の1970年，すなわち日本の高度成長期が終わって高度成長の負の遺産を整理しつつ，経済が先進工業化する時代に対応する。ただ，中国は広大な地域と大きな人口を抱えていること考慮すれば，先進の沿海部を中心とした地域では，すでに消費レベルは高所得国の水準に入っていることが考えられる。現在の中国経済は，長期間の

高度成長から新常態に移行し，公害問題の解決，地域経済格差解消，消費を通じた産業構造高度化，素材産業の供給調整の時期にすでに入っており，大まかに言って日本の1970年代に抱えた課題と多くの共通点を抱えていることが指摘できる。他方で，新産業の発展，ICTやAIの進展，隠れた不良債権の問題など，70年代日本とは異なる部分も多くある。

【図表8-3】日本と中国のミドルクラスの出現と大衆消費財の普及率
(%)

日本	非農家家計		中国	地方家計		都市家計	
	1960	1970		2000	2012	2000	2012
電気冷蔵庫	10	91	電気冷蔵庫	12	67	80	98
電気洗たく機	41	92	電気洗濯機	29	67	91	98
扇風機	34	86	エアコン	1	25	31	127
白黒テレビ	45	90	カラーテレビ	49	117	117	136
オートバイ・スクーター	10	20	オートバイ	22	62	19	20
電気掃除機	8	74	携帯電話	4	198	20	213

出所：長田（2012）表2とOsada（2016）のTable2から再構成。

　ミドルクラスの台頭による消費の変化は，消費需要増大，品目構成の変化，新商品の開発需要という形で産業構造に大きな変化を与える。図表8-3に示したように，ミドルクラスが台頭した1960年代日本では，非農家家計で家電やオートバイの普及率が急増したことがわかる。このことが，市場の拡大（大量生産）により生産効率化，品質向上，価格低下，新商品の開発を通して，産業の発展と輸出に大きな影響をあたえたのである。中国においては都市家計で先行した消費の変化が，2000年から2012年にかけて，より大きな人口を抱える地方家計の消費額と消費パターンに大きな変化を起こしたことがわかる。

　最後に，支出項目別成長要因分析（図表8-4）により，民間最終消費の増大が，どのように日本の1960年代，70年代，80年代の成長に寄与したかを見る。1960年代の純輸出の寄与度はマイナス1.6％であり，いわゆる輸出主導型成長というイメージは量的には確認できない。1970年代の純輸出寄与度は6.3％で

あり，不振な国内投資分を，輸出と民間消費の増大でカバーしたことになる。民間消費の寄与度は1960年代の54.1%から70年代には62.3%へと拡大した。民間消費支出が経済成長の底支えをしたことがわかる。80年代には輸出の寄与度も輸入のマイナスの寄与度も高くなり，経済のグローバル化が進んだことがわかる。投資の寄与度は60年代の水準に戻り，民間最終消費の寄与度も60年代の水準に低下した。以上から，民間消費支出は30年間を通じて，比較的コンスタントに成長に寄与しており，消費を支えるミドルクラスの順調な所得向上を間接的に示唆していると思われる。中国について見ると2000年以降，民間消費と政府消費を加えた消費の成長寄与度が増加している。また，国内投資の寄与度は2010年以後低下している。純輸出の寄与度も2010年以後マイナスであり，2010年以後，内需の中でも消費の成長寄与度が増加し，外需の寄与度が低下している点で内需型発展へのシフトが確認できる。

【図表8-4】成長寄与度による成長の要因分析

(%)

	民間最終消費支出	政府最終消費支出	総固定資本形成	在庫品増加	純輸出	輸出	輸入
日本1960-70	54.1	6.1	38.6	2.9	−1.6	7	−9
日本1970-80	62.3	11.0	23.4	−3.0	6.3	16	−10
日本1980-90	54.7	6.1	38.8	0.8	−0.3	13	−14
中国2001-05	40.6		50.4		9.1	−	−
中国2005-10	41.1		55.4		3.5	−	−
中国2010-13	53.9		49.7		−3.6	−	−

(注) 合計は100%。
出所：長田 (2018) 表2とOsada (2016) のTable1から再構成。

3. 日本の消費構造，内外需比率，産業構造の変化（1960年-1990年）

(1) 分析手法とデータ

長期間の産業構造の変化，品目ごとの消費構造の変化を詳しく見るために，接続産業連関表を用いる。接続産業連関表は，異時点間の産業分類が同一であ

るということと，名目と実質の両系列が利用可能であるという特徴と利点を持つ。日本の場合は5年毎の3時点を連結した表が5年おきに作成されている。今回の分析期間は1960年から1990年であるので，1960-65-70，1970-75-80，1980-85-90をカバーする『接続産業連関表 昭和35-40-45年』，『昭和45-50-55年接続産業連関表』，『昭和55-60-平成2年接続産業連関表』を使用した。

分析にあたっては，製造業品目群とサービス品目群における消費変化がわかりやすく，かつ，あまり部門数が大きくならないような30部門程度の分析用部門分類を作成し，使用した。詳しくは，章末に付表として示した接続表分類と本稿での分析用部門分類のコンバーターを参照されたい。3つの接続表があるので，1970年と1980年についてはデータが2種類存在する。部門分類の違いなどにより，若干の計数の違いがみられるが，60年代，70年代，80年代の独立の分析としてそのまま使用した。

接続産業連関表では，異時点間のデータについて名目価格での単純比較と，固定価格での実質比較が可能である。長期間では相対価格も一般物価水準の変化も大きいので，名目での時系列比較は，実質的な需要量の変化と価格の変化とに分けて論ずることが必要である。ただし，各時点で，特定品目が支出全体の中で持つ重要性は，名目で計測することがふさわしい。例えば，製造業品においては大量生産により価格が大幅に下がるケースがある。この場合，消費パターンの変化は購入数量の変化で（すなわち固定価格データにより）把握するのが正確であるのに対し，それぞれの時点でのその品目を消費することの重要性は，それぞれの時点の名目支出額のシェアにより知ることができる。

以下の分析では，各10年間の変化を見るために，次の指標を計算した。第1に，産業構造の変化を見るために産業部門別に，名目付加価値額シェア，名目付加価値増加率の実質増加率と価格変化への要因分解を行った。この場合，付加価値の価格変化とは産出物と投入物の両者の物価変動を考慮した[4]のち

---

(4) ダブル・デフレーション法。

得られるもので，この数値が大きい場合は，生産性の向上よりも産出物の価格上昇や投入物の価格下落によって名目付加価値が増加したと解釈できる。第2に内外需の相対的重要性を見るために，総需要に占める外需比率と民間消費比率を計算した。第3に消費構造の変化を見るために，民間消費支出の品目別シェアの変化，名目消費増加率の実質増加率と価格変化への要因分解を行った。

なお，産業間の規模の比較には，生産額ではなく比較可能な付加価値を使用する。しかし，付加価値は大まかにいえば売上高から中間投入といわれるコストを差し引いたもので，雇用者所得（賃金），資本減耗引当金，間接税（補助金は控除），営業余剰（配当，利払い，利潤，経営者への報酬）などから構成される。このため同じ量の生産活動を行っていても，利益の多寡によって付加価値額は変動する。すなわち，どれくらいの労働者を雇用しているか，どれくらいの生産額があるのかということと付加価値額には必ずしも比例関係ないことに留意する必要がある。

(2) 1960年代の変化

1960年代10年間の産業構造と消費構造の変化に関する指標は図表8-5に示した。

産業別付加価値の変化については次のような特徴が見られた。

①農業と林業の付加価値シェアが大きく低下している。10年間の実質伸び率は低く，名目上の伸びは主に価格上昇によるものである。

②食生活の近代化によって肉・酪農品産業の付加価値増加率が高い。名目では6.3倍であるが，価格も2.3倍となったため，実質の増加は2.8倍であった。

③中間所得層の新たな消費パターンを反映して，電気機械，輸送機械，建築が付加価値シェアを顕著に伸ばした。

④製造業と第3次産業の付加価値増加率は平均より高い。特徴的なのは，急成長した製造業において価格上昇率が低いかマイナスであり，第3次産業においては価格の上昇率が大きいということである。

【図表8-5】産業構造と消費構造の変化（1960〜1970）

分析用31部門分類	付加価値シェア(%) 1960	付加価値シェア(%) 1970	付加価値増加率(倍) 名目	付加価値増加率(倍) 実質	価格変化(倍)	総需要に占める外需比率(%) 1960	総需要に占める外需比率(%) 1970	総需要に占める民間消費比率(%) 1960	総需要に占める民間消費比率(%) 1970	民間消費支出品目シェア(%) 1960	民間消費支出品目シェア(%) 1970	民間消費支出増加率(倍) 名目	民間消費支出増加率(倍) 実質	価格変化(倍)
01農業	7.6	3.6	2.2	1.0	2.2	0.4	1.0	10.9	23.5	2.6	2.9	4.8	1.8	2.8
02畜産	1.0	0.7	2.9	1.5	1.9	0.6	0.1	24.2	14.8	1.4	0.6	1.9	1.6	1.1
03林業	2.4	0.8	1.4	0.7	1.9	0.4	0.3	7.0	2.8	0.6	0.1	0.8	0.5	1.7
04漁業	1.5	0.9	2.8	1.4	2.0	11.9	3.4	39.8	39.3	1.6	1.1	2.8	1.3	2.1
05鉱業	1.5	0.8	2.5	2.4	1.1	0.1	0.2	1.1	0.1	0.1	0.0	0.4	0.4	0.9
06肉・酪農品	0.2	0.2	6.3	2.8	2.3	1.4	0.5	62.2	72.2	2.2	2.7	5.2	3.1	1.7
07その他食品	2.0	1.1	2.4	1.3	1.8	2.0	2.2	68.5	62.9	20.7	10.4	2.2	1.3	1.7
08飲料・たばこ	3.4	2.3	3.1	2.4	1.3	0.3	0.3	70.2	67.9	6.6	4.5	2.9	2.1	1.4
09衣服など	0.5	0.6	6.0	4.5	1.3	15.7	7.2	62.1	63.6	2.8	2.9	4.5	3.3	1.4
10その他繊維製品	0.9	1.6	8.0	1.5	5.3	16.1	11.6	22.0	28.1	4.9	3.4	3.0	2.0	1.5
11製材・家具	1.1	1.3	5.6	3.1	1.8	4.7	1.6	6.9	5.9	0.6	0.6	3.9	2.2	1.7
12パルプ・紙・印刷出版	2.0	2.1	4.8	5.0	1.0	1.9	1.6	6.6	7.7	0.8	0.9	5.0	4.4	1.1
13皮革・ゴム	0.5	0.4	3.0	2.9	1.3	13.3	14.7	16.5	19.6	0.6	0.5	3.7	2.8	1.3
14化学・石炭・石油製品	4.5	4.5	4.7	7.3	0.6	3.1	5.8	6.3	9.5	1.8	2.5	6.0	5.5	1.1
15窯業土石製品	1.3	1.4	5.0	4.1	1.2	9.1	4.7	−3.1	2.1	−0.2	0.1	−3.3	−2.3	1.5
16鉄・金属製品	5.1	5.7	5.2	5.1	1.0	5.0	7.5	0.4	1.6	0.2	0.7	16.8	10.1	1.7
17一般機械	3.4	4.0	5.4	5.4	1.0	4.9	8.0	2.6	1.6	0.5	0.4	3.2	3.3	1.0
18電気機械	2.6	3.6	6.2	10.0	0.6	7.2	11.8	12.3	10.1	2.0	2.1	4.6	5.0	0.9
19輸送機械	2.6	3.4	6.0	4.7	1.3	13.1	16.4	6.2	7.0	1.0	1.5	6.1	5.4	1.1
20精密機械	0.5	0.6	5.3	4.1	1.3	16.8	20.0	19.8	22.1	0.5	0.7	5.9	4.1	1.4
21その他製造業	0.7	1.0	7.2	10.4	0.7	26.1	11.1	20.8	20.5	0.9	1.3	6.3	6.0	1.0
22建築	2.8	4.9	8.0	3.7	2.1	0.0	0.0	0.0	0.0	0.0	0.0	−	−	−
23土木	3.3	3.2	4.4	2.4	1.8	0.4	0.0	0.0	0.0	0.0	0.0	−	−	−
24電気・ガス・水道	2.5	2.3	4.1	2.6	1.6	0.7	0.1	26.6	25.6	2.0	1.8	3.8	2.4	1.6
25商業	11.4	13.4	5.4	4.3	1.3	2.4	3.2	45.2	40.3	13.3	15.4	5.0	3.3	1.5
26金融・保険	4.0	5.3	6.0	2.2	2.8	0.3	0.3	36.8	34.5	3.6	4.5	5.4	2.0	2.6
27不動産業	4.4	5.3	5.5	2.2	2.5	0.0	0.0	97.7	94.9	9.2	12.1	5.7	2.4	2.4
28運輸・通信	7.2	6.8	4.3	3.1	1.4	13.5	15.2	26.2	30.2	5.5	6.3	4.8	2.9	1.7
29公務	4.9	3.0	2.8	1.0	2.9	0.0	0.0	0.0	0.0	0.0	0.0	−	−	−
30サービス	10.3	11.5	5.1	1.9	2.7	0.1	0.3	50.6	50.9	16.4	20.0	5.2	2.5	2.1
31その他	2.0	3.5	7.9	6.4	1.2	5.3	3.6	−13.6	−0.1	−2.4	−0.0	0.0	0.0	1.1
合計	100.0	100.0	4.6	2.6	1.7	4.6	5.0	21.9	22.2	100.0	100.0	4.3	2.4	1.8

(注) 1. 実質データは1970年固定価格。それ以外は名目値あるいは名目による計算。
　　 2. 部門ごとの名目増加率と実質増加率の乖離は価格変化の影響と解釈できる。
　　　　付加価値と民間消費の値が少し異なるのは，品目構成の違いとダブルデフレーションの影響。
　　 3. グレーのセルは，全産業平均値を上回るもの。
出所：行政管理庁他（1975）『昭和35-40-45年接続産業連関表』59部門分類から筆者が部門統合し計算。

需要に対する外需比率が平均よりも高いのは，衣服や繊維，素材産業，機械産業である。その中では，衣服・繊維などのシェアが急減しているのに対し，鉄・金属製品や機械製品のシェアが拡大している。総需要に対する民間消費のシェアは，不動産業やサービス産業で増加しており，これも中間所得層の増大と対応している。

消費パターンについては肉・酪農製品への支出増加，不動産業やサービス業などの第3次産業への支出増加の傾向がみられる。民間消費品目の価格変化を見ると，食料品とサービスなどの第3次産業の価格が顕著に上昇しているのに対し，製造業品の価格上昇は少ない。このように，1960年代に日本経済は転換点を迎え，第1次・第3次産業の賃金が上昇する中で，生産性上昇が高く需要が急増する製造業部門の製品価格が低下したことがわかる。

(3) 1970年代の変化

1970年から1980年への産業構造と消費構造の変化は，図表8-6に示した。産業別付加価値については次のような特徴が見られた。

①一次産業のシェアが大きく低下している。農業，林業，漁業では，10年間の実質付加価値増加倍率は1以下となっており，畜産業が1以上であることと併せて考えれば，食生活の近代化（欧米化）が進んだことがわかる。また，シェア低下の産業においては，価格上昇が全産業平均を上回っている。

②製造業では，肉・酪農品産業の価格が低下し，実質付加価値が10年間で4.4倍となった。その他食品産業のシェアも増加している。衣服産業のシェアは0.46％から0.56％へと増加した。生活にゆとりが出て，消費パターンの近代化が進んだものと思われる。素材産業のシェアは軒並み低下している。一般機械・電気機械・輸送用機械のシェアは予想に反して低下している。しかし，電気機械産業では技術革新と大量生産により，価格が0.2倍へと低下しており，実質付加価値は約16倍になっている。つまり，生産規模は拡大したが，価格低下によって付加価値で見た産業シェアは明確な増加を見せなかった。

【図表8-6】産業構造と消費構造の変化（1970〜1980）

分析用33部門分類	付加価値シェア(%) 1970	付加価値シェア(%) 1980	付加価値増加率(倍) 名目	付加価値増加率(倍) 実質	価格変化(倍)	総需要に占める外需比率(%) 1970	総需要に占める外需比率(%) 1980	総需要に占める民間消費比率(%) 1970	総需要に占める民間消費比率(%) 1980	民間消費支出品目シェア(%) 1970	民間消費支出品目シェア(%) 1980	民間消費支出増加率(倍) 名目	民間消費支出増加率(倍) 実質	価格変化(倍)
01 農業	3.7	2.2	1.9	0.8	2.4	1.0	0.4	22.9	24.2	2.8	1.8	2.3	1.1	2.2
02 畜産	0.6	0.3	1.8	1.1	1.6	0.2	0.1	15.9	10.9	0.6	0.3	1.7	1.0	1.8
03 林業	0.8	0.4	1.6	0.8	2.1	0.3	0.5	3.0	4.6	0.1	0.1	3.1	1.2	2.6
04 漁業	0.9	0.6	2.3	0.9	2.6	3.4	0.5	39.5	37.0	1.0	0.8	2.8	1.0	2.7
05 鉱業	0.8	0.6	2.2	1.0	2.1	0.2	0.0	0.1	0.0	0.0	0.0	1.6	0.3	4.7
06 肉・酪農品	0.3	0.3	3.4	4.4	0.8	0.5	0.4	70.9	70.9	2.6	2.3	3.2	1.7	1.9
07 その他食品	1.1	1.3	3.9	1.9	2.0	2.2	1.5	61.2	64.0	10.2	8.1	2.9	1.2	2.3
08 飲料・たばこ	2.3	1.7	2.4	1.5	1.6	0.3	0.5	68.5	76.5	4.4	3.7	3.1	1.7	1.8
09 衣服など	0.5	0.6	4.1	1.5	2.7	7.4	1.7	71.3	80.7	2.5	2.5	3.6	1.7	2.1
10 その他繊維製品	1.7	0.9	1.8	1.4	1.3	11.2	11.1	28.5	25.2	3.6	1.6	1.6	1.0	1.6
11 製材・家具	1.3	1.0	2.5	1.2	2.1	1.6	0.7	5.8	5.5	0.5	0.3	2.4	1.1	2.2
12 パルプ・紙・印刷出版	2.1	1.9	3.0	1.0	2.9	1.7	1.6	7.7	7.5	0.9	0.8	3.1	1.1	2.8
13 皮革・ゴム	0.4	0.5	3.6	1.2	3.0	14.7	13.1	20.1	21.8	0.5	0.5	3.7	1.4	2.7
14 化学・石炭・石油製品	4.6	3.3	2.4	2.8	0.9	5.9	5.2	10.0	11.5	2.5	3.3	4.9	2.4	2.1
15 窯業土石製品	1.4	1.1	2.6	1.3	2.0	4.7	5.7	2.2	1.5	0.2	0.1	2.1	0.7	3.2
16 鉄・金属製品	5.9	4.7	2.6	1.8	1.4	7.6	10.3	1.3	1.6	0.6	0.5	3.4	1.7	2.0
17 一般機械	3.9	3.0	2.6	2.0	1.3	8.0	17.0	0.3	0.2	0.1	0.0	1.4	0.8	1.7
18 電気機械	3.5	3.1	2.9	15.8	0.2	11.8	20.9	12.5	9.2	2.5	1.5	2.2	2.2	1.0
19 輸送機械	3.5	3.1	3.0	1.5	2.0	16.5	28.4	6.8	12.2	1.4	2.2	6.0	2.7	2.3
20 精密機械	0.5	0.6	3.6	4.9	0.7	21.7	29.8	18.4	18.4	0.5	0.5	3.6	2.8	1.3
21 その他製造業	1.1	1.1	3.5	2.0	1.8	11.4	7.2	21.1	20.3	1.3	1.2	3.5	1.8	1.9
22 建築	4.9	5.6	3.8	1.4	2.7	0.0	0.0	0.0	0.0	−	−	−	−	−
23 土木	3.2	3.7	3.8	1.3	3.0	0.0	0.0	0.0	0.0	−	−	−	−	−
24 電気・ガス・水道	2.4	2.7	3.7	1.5	2.5	0.1	0.0	27.0	23.7	1.9	2.5	4.7	1.5	3.1
25 商業	13.5	14.4	3.5	1.7	2.0	3.2	3.5	40.5	43.8	15.1	16.1	3.9	1.7	2.3
26 金融・保険	5.0	4.7	3.1	1.5	2.0	0.4	1.7	23.6	22.6	2.8	2.6	3.4	2.0	1.7
27 不動産業	5.3	7.5	4.7	2.3	2.1	0.0	0.0	94.9	95.5	11.9	14.7	4.6	2.2	2.1
28 運輸	5.4	4.4	2.7	1.2	2.3	18.0	16.5	32.3	31.3	5.5	5.0	3.3	1.2	2.8
29 通信	1.3	1.6	4.0	2.0	2.0	0.6	0.4	19.4	28.3	0.6	1.0	5.6	2.8	2.0
30 公務	2.6	4.0	5.0	1.8	2.9	0.0	0.0	7.3	1.9	0.6	0.2	1.1	0.4	2.6
31 研究・教育	2.6	3.7	4.6	1.5	3.0	0.0	0.0	18.7	22.8	1.2	1.7	5.5	2.0	2.7
32 サービス（教育・研究除く）	9.4	13.0	4.6	1.6	2.9	0.3	0.2	61.5	58.2	20.8	23.9	4.2	1.7	2.6
33 その他	3.4	2.3	2.3	1.0	2.2	3.5	3.8	3.3	3.0	0.5	0.4	2.9	1.3	2.2
合計	100.0	100.0	3.3	1.6	2.1	5.0	5.9	22.5	24.4	100.0	100.0	3.7	1.6	2.3

(注) 1. 実質データは1980年固定価格。それ以外は名目値あるいは名目による計算。
　　 2. 部門ごとの名目増加率と実質増加率の乖離は価格変化の影響と解釈できる。
　　　　付加価値と民間消費の値が少し異なるのは，品目構成の違いとダブルデフレーションの影響。
　　 3. グレーのセルは，全産業平均値を上回るもの。
出所：総務庁他（1985）『昭和45-50-55年接続産業連関表』71部門分類から筆者が部門統合し計算。

③建設・土木産業やユーティリティ産業の名目付加価値は平均以上の伸びを示したが，実質増加よりも価格上昇の影響が大きい。
④不動産業は，付加価値シェアも実質付加価値倍率も平均より高く，成長産業であった。
⑤通信，公務，研究・教育，サービス産業では名目付加価値シェアの増大が顕著である。

これら③④⑤の産業では，需要増に伴い価格の上昇が高く，生産性の向上は低かった。

総需要に対する外需比率が平均よりも高いのは，70年も80年も，鉄・金属製品と各種機械産業である。ただし，この間機械産業の外需比率は大幅に増大している。総需要に対する民間消費比率が平均より高いのは，当然のこととして非貿易財の最終消費財産業である。

消費パターン変化については，次のような特徴がみられる。
①エンゲル係数を，農業，畜産，漁業，肉・酪農品，その他食品の合計シェアと定義すれば，1970年が17.2％であったものが1980年には13.3％へと低下し，法則通り所得水準の向上とともに係数が低下しているのがわかる。
②80年に民間消費支出シェアが増大した品目は，化学・石炭・石油製品，輸送機械，電気・ガス・水道，商業，不動産業，通信，研究・教育，サービスで，生活パターンの近代化，住環境の改善，サービス化が進行したことが確認できる。
③民間消費支出は，全産業平均で名目3.69倍となったが，価格が2.25倍となっており，実質は1.64倍であった。中でも実質消費が平均を大きく上回った倍率を示したのが，化学・石炭・石油製品，電気機械，輸送機械，精密機械，金融・保険，不動産，通信，研究・教育などである。
④価格上昇が大きかった品目は林業，漁業，鉱業，その他食品，製材・パルプ，印刷・出版，皮革・ゴムなどで，天然資源関連の製品価格が上昇している。また，電気・ガス・水道，サービス産業の価格は上昇しており，生産性の向上が遅れていることがわかる。支出額増大と価格低下が同時に起こった

産業は，電気機械と精密機械であり，まさに成長産業であった。

(4) 1980年代の変化

1980年から1990年への産業構造と消費構造の変化は，図表8-7に示した。産業別付加価値については次のような特徴が見られた。

①一次産業のシェアが70年代に引き続き大きく低下している。食料品のシェアは増加した。食料品の名目付加価値は1.82倍となったものの，内容は価格の上昇で実質的な付加価値の増加はない。漁業については流通改革の効果か，価格が0.7倍に低下し，実質付加価値額が1.44倍となった。

②名目付加価値増加率が2倍を超えたのは，一般機械，電気機械，ビジネスサービス，個人サービスであった。機械産業では価格が低下する中で実質付加価値が大きく上昇したのと対照的に，サービス産業では価格も上昇した。

③研究・教育，ビジネスサービス，個人サービスとも名目付加価値シェアが増加した。これら産業では価格の上昇と実質付加価値の増加が同時に起こっている。

総需要に対する外需比率が平均よりも高いのは，1980年も90年も，その他繊維製品，タイヤなどのゴム製品，各種の機械産業であるが，外需比率は80年から90年にかけて押しなべて低下している。総需要に対する民間消費比率が高い産業は同じであるが，全体的に比率は低下している。ただし，70年代と同様に電気機械と輸送機械で増加が顕著に見られ，民間消費をけん引しているのがわかる。

消費構造の変化については，次のような特徴がみられる。

①エンゲル係数は，1980年の12.7％から1990年には9.6％へと引き続き低下した。

②80年代に民間消費支出のシェアが増大した産業は，電気機械，輸送機械，不動産業，個人サービスであったが，70年代と比べて全般的に変化は少ない。

③民間消費支出の中でも実質消費が平均を大きく上回った倍率を示したのが化

第8章　日本の産業構造と消費構造の変化及び日米貿易摩擦の影響

【図表8-7】産業構造と消費構造の変化（1980～1990）

分析用35部門分類	付加価値シェア(%) 1980	付加価値シェア(%) 1990	付加価値増加率(倍) 名目	付加価値増加率(倍) 実質	価格変化(倍)	総需要に占める外需比率(%) 1980	総需要に占める外需比率(%) 1990	総需要に占める民間消費比率(%) 1980	総需要に占める民間消費比率(%) 1990	民間消費支出品目シェア(%) 1980	民間消費支出品目シェア(%) 1990	民間消費支出増加率(倍) 名目	民間消費支出増加率(倍) 実質	価格変化(倍)
01農業	2.2	1.5	1.2	1.0	1.2	0.4	0.1	32.3	28.8	1.7	1.3	1.3	1.0	1.4
02畜産	0.3	0.3	1.5	1.3	1.1	0.0	0.0	7.9	7.1	0.3	0.1	0.7	1.0	0.8
03林業	0.4	0.2	0.8	0.9	0.8	0.5	0.4	4.6	10.2	0.1	0.1	1.7	1.6	1.0
04漁業	0.6	0.4	1.1	1.4	0.7	0.8	0.7	33.7	20.2	0.8	0.2	0.5	0.6	0.9
05鉱業	0.6	0.3	0.8	0.9	0.9	0.1	0.1	0.0	0.0	0.0	0.0	0.0	0.0	0.6
06食料品	1.6	1.6	1.8	1.0	1.8	1.3	0.7	75.8	64.6	9.9	8.0	1.4	1.2	1.2
07飼料・有機肥料	0.0	0.0	1.3	-14.8	-0.1	0.2	0.5	0.0	7.0	-	0.0	-	-	-
08飲料・たばこ	1.7	1.3	1.4	1.0	1.4	0.4	0.2	95.6	75.6	4.0	3.3	1.4	1.1	1.3
09衣類など	0.6	0.6	1.7	1.5	1.1	1.9	0.8	86.5	74.7	2.6	2.5	1.7	1.5	1.1
10その他繊維製品	0.8	0.5	1.2	0.8	1.5	12.3	8.7	25.2	26.2	1.2	1.1	1.2	1.1	1.1
11製材・家具	1.0	0.8	1.4	1.0	1.4	0.6	0.6	5.1	6.8	0.3	0.3	1.4	1.3	1.1
12パルプ・紙・印刷出版	1.9	2.0	1.9	1.6	1.2	1.6	1.5	10.8	7.3	0.8	0.7	1.4	1.0	1.4
13皮革・ゴム	0.5	0.4	1.5	2.4	0.6	11.7	9.7	35.0	31.0	0.8	0.7	1.4	1.3	1.1
14化学・石炭・石油製品	3.9	3.7	1.7	2.4	0.7	4.9	6.0	8.2	11.7	3.6	2.5	1.2	1.6	0.7
15窯業土石製品	1.1	1.0	1.6	1.2	1.3	5.7	4.6	1.7	3.5	0.4	0.2	2.8	2.5	1.1
16鉄・金属製品	4.7	3.7	1.4	1.2	1.1	10.2	5.2	1.1	1.1	0.4	0.2	1.1	1.1	1.0
17一般機械	2.2	2.9	2.3	2.1	1.1	20.7	17.5	0.2	0.3	0.0	0.0	2.6	2.3	1.1
18電気機械	2.8	4.0	2.6	6.0	0.4	22.4	21.6	7.4	10.7	1.6	2.3	2.5	3.6	0.7
19輸送機械	2.8	2.4	1.5	1.8	0.9	30.9	23.5	6.9	12.5	1.4	2.4	3.0	3.3	0.9
20精密機械	0.5	0.5	1.6	2.0	0.8	30.3	26.1	15.9	16.6	0.5	0.4	1.3	1.5	0.8
21その他製造業	0.5	0.5	1.2	1.1	1.1	11.7	8.4	41.5	36.5	1.0	1.1	1.7	1.6	1.1
22建築	5.5	6.1	2.0	1.6	1.2	0.0	0.0	0.0	0.0	0.0	0.0	-	-	-
23土木	3.3	3.1	1.7	1.4	1.2	0.0	0.0	0.0	0.0	0.0	0.0	-	-	-
24電気・ガス・水道	2.7	2.9	1.9	1.9	1.0	0.0	0.1	23.5	28.4	2.5	2.5	1.7	1.8	1.0
25商業	14.1	12.9	1.6	1.3	1.3	3.5	2.5	51.1	46.9	16.0	15.7	1.7	1.5	1.2
26金融・保険	4.7	4.9	1.9	1.9	1.0	1.7	1.3	22.0	26.8	2.6	3.5	2.4	2.4	1.0
27不動産業	9.3	9.4	1.8	1.3	1.4	0.0	0.0	106.2	78.9	14.7	16.0	1.9	1.4	1.4
28運輸	4.7	4.6	1.8	1.5	1.2	15.8	10.5	40.5	33.7	5.0	5.1	1.8	1.3	1.3
29通信	1.8	1.8	1.8	1.9	1.0	0.3	0.4	27.5	30.4	1.2	1.4	2.0	2.0	1.0
30公務	3.8	3.2	1.5	1.1	1.4	0.0	0.0	2.4	2.4	0.2	0.2	2.0	1.5	1.3
31研究・教育	4.7	4.8	1.8	1.5	1.2	0.0	0.0	23.1	19.0	2.0	2.2	1.9	1.6	1.2
32医療・社会保障・公共サービス	4.3	4.0	1.7	1.3	1.3	0.0	0.1	92.1	83.6	11.0	10.4	1.6	1.5	1.1
33ビジネスサービス	4.6	6.7	2.6	2.0	1.3	0.1	0.9	13.7	6.4	1.2	1.2	2.0	1.1	1.7
34個人サービス	5.6	6.5	2.1	1.5	1.4	0.4	0.8	92.0	71.3	12.4	14.7	2.0	1.6	1.3
35その他	0.2	0.5	4.9	2.4	2.1	7.0	12.8	0.8	0.3	0.0	0.0	0.4	0.4	1.1
合計	100.0	100.0	1.8	1.5	1.2	5.9	5.2	28.9	27.2	100.0	100.0	1.7	1.5	1.2

（注）1. 実質データは1990年固定価格。それ以外は名目あるいは名目による計算。
　　　2. 部門ごとの名目増加率と実質増加率の乖離は価格変化の影響と解釈できる。
　　　　付加価値と民間消費の値が少し異なるのは、品目構成の違いとダブルデフレーションの影響。
　　　　ただし、「飼料・有機肥料」の1980年実質付加価値はダブルデフレーション調整のため負となっており、係数計算には不適。
　　　3. グレーのセルは、全産業平均値を上回るもの。
出所：総務庁他（1995）『昭和55-60-平成2年接続産業連関表』90部門分類から筆者が部門統合し計算。

学・石炭・石油製品，電気機械，輸送機械，通信などである。特に，電気機械と輸送機械では，1970年代に引き続き支出額増大と価格低下が同時に起こっており，これが成長産業の特徴と考えられる。
④全体的に価格変化は，10年間で1.2倍と低めであった。輸入自由化と円高の効果であり，不動産やサービスなどの非貿易財については比較的価格上昇率が高い。

(5) 中国経済へのインプリケーション

日本経済が，1960年代の高度成長へて高所得国に至る30年間の産業構造と消費構造変化は，1人当たり所得の上昇と中間所得層の増大による消費パターン変化という観点から，以下のように要約することができる。

第1の現象は，1人当たり所得上昇による消費パターン高度化である。換言すれば，従来からあった高価なものやサービスにも手が届くようになったという効果である。所得上昇は生産性が上昇した製造業だけではなく，農業などの第1次産業や第3次産業でも起こったことが，これら部門の付加価値価格の上昇から確認できる。このことは，1960年代に労働市場が転換点を迎え，労働需給に賃金が反応するようになった状況の中で，生産性の上昇が低い部門でも所得上昇が可能で，ミドルクラスの増加に寄与したということである。この1人当たり所得上昇が，消費パターンの近代化を象徴する部門への需要を増やしたことから価格が上昇した。価格上昇を伴う消費増は，肉・酪農品，住宅などの不動産価格，個人サービスなどで見られた。

第2の現象は，1人当たり所得増加とともにイノベーションにより，大衆向け商品として開発され，爆発的に普及し，価格が継続的に低下するなかで，さらに普及が進んだという商品の存在である。ミドルクラスの拡大なしでは，これは不可能であった。具体的には，家電や乗用車がその代表例である。品質改善と価格低下は，輸出産業としての発展をも可能にした。このような産業の存在と発展が，その背後にある機械産業や素材産業をも育成する効果を持ち，更なる新商品の開発が産業構造の高度化へ，先進工業国化へとつながると考えら

れる。

　これらの消費財あるいはサービス産業へ需要増加が，投入財の供給を通じてどの程度国内生産を増加させるかについて，産業連関表の分析表[5]から情報を得ることができる。図表8-8の生産誘発効果の数値は，例えば食料品に対して1単位（円）の最終需要が増加した時に，その生産のために何単位（円）の生産増加が国内で起きるかを示している。

【図表8-8】主要民間消費支出の生産誘発効果

	1970-75-80年 接続産業連関表		1980-85-90年 接続産業連関表	
	1970	1980	1980	1990
食料品	2.13	2.19	2.17	2.07
繊維産業	2.49	2.43	2.39	2.13
電気機械	2.78	2.72	2.37	2.21
輸送機械	2.91	2.50	2.66	2.71
運輸・通信	1.94	1.63	−	−
通信・放送	−	−	1.46	1.43
サービス業	1.84	1.78	−	−
教育・研究・医療・保健	1.62	1.64	−	−
教育・研究	−	−	1.42	1.43
医療・保健・社会保障	−	−	1.86	1.76
対個人サービス	−	−	1.75	1.65

（注）各産業への1単位の最終需要が，何単位の生産増加をもたらすかを示している。各年の名目価格で，競争輸入タイプの逆行列表から，係数を抜粋した。
出所：総務庁他（1985）『昭和45-50-55年接続産業連関表』。
　　　総務庁他（1995）『昭和55-60-平成2年接続産業連関表』。

　図表8-8の数値を見ると，以下のような特徴がみられる。

---

[5] ここで使用したのは，各接続産業連関表逆行列計算結果である。競争輸入タイプのモデルによる逆行列で原材料輸入による波及効果の海外への漏出は除外され，国内生産への純粋な効果を示している。なお，両接続表での産業分類が少し異なるため，図表8-8では70年代と80年代で必ずしも部門が対応していない。

①経済全体への波及効果は，電気機械，輸送機械が高い。特に輸送機械への波及効果が80年から90年にかけて増加した。電気機械について，やや低下しているのは部品輸入等の影響の可能性がある。

②食料品需要の波及効果も70年から80年へは増大したがその後低下している。

③繊維需要の波及効果は経年的に低下している，

④波及効果の規模を見ると，食品・繊維産業と機械産業との差はそれほど大きくはない。

むしろ，通信，教育・研究の波及効果が低い。個人サービス需要の波及効果もそれほど大きくはない。

以上から，波及効果の観点から産業構造に大きな影響を与えるのは，消費財の中では電気機械と，輸送機械だということができる。

すでに中国においても，近代的な食生活，家電と車のある生活，教育と医療への需要増加，コンビニやスーパーマーケットの普及などの新たな商業形態，ネット産業，新しい形の個人サービスが始まって10年近く経過した。その特徴は，近代化する消費パターンに合わせた新たな商品やサービスの開発である[6]。また，今回の分析で注目されたのは，消費爆発には家電のケースで見られたように技術革新による大幅な価格低下が伴ったという点である。中所得国から高所得国入りを目指す経済にとって，価格低下を伴う新商品開発による消費の大衆化と，所得上昇に伴う品質の高い商品・サービスの提供が，産業構造の高度化を伴う経済発展の鍵となる。経済発展のためには，産業発展のための市場機構を損なわない穏やかな産業政策も重要であるが，同時に，適切な所得配分政策により健全な中間所得層を大量に創出することも重要である。それによって，新たな商品開発を伴う大衆消費市場が連続的に創出され，産業も発展する。

---

(6) 長田（2012）に詳説した。

4. 貿易摩擦の消費及び産業構造への影響

(1) 貿易摩擦の概要

　日米貿易摩擦については多くの文献があり，品目ごとの詳細な分析がある。したがって，ここでは，主に近藤 (2011)，金川 (1986)，Matsushita (1987) を参考に，その概要を把握した上で，前節までと同様の接続産業連関表の枠組みの中で，何が言えるか，それが日本経済全体に大きな影響を与えたのか与えなかったのかを見る。産業連関表を使用するので，接続表が利用可能な5年ごとの分析となること，アメリカに絞った分析ができないなどの制約がある。

　日米貿易摩擦の歴史は，1960年代に遡る。ここでは，それらのうち，日米協議が行われ，具体的に，ダンピング認定，市場秩序維持協定（OMA：Orderly Marketing Agreement），そして輸出自主規制（VER：Voluntary Export Restraint）により輸出が制約された品目（繊維，鉄鋼，カラーテレビ，自動車，半導体）を取りあげる。

　繊維については，1950年代から米業界が問題視していたが，ここではいわゆる第2次日米繊維紛争を対象とする。政府間交渉により1972年に「日米繊維問題の政府間協定」（期間は原則3年）が締結され，個別規制とトリガー条項が導入された。1973年以後は多角的繊維協定（MFA）の締結による規制に変わり，役割を終えた。

　鉄鋼については，1969年に日欧と米国間で輸出自主規制協定（期間約3年）が締結されたが，その後も競争力が低下した米国鉄鋼産業との摩擦は続いた。1974年日米間でOMA，1978年から1982年まではトリガー価格メカニズムの導入，1984年からはVERが実施され，1992年まで規制は継続した。

　カラーテレビについては，1968年ダンピング提訴を受けて以来摩擦が続いていたが，1975年から輸出が急増し，1977年にはOMAの締結に至った。しかし，効果が弱く，VERが実施された。米国での現地生産への切り替えが進み，自主規制は3年で終了した。

　自動車摩擦は，米企業の競争力が低下する中，深刻であった。1975年には

ダンピング提訴があり，政府間交渉を経て，1981年にVERが実施され，1994年まで継続した。この間，日本の企業は対米直接投資による現地生産の拡大によって対応した。

半導体については，1985年にダンピング提訴，1986年に日米半導体協定が締結された（期間5年）。しかし，約束が守られないとして，米国はPC，カラーテレビ，電動工具に100％の制裁関税を発動した。協定は1991年に一部改正して1996年まで延長された。半導体摩擦は，それまでの米国産業保護のための輸入規制のみでなく，日本市場開放や制裁関税など強権的な手段がとられたという意味で，新しいタイプの貿易摩擦であった。

これらの品目は，当時の日本経済にとってどのような位置を占めていたかが，図表8-9に示されている。貿易摩擦は，為替レートとも関連するので為替レートも提示した。日本円の対ドルレートは，日米貿易摩擦が拡大するのに合わせるように増価しており，貿易不均衡の調整に大きな役割を果たしたことがうかがわれる。図表8-9の原データとした政府統計では，対米輸出総額は1976年までがドルで，それ以後が円で表示されている。特に，円表示での増加率には，為替レートの変化を加味して考えないと，米国側が受ける印象とは異なることに注意しなければならない。円高が進行する場合，ドル建て輸出は円建て金額よりも増加して見える。対米輸出増加率が高かったのは，1974年，76年，84年である。また輸出総額に占める対米シェアは70年代初期の高い水準から少し低下したが，70年代後半から再度増加し，1986年には38.4％でピークとなった。これらの数値は，貿易摩擦の発生状況と整合的である。また，貿易摩擦が発生した品目の対世界輸出総額の貿易総額に占めるシェアは，自動車は20％と高かったが，それ以外の産業は，5％以下であった。また，セルをグレーにした輸出規制期間と対世界輸出シェアや輸出増加率の変化を見ると，シェアの低下がみられるのは，織物，鉄鋼，テレビである。自動車はVER期間のみシェアが増加していないが，そのあとは増加している。半導体については規制期間内もシェアは増加している。このことは，自動車や半導体については，米国以外への輸出増加により影響の深刻化を回避できた可能性を示してい

第8章　日本の産業構造と消費構造の変化及び日米貿易摩擦の影響

[図表8-9] 日米貿易摩擦品目の輸出増加率と品目シェア

年	為替レート対ドル年平均(円)	輸出総額 1976年まで100万ドル、それ以後10億円	増加率	対米輸出 増加率	シェア	織物 増加率	シェア	鉄鋼 増加率	シェア	半導体 増加率	シェア	テレビ 増加率	シェア	自動車 増加率	シェア
1970	360	19318	—	—	30.7%	—	5.8%	—	1.8%	—	0.4%	—	2.0%	—	6.9%
1971	351	24019	21%	26%	31.2%	17%	5.5%	35%	2.0%	30%	0.4%	29.9%	2.1%	77.4%	9.9%
1972	303	28591	24%	18%	30.9%	8%	5.0%	-2%	1.6%	13%	0.6%	13.3%	2.0%	25.0%	10.4%
1973	272	36930	19%	7%	25.6%	11%	4.3%	49%	1.9%	8%	0.9%	7.6%	1.6%	21.8%	9.8%
1974	292	55536	29%	35%	23.0%	24%	3.5%	212%	3.9%	18%	0.7%	18.3%	1.3%	44.7%	9.4%
1975	297	55753	50%	-13%	20.0%	3%	3.6%	-27%	2.8%	9%	0.8%	8.8%	1.4%	18.4%	11.1%
1976	297	67225	0%	41%	23.3%	14%	3.4%	32%	3.1%	76%	1.1%	75.6%	2.0%	43.8%	13.2%
1977	269	21648	—	—	24.4%	7%	3.0%	-13%	2.3%	-3%	1.1%	-3.3%	1.7%	29.8%	14.4%
1978	210	20556	-5%	-1%	25.6%	6%	2.6%	5%	1.9%	-1%	1.3%	-0.8%	1.4%	34.4%	15.9%
1979	219	22532	10%	10%	25.6%	—	2.7%	—	2.6%	—	1.6%	—	1.2%	—	16.5%
1980	227	29382	30%	23%	24.2%	25%	2.6%	16%	2.3%	33%	1.8%	32.8%	1.3%	41.5%	17.9%
1981	221	33469	14%	20%	25.5%	15%	2.6%	-18%	1.7%	13%	1.9%	13.3%	1.3%	10.5%	17.4%
1982	249	34433	3%	6%	26.2%	-2%	2.5%	9%	1.8%	-13%	1.9%	-12.8%	1.1%	4.6%	17.7%
1983	238	34909	1%	13%	29.2%	1%	2.5%	-9%	1.6%	-5%	2.5%	-5.2%	1.0%	1.9%	17.8%
1984	238	40325	16%	40%	35.3%	-3%	2.1%	-0%	1.4%	29%	3.4%	29.3%	1.1%	13.9%	17.5%
1985	239	41956	4%	10%	37.1%	-4%	1.9%	1%	1.3%	39%	2.7%	39.2%	1.5%	16.0%	19.5%
1986	169	35290	-16%	-13%	38.4%	-22%	1.8%	-38%	1.0%	-54%	3.0%	-53.6%	0.8%	-11.9%	20.4%
1987	145	33315	-6%	-10%	36.5%	-13%	1.6%	-30%	0.7%	-29%	3.6%	-29.1%	0.6%	-9.4%	19.6%
1988	128	33939	2%	-5%	33.8%	-15%	1.4%	467%	4.1%	10%	4.7%	10.1%	0.7%	-4.5%	18.4%
1989	138	37823	11%	12%	33.9%	7%	1.3%	9%	4.0%	0%	5.1%	0.0%	0.6%	6.4%	17.6%
1990	145	41457	10%	2%	31.5%	13%	1.3%	-14%	3.2%	31%	4.7%	30.7%	0.7%	10.7%	17.8%

(注) 1. 計算に用いた対米輸出額データは1976年までドルベース、それ以後は円ベース。
2. 品目別データは1978年までがドルベース、それ以後が円ベース。
3. グレーのセルは輸出が制約された時期。
4. [織物] は、「新版日本長期統計総覧」表18-3の分類の「綿織物」と合成繊維織物」。
[鉄鋼] は「鉄鋼の棒・形鋼及び線」「鉄鋼のブラットロール製品」で、後者が1988年から統計分類として組み込まれたために数値が増加。
[半導体] は「半導体電子部品」、[テレビ] は「テレビ受像機」、[自動車] は「自動車」。為替レートはIMF Database。

出所：総務省統計局監修 (2007)『新版日本長期統計総覧』18-3 品目別輸出数量及び金額、為替レートはIMF Database。

る。

(2) 部門別産出構造の分析

　貿易摩擦が，各産業部門の需要構造の変化を通じて産業成長に影響を与えたかどうかを見るために，貿易摩擦期間を含む接続産業連関表データから，関連指標作成したものが図表8-10である。

　織物部門の外需比率は15％程度で，国内生産の伸びは低い。同時に，1976年以後は内需が急増しており，輸入が増加したことがわかる。いずれにしても，貿易摩擦後，織物産業は国際競争力を喪失しつつある産業へと変化している。このこと自体は，貿易摩擦と直接の関係はないと思われる。

　鉄鋼については，1975年以降，外需比率が90年まで継続的に低下している。国内生産も輸出も1980年までは増加したがそれ以後は減少している。80年代の生産は内需に支えられてはいるが，輸出は大幅に減少している。米国との貿易摩擦に対応している間に，新興諸国の鉄鋼に対して比較優位の喪失が始まっていた。

　半導体については，内需よりも輸出の増加率が高い。90年にかけて輸出増加率も外需比率も上昇しており，輸出規制の影響は感じられない。

　カラーテレビについては，産業連関分類がラジオや白黒テレビ受像器も含む分類になっているので，データがどの程度代表性を持つか疑問が残る。データを見ると1975年以後も輸出は高い伸びを示しており，他地域への輸出の増加により，国内生産への貿易摩擦の影響は限定的であった。

　最後に自動車産業について見ると，1980年に向けて輸出が急増し，米国では貿易摩擦を引き起こした。しかし，1985年以後，名目輸出増加率はゼロとなり，外需比率も低下した。これに対して，内需の増加率は90年に向けて上昇した。自動車産業については，VERの影響がはっきりとみられ，それがFDIによる現地生産を後押ししたことがわかる。

第8章　日本の産業構造と消費構造の変化及び日米貿易摩擦の影響

[図表8-10] 貿易摩擦品目に関する諸指標

	国内生産 10億円	内需 10億円	内需増加率 名目	内需増加率 実質	輸出 10億円	輸出増加率 名目	輸出増加率 実質	価格指数 基準=1	貿易黒字 10億円	貿易黒字 100万ドル	貿易黒字/輸出	外需比率
織物 (18)												
1970	2432	2149			342			1.00	282	784	83%	14%
1975	3197	2852	33%	-4%	477	40%	11%	1.36	345	1162	72%	15%
1980	3858	6228	118%	78%	658	38%	11%	1.67	461	2032	70%	17%
鉄鋼圧延製品 (39) 0												
1970	5874	4914			968			1.00	960	2667	99%	16%
1975	9288	6508	32%	-5%	2791	189%	88%	1.43	2780	9368	100%	30%
1980	14497	11302	74%	38%	3284	18%	1%	1.76	3195	14093	97%	23%
鋼材 (037) 0												
1980	14497	11304			3282			1.00	3193	14083	97%	23%
1985	14580	11784	4%	1%	2994	-9%	-18%	1.05	2796	11720	93%	21%
1990	14374	13135	11%	31%	1690	-44%	-28%	0.88	1239	8561	73%	12%
半導体素子・集積回路 (3341-010) 0												
1980	908	809			248			1.00	99	438	40%	27%
1985	2545	2091	158%	261%	659	166%	282%	0.70	454	1905	69%	26%
1990	3842	2889	38%	124%	1403	113%	237%	0.44	953	6584	68%	37%
ラジオ・TV受像機 (3702-220)												
1970	994	739			256			1.00	255	709	100%	26%
1975	872	565	-24%	-16%	315	23%	35%	0.91	307	1036	97%	36%
1980	1230	723	28%	62%	646	105%	159%	0.72	626	2761	97%	53%
自動車 (47) 0												
1970	5441	4952			527			1.00	489	1358	93%	10%
1975	10732	8901	80%	15%	1938	268%	189%	1.56	1832	6172	94%	18%
1980	20400	15038	69%	45%	5511	184%	175%	1.77	5361	23643	97%	27%
自動車 (051) 0												
1980	20457	14150			6485			1.00	6306	27813	97%	32%
1985	28990	19462	38%	37%	9762	51%	49%	1.01	9527	39941	98%	34%
1990	39982	31411	61%	71%	9718	-0%	10%	0.93	8571	59193	88%	24%

(注)　接続産業連関表における部門コードは、（　）内に示した。
出所：総務庁他 (1985)『昭和45-50-55年接続産業連関表』および総務庁他 (1995)『昭和55-60-平成2年接続産業連関表』。

(3) 日米貿易摩擦と米中貿易摩擦の相違点とその影響

　過去の日米貿易摩擦と現在の米中貿易摩擦を比較すると，幾つか大きな違いがみられる。第1に，トランプ政権は2国間貿易収支を問題にし，為替や技術も含めた包括的な交渉が優先される。日米貿易摩擦のケースでは，品目ごとの交渉が中心となった。第2に，日米交渉ではVERやOMAが摩擦解消の手段として使用されたが，米中交渉では一括関税や市場からの締め出しなどの強硬な手段を米国が振りかざしている。第3に，日本の場合は，米国への輸出が規制されても，米国以外の発展する地域（特に東アジア）への輸出が可能であったが，中国の場合は東アジアの発展も鈍化し，成長する市場が少ない。「一帯一路」は，代替市場の拡張に寄与するとみられるが，現状では不安定要素が増えている。第4に，日本の場合は輸出を直接投資による現地生産で代替することが歓迎されたが，中国の場合は対米直接投資の認可条件が厳しくなっている。

　以上から，米中貿易摩擦は過去の日米貿易摩擦よりも解決が難しい状況にある。経済交渉に覇権という譲りがたい政治的要因が色濃く映り込んでいる。「一帯一路」による外需拡張路線が功を奏しないならば，本稿でテーマとしてきた中間所得層の拡大を梃子として，内需拡大と技術革新を進めるのが一つの対策となるのではないか。中間所得層を拡大させるための所得分配政策が，政策的に受容可能で，かつ実行できるかどうかが，中国の高所得国への発展の重要な課題であると思われる。

【参考文献】

Mason, Andrew D, and Sudhir Shetty (2019) *A Resurgent East Asia-Navigating a Changing World-*, World Bank East Asia and Pacific Regional Report.

Matsushita, Mitsuo (1987) "A Japanese View of United States Trade Laws", *Northwestern Journal of International Law & Business*, Vol.8, Issue I Spring.

Osada, Hiroshi (2016) "Rise of Middle Income Class and its Impacts on Consumption Pattern and Industrial Structure: The Cases of China and India", *The Teikyo Uni-*

versity Economic Review, Vol.49, No.2, pp.63-81.
長田博（2012）「ミドルクラス出現による消費パターン変化と産業構造変化―中国とインドの事例」『帝京経済学研究』第46巻第1号
長田博（2017）「日本の産業構造と消費構造の変化―1960年代」郭四志編著『中国経済の新時代―成長パターンの転換と日中連携』（第7章）文眞堂，pp.189-215.
長田博（2018）「日本の産業構造と消費構造の変化―1970年～1990年」公益財団法人 産業構造調査研究支援機構 日中プロジェクト研究会『中国経済転換期における産業高度化と日中産業連携の展開―その取り組み・問題点と展開』（平成29年度報告書）
金川徹（1986）『貿易摩擦と国際経済の諸問題―日本とアメリカの貿易摩擦を中心に』啓文社
近藤誠（2011）「日米貿易摩擦」小峰隆夫編『バブル/デフレ期の日本経済と経済政策』第1巻第1部第4章，内閣府経済社会総合研究所
堀内英次（2017）「日本の産業政策と産業構造の転換について」郭四志編著『中国経済の新時代―成長パターンの転換と日中連携』（第6章）文眞堂，pp.151-188.

【統計資料】
行政管理庁他共同編集（1975）『接続産業連関表 昭和35-40-45年』全国統計協会連合会
総務庁他（1985）『昭和45-50-55年接続産業連関表』全国統計協会連合会
総務庁他（1995）『昭和55-60-平成2年接続産業連関表』全国統計協会連合会
総務省統計局監修（2007）『新版日本長期統計総覧』日本統計協会

長田　博

【付表】分析用部門分類と接続産業連関表部門分類とのコンバーター

分析用 31部門分類 (1960-1970)	1960-65-70 接続表 59部門分類	分析用 33部門分類 (1970-80)	1970-75-80 接続表 71部門分類	分析用 35部門分類 (1980-90)	1980-85-90 接続表 90部門分類
01 農業	01,02	01 農業	01,03	01 農業	001,003
02 畜産	03,04	02 畜産	02	02 畜産	002
03 林業	05	03 林業	04	03 林業	004
04 漁業	06	04 漁業	05	04 漁業	005
05 鉱業	07,08,09,10,11	05 鉱業	06,07,08,09	05 鉱業	006,007,008,009
06 肉・酪農品	12	06 肉・酪農品	10	06 食料品	010
07 その他食品	13,14,15	07 その他食品	11,12,13,14	07 飼料・有機肥料	012
08 飲料・たばこ	16,17	08 飲料・たばこ	15,16	08 飲料・たばこ	011,013
09 衣服など	21	09 衣服など	21	09 衣服など	015
10 その他繊維製品	18,19,20	10 その他繊維製品	17,18,19,20	10 その他繊維製品	014
11 製材・家具	22,23	11 製材・家具	22,23	11 製材・家具	016,017
12 パルプ・紙・印刷出版	24,25	12 パルプ・紙・印刷出版	24,25,26	12 パルプ・紙・印刷出版	018,019,020
13 皮革・ゴム	26,27	13 皮革・ゴム	27,28	13 皮革・ゴム	030,031
14 化学・石炭・石油製品	28,29,30,31,32	14 化学・石炭・石油製品	29,30,31,32,33,34,35,36	14 化学・石炭・石油製品	021,022,023,024,025,026,027,028,029
15 窯業土石製品	33	15 窯業土石製品	37	15 窯業土石製品	032,033,034,035
16 鉄・金属製品	34,35,36,37	16 鉄・金属製品	38,39,40,41,42,43	16 鉄・金属製品	036,037,038,039,040,041,042
17 一般機械	38	17 一般機械	44	17 一般機械	043,044,045,046
18 電気機械	39	18 電気機械	45,46	18 電気機械	047,048,049,050
19 輸送機械	40	19 輸送機械	47,48	19 輸送機械	051,052,053
20 精密機械	41	20 精密機械	49	20 精密機械	054
21 その他製造業	42	21 その他製造業	50	21 その他製造業	055
22 建築	43	22 建築	51,52	22 建築	056,057
23 土木	44	23 土木	53	23 土木	058
24 電気・ガス・水道	45,46,47	24 電気・ガス・水道	54,55,56	24 電気・ガス・水道	059,060,061,062
25 商業	48	25 商業	57	25 商業	063
26 金融・保険	49	26 金融・保険	58	26 金融・保険	064
27 不動産業	50	27 不動産業	59	27 不動産業	065,066
28 運輸・通信	51,52	28 運輸	61	28 運輸	067,068,070,071,072,073
29 公務	53	29 通信	63	29 通信	074,075
30 サービス	54,55	30 公務	64	30 公務	076
31 その他	60,66,67,57	31 研究・教育	65,66	31 研究・教育	077,078
		32A サービス (教育研究除く)	67,68,69	32 医療・社会保障・公共サービス	079,080,081
		33 その他	60,70,71,72	33 ビジネスサービス	082,083,084,085
				34 個人サービス	086,087,088,089
				35 その他	090,091

(注) 各接続表の部門分類を,ここでの分析分類に筆者が対応させたもの。「その他」は分類不明と仮設部門。

第9章
中米貿易摩擦と
中国産業政策の行方

1. はじめに

　2018年度の重大事件と言えば，それは米国による中米貿易摩擦であろう。両国が互いに追加関税を実施したことによって，産業面から世界経済の成長に多大な影響を与えている。しかし，このように貿易戦争を仕掛けることが，トランプ大統領の唱える「Make America great again」を実現できるのか，米国の輸入超過を減らす努力によって製造業を国内に呼び戻せるか，この貿易戦争によって中国の「中国製造2025」などの一連の産業政策を停止させる，あるいは遅延させることができるのか。以上の問いに対して経済学的な分析を行うことにする。

2. 中米貿易摩擦の発生と展開

　中米貿易摩擦は，過去の40年にわたって存在し続けているが，本論稿では，今回の2018年2月からの中米貿易摩擦について検討することにする。今回の貿易摩擦の原因は，米国対中国の輸入超過の拡大に原因があるといえるが，それよりもむしろトランプ大統領が世界第2位の中国経済の成長を抑制しようとする戦略に原因があるといえる。

【図表9-1】中米貿易総額の変化

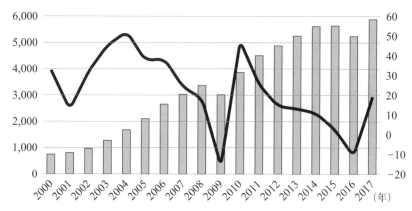

(注) 棒グラフは中米貿易総額（億ドル），折れ線グラフは成長率（％）
出所：2018年中米貿易総量，中国貿易出超及び貿易構造の分析［E］。中国产业信息http://www.chyxx.com/industry/201804/629092.html

(1) 中米貿易の拡大

　中米貿易は，両国の対外経済関係にとって，最も重要なものであるといっても過言ではないと。さらに，中国の経済成長に伴う中米貿易の成長・拡大は，その規模からも，その構造からも，世界経済に於いて最も重要な事項であると言える。

　中米貿易の総額から見ると，中国がWTOに加盟して以来，中米貿易の総量は2001年の804.85億ドルから2017年の5,836.97億ドルへと成長し続けている（図表9-1）。

　次に，中米貿易の内訳から見てみると，中国の対米輸出品のほとんどが横ばいか微小な増加もしくは減少を示してるが，機械，電気製品，ビデオ製品類が大きく成長していたことが分かる（図表9-2）。

【図表9-2】中国の対米輸出の内訳（1995～2017年）

(単位：%)

	内訳	1995年のシェア	2017年のシェア
1	生きた動物，動物製品	1.51	0.47
2	植物製品	0.54	0.37
3	動物植物油脂，ワックス，精製食用油脂	0.01	0.02
4	食品，飲料，アルコール飲料，酢，タバコ	0.76	0.89
5	鉱物	2.44	0.38
6	化学工業及び関連産業製品	3.55	3.25
7	ビニール製品，ゴム製品	4.51	4.31
8	革，毛製品，箱，バッグ，腸線製品	5.31	1.59
9	木材及び製品，木炭，コルク，ニット製品	1.09	0.93
10	パルプ，廃紙，紙，段ボール及び製品	0.51	0.96
11	紡績原料及び貿易製品	12.84	9.88
12	靴帽子傘類，加工済羽及び製品，人造花，人間髪製品	15.17	3.71
13	鉱物材料製品，陶器磁器，ガラス及び製品	2.07	1.71
14	ジュエリー，貴金属及び貴金属製品，模造ジュエリー，硬貨	0.75	0.83
15	卑金属及び製品	5.09	5.24
16	機械，電気製品，ビデオ設備及びパーツ，付属品	22.38	46.20
17	車，飛行機，船舶及び運輸設備	3.47	4.58
18	光学，医療機械，時計，楽器	3.73	2.48
19	武器，弾薬及びパーツ，付属品	0.04	0.02
20	雑品	14.18	11.88
21	芸術品，収蔵品及び骨とう品	0.06	0.01
22	特別交易品及び未分類商品	0.00	0.31

出所：2018年中米貿易総量，中国貿易出超及び貿易構造の分析［E］。中国产业信息.http://www.chyxx.com/industry/201804/629092.html

　さらに中米貿易の差額を見ると，貨物貿易において中国の輸出超過が拡大していることが分かる。（図表9-3）その超過額は2001年の280.80憶ドルから2017年の2,758.12憶ドルに拡大してきている。ここに，中米両国の経済依存の深さが潜んでおり，主として米国の民間消費が中国製品に依存する傾向が強いと考えられる。
　しかし，貨物貿易の他に，サービス貿易も存在する。米国の方がはるかに

【図表9-3】 中国対米輸出超過額の推移

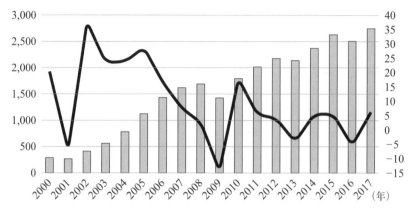

(注) 棒グラフは中国の対米貿易の輸出超過額（億ドル），折れ線グラフは成長率（%）
出所：2018年中米貿易総量，中国貿易出超及び貿易構造の分析［E］。中国产业信息http://www.chyxx.com/industry/201804/629092.html

サービス貿易に関して優位性があり，対中輸出も大きい。そのため，中米両国のサービス貿易を含めて考えると，中国の対米輸出超過の総額は44%を減ることになる。

(2) 中米貿易摩擦

中米貿易摩擦は2010年代頃から激化の傾向が見える。2009年USITC（米国国際貿易委員会）が，中国が米国に輸出した乗用車や軽トラックに対して3年連続して55%，45%，35%の特別関税を適用すると発表したが，これに対して中国側は2011年12月に米国製の排気量2.5L以上の乗用車やジープに対し反ダンピング関税と相殺関税を2011年12月15日から2013年12月14日までに掛けると決定した。その後，2012年9月，前オバマ米大統領が三一重工に関連した風力発電への投資を否決した。2012年10月に米国下院が，安全保障の観点からファーウェイ，ZTE（中興通訊）の市場進出を禁止し，また米通商代表部が中国の輸出した太陽光モジュール製品におけるダンピングや輸出手

第9章　中米貿易摩擦と中国産業政策の行方

当を判定した。こうした事情が多発するようになっているが，個別のケースが多く，全面的な貿易摩擦に及んでいない。

　2017年1月，トランプ氏が大統領に就任した後，中米貿易摩擦が表面化・全面化する状況を見せている。これまでのことを概観すると，これまでの中米貿易摩擦の展開は3つの段階に分けられると考えられる。

　第一段階は，トランプ大統領就任後から2018年3月22日までで，米国側の探索期間と捉えることができる。

　2018年2月16日，米国通商代表がトランプ大統領に，中国からの鉄鋼製品やアルミニウム製品を対象に関税割当を適用しようと提言し，その後27日に中国製のアルミホイールに対して，48.64％〜106.09％の反ダンピング関税と17.14％〜80.97％の相殺関税を課すことが決定された。

　3月9日，トランプ大統領が，米国が輸入する全ての鉄鋼製品とアルミ製品にそれぞれ25％と10％の関税を課す法令にサインした。

　以上の動きに対して，中国は2月28日，3月4日，3月19〜20日に，遺憾の意を表し，中米両国の共通の利益が大きく，かつ協調が唯一の選択肢であると強調した上で，貿易戦はしたくはないが中国の国益を守る決意を表明したのである。

　第二段階は，2018年3月23日から2019年1月の中米貿易会談までの貿易戦争が表面化期間とする。3月23日，トランプ大統領が「対中貿易覚書き」にサインし，600億ドルの中国からの輸入品に対し関税を課すと同時に，中国企業の米国内への投資や米国企業の買収を制限すると発表した。同氏の言う通り，「これは始めだけである」。これによって，正式に中米貿易摩擦の幕が切って落とされた。

　中国時間の23日，中国側は30億ドルに相当する米国産の果物，豚肉，ワイン，継ぎ目なし鋼管その他100種類を超える輸入品に対し追加関税を行うと発表した。3月26日，29日に，中国の外交部，商務部がそれぞれ「貿易戦はやりたくないが，恐れはしない」，「中国にはどんな保護主義的なやり方に対しても対抗できる自信があり，米国が早期に撤回するよう期待している」と伝え

た。そして，4月2日から，中国は米国産の7種類128項目の輸入品に対し追加関税を行うと決めたのである。

4月3日，米国通商代表が対中301調査の課税提案をこうかいし，中国関係の500億ドル，鉄鋼，アルミ，医薬品，化学製品，ゴムなどを含む約1,300の関税番号の輸入品に対し，25％の税率を課す案を提出し，『中国製造2025』に対抗する意志を示した。

4月4日，中国商務部が500億ドル相当の米国産の大豆，自動車，飛行機などの輸入品に対し25％の追加関税を課すと発表した。4月17日，米国側が中国企業のZTE（中興通信）の対米貿易を禁止した。中国時間の4月17日，中国商務部が米国産の高粱に対し，反ダンピング関税を課すと決めた。なお，当決定は5月18日に撤回された。7月6日，米国が340億ドルに相当する中国関連の輸入品に対し25％の関税を課すというファーストランドの増税を決行した。

中国時間の7月6日，中国政府が米国の追加関税に相当する金額で米国産の一部の輸入品に対し25％の関税を追加することを決定したと公表した。

7月16日，米国は中国政府が米国の鉄鋼，アルミ関税に対し規則違反の対応策を実行していると，WTOに控訴した。

8月1日，米国のライトハイザー通商代表（Robert Lighthizer）がトランプ大統領の指示により2,000億ドルに相当する中国関係の輸入品に対し，10％の課税を25％に引き上げると発表した。

8月23日，中米の貿易会談が終わる当日，米国が160億ドルに相当する中国関係の輸入品に対し元の関税の上に25％の追加関税を課すと発表した。

これに対し，中国側は同日160億ドルに相当する米国からの輸入品に対し，元の関税に加えて，25％の追加関税を課すと反撃したのである。

9月18日，米国政府が9月24日から約2,000億ドルの中国関係の輸入品に対し10％の関税を追加し，さらに2019年1月1日からその税率を25％に引き上げると発表した。

さらに，中国時間9月18日，中国政府が米国産の5,207の税目，約600億ド

ルに相当する輸入品に対し10％か5％関税を追加し，また米国側がさらに関税を増やせば対抗措置を講じる方針を示した。

　第三段階，2018年末の中米貿易会談をきっかけに貿易摩擦の緩和期が来る可能性が強いと思われる。

　11月1日，習近平国家主席がトランプ大統領の要請に応じて電話会談を行った。12月1日のG20サミットにおいて，中米両国の首脳会談を行い，12月1日から90日以内に貿易に関する会談を行うこと決め，貿易摩擦の緩和を図る姿勢を見せた。

　その後，米国通商代表部が中国関係の輸入品に対し，10％の課税を維持し，25％の課税の期限を2019年の3月2日に延ばし，また両国ともに他の商品を新たな課税対象にはしないと発表した。これに応じて中国側は米国製自動車製品及びピーツに追加関税を2か月間中止すると発表した。

　12月29日，習近平国家主席が再びトランプ大統領の要請に応じて電話会談を行った。1月7〜9日，中米の貿易会談が北京で行われ，基本的な改善方針などについて意見を交換した。また，中国の国務院劉鶴副総理が1月30〜31日の間に訪米し，経済貿易関連の会談を行う予定が1月17日に中国の商務部に確認された。

　以上の動きから，2019年は中米の貿易摩擦の緩和期になるかもしれないと考えられる。

(3) 中米貿易摩擦の中の米国

　2018年以降のデータによれば，保護貿易の方針が米国の対中輸入超過を改善していないことが分かる。

　2018年1月から8月までの中米両国の貿易状況を見ると，中国の輸出超過額は1,697億ドルで，成長率は-26.4％である。しかし，こうした**趨勢**の中で，対米輸出超過は1,931億ドルに上昇，13.8％の成長率を遂げた。特に，6月からの三か月に，中国の対米輸出超過額が13.9％，11.3％，18.7％の高成長を成し遂げたのである（図表9-4）。

【図表9-4】中国の対米輸出超過（2018.1〜2018.8）

時点	対米輸出超過額（億ドル）	成長率（％）
2018.1	219.0	2.2
2018.2	209.7	101.3
2018.3	154.3	−13.0
2018.4	221.5	3.8
2018.5	245.8	11.7
2018.6	289.3	13.9
2018.7	280.9	11.3
2018.8	310.7	18.7

出所：中国海関総署，WIND。

　上記の中米貿易差額は，中国の輸出超過額の99.7％を，米国の輸入超過総額の48.1％を占めている。こうした結果になるのは，米国の民間ニーズが中国製品に大きく依存していることが背景にあり，米国側の「駆け込み輸入」によるものでもあるが，基本的には米国経済の成長によるニーズの拡大が貿易の急増，そして米国の産業システムに中国生産チェーンが不可欠であることが原因にある。また，ドル高によって，人民元も2018年6〜8月の三か月で6％下げたので，ある程度の関税増加の効果を相殺されたこともその要因の一つであると考えられる。

3. 中米貿易摩擦における経済学

　中米貿易摩擦は米国側によって発生されたものであり，「Make America great again」という理念から出発し，それを目標にする行動である。しかし，中国に対する先端技術の禁輸や製造業を阻止する高関税などの施策は，決して米国を偉大にするものではなく，逆に米国の衰退を加速するに違いないと考えられる。それは，市場，産業，資本，人材の変化によってもたらされたものである。

第9章　中米貿易摩擦と中国産業政策の行方

（1）市場原理の検討[1]

　これまでの経済学はアダム・スミスによる市場原理をもとに構築されてきた。しかし，こうした市場原理主義の経済学は現実の経済成長を指導できず，逆に反論の証拠になる事例が溢れており，最近は批判の対象となっている。

① アダム・スミスの市場原理主義

　アダム・スミスによる市場経済の法則は，その前提，メカニズム，結論を含め，全パラダイム（paradigm）において，大きな誤りが潜んでいる。

　まず，アダム・スミスの市場原理主義は完全競争市場をその理論的前提としており，強調している[2]。

　いわゆる完全競争市場には，以下の条件が存在するとする。

　其の一，市場の参加者に関して，個人の作用が役立たないほどの多量の買い手と売り手があり，合意がないこと

　其の二，製品に関して，商品が同質で無差別であること

　其の三，市場の障壁に関して，資源が自由に進入し退出できること

　其の四，情報に関して，情報が十分で完全に対称である[3]

　次に，アダム・スミスの市場法則は一般商品を対象としており，完全競争市場の中において一般商品のニーズと供給がその価格を決め，また価格をめぐって需供調整によって，商品の市場価格を商品の自然価格と一致するようにし，市場の均衡を実現できるとするものである（図表9-5）。

　最後は，こうした価格をめぐる調整の結果，市場は自ら均衡を実現でき，供

---

(1) この部分は趙儒煜『知人時代』によるものである。
(2) なお，供給不足のギッフェン財（giffen goods）は例外として市場原理の一部になっている。
(3) Stigler, G. "Perfect Competition, Historically Contemplated", Journal of Political Economy, 65 (1957).
　Cournot, A. Recherchs sur les Princips Mathèmatiques de la Thèorie des Richesses, Paris: M. Rivière, 1838.
　Bertrand, J. "Thèorie Mathèmatique de la Richesse Cociale", Journal des Savante, 48 (1883).

293

【図表9-5】アダム・スミスの一般商品の価格波動と自然価格

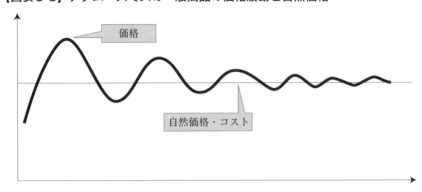

出所：筆者作成。

給が全部実現（売出）できるということになるのである。

② A.スミスの市場法則の誤り

　以上のようにA.スミスの市場法則を振り返ると，いくつかの誤りが指摘される。これも，A.スミス氏はその時代における限界によるものであろう。

　第一に，前提と結論との矛盾がその理論ののの誤りになることである。すなわち，完全競争市場の前提が成立すれば，市場において，十分な供給やニーズが存在し，情報も完全で対称なのである。そのため，生産者と消費者とはお互いのニーズと供給の量を完全に了解するということが当たり前のことである以上，最初の供給とニーズの量のギャップがあり得ない。さらに，最初に供給とニーズにはギャップがあるとしても，供給が十分で自由に市場に入る（退去する）から，一度だけで（完全競争市場の場合では，一瞬で）そのギャップが埋められるはずであるので，何回もかけて最後に市場価格を商品の自然価格と一致させるのは全く必要がないことであろう。

　第二，いわゆる「一般商品」は代表性がなく，ごく一部の商品のことである。スミスの「一般商品」は価格の幾度もの波動によって均衡を実現するものであるため，以下の幾つかの条件が必要である。

【図表9-6】アダム・スミスの一般商品の価格メカニズム

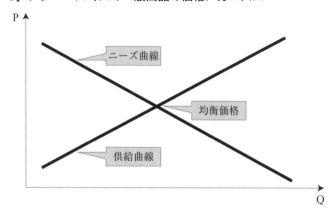

出所：図表9-5と同じ。

【図表9-7】ギッフェン財（giffen goods）の価格メカニズム

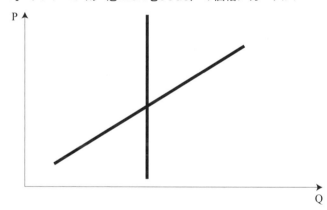

出所：図表9-5と同じ。

其の一，商品の自然価格がいくつかの循環を超えるという長期にわたって安定することである。そうではないと，価格の波動が目標を失う。

其の二，その商品の市場規模が供給とニーズのギャップが価格の大きな変化を起こすことができるほど巨大である。

其の三，その商品のニーズには硬直性（Rigidity）がある。すなわち，供給過剰になった場合，ニーズの拡大がその超えた部分を埋められないという限界があると同時に，供給が不足した場合，ニーズの減少がその欠けた部分を相殺できないという限界がある。

其の四，その商品供給にも硬直性がある。すなわち，供給過剰になった場合，超えた部分を保存して次の循環を待つことができず，全て売却しなければならない。同時に，ニーズが不足した場合，素早く補完することもできない。

其の五，生産者と消費者両方の情報は極めて非対称であり，そのため，いくつかの循環を経て市場価格と自然価格が一致をみるのである。

以上の条件を合わせて考えると，スミスの「一般商品」とは，本当の一般的な商品ではなく，食糧，果物，肉類などの農産物の一部に過ぎない。当然，その理論の適用性も問われるべきであろう。

第三，いわゆる「完全競争市場」を前提とする「一般商品」の価格法則と供給不足のギッフェン（giffen goods）の価格メカニズムをともに認め，併存するような状況は，市場法則の不徹底性を表している。哲学的に言えば，一つのことについて一つの前提の下に検討することが基本的なルールをまとめる道である。現段階の市場法則はそれ自身の正しいかどうかを問わず，まず二つの前提ということは，その理論の中途半端な特徴を露呈したのである。

上記の通り，A.スミスの市場法則は架空の完全競争市場を前提にするものであり，その上，前提と結論の矛盾や「一般商品」の非一般性や哲学上の不徹底性などの問題があるので，現実に合わなく，経済政策を指導できない問題が多いのである。そして，実際の市場は，もちろん完全競争市場ではなく，均衡を実現したこともなかった。さらに，価格が上昇するとニーズが上昇する上るという「汎ギッフェン財化」の現象が多く，価格が下落しながら生産を拡大する工業品の例も多い。それぞれスミスの市場法則の正確性に反論しているのである。

【図表9-8】予期が駆動する市場ルールの「D-Wモデル」

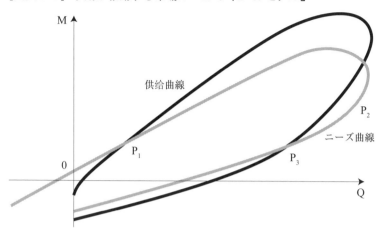

出所：図表9-5と同じ。

③ 市場ルールの真相

では，市場原理とは一体何であろうか。ここで，不完全競争市場を前提に，その市場原理の本来の在り方を探ろうと思う。

まず，議論の前提を不完全競争市場に限定する。その不完全競争市場とは，以下の条件がある。

一．市場における供給とニーズの規模は限度があり，無限ではないこと

二．消費者も生産者も市場に進出する，もしくは市場から退出することには，空間・技術・政策・コストなどの限界・限度があること

三．商品には，差別化される特徴があり，代替品であっても基本的には異質であること

四．情報は必ずしも充分に提供されることはなく，非対称であること。情報の欠如のため，消費者も生産者も理性的判断には限界がある。

次に，本来の市場運行のルールは価格をめぐるメカニズムではなく，ニーズを原動力にする予期によって駆動されるメカニズムである。それを，Double-Wingモデルと呼ぶことにする（図表9-8）。

不完全競争市場のルールには以下の要点がある。

第一．市場の究極的な原動力はウォンツ（Wants）である。それは供給でもなく，ニーズと供給との共同作用でもない。

第二．市場の「神の見えざる手」は価格ではなく，ニーズ者（需要者）と供給者の予期[4]である。そして，ニーズ者の予測は市場活動の発生において時間的に先行し，根本的作用を為す要因であるのに対して，供給者の予測は時間的に後続し，従動的作用を為す要因である。予測のメカニズムとは，ニーズ者がある特定の商品に対する予測が発生し高めることに従って，ニーズが拡大する，そして，供給者の予測もそれに従って発生し，高まり，供給も拡大する。逆に，ニーズ者が商品に対する予測が減少したら，ニーズが減少する，そして，供給者の予測も従って低めて，供給も減少する。

第三．不完全競争市場のため，市場の不均衡が避けられないことになるのである。そして，市場管理の必然性が発生するのである。

第四．市場の原動力がウォンツにあるので，これまでのニーズを管理するやり方はいずれも間違っていた。これからは，ニーズに合うことを目標にして供給を管理するべきである。

④ 市場ルールにおけるニーズ第一

市場ルールにおけるニーズの作用は最初の原動力である。それは，市場だけではなく，人類の経済活動ないし，あらゆる分野においても根本的作用を働いてきたのである。

第一．ニーズはあらゆる経済活動の根源であり，供給の源泉である。人類による自然への認識とそれを改造するあらゆる活動は，人類の物質的・精神的なニーズから出発したもので，それを満足するために行われてきたものであ

---

[4] 予期とは，市場の消費者・生産者が次期の市場行為—ニーズが満足され，もしくは供給が実現されることによって得られる収益に対する先期の判断である。趙儒煜（2018）『知人時代』[M]．吉林大学出版社，p.32。

る[5]。人類のニーズは人類の本質であり，人類の生産活動や社会関係の動因と根拠である。また，「ニーズの限界はその生産の限界である」と，マルクスが論じた[6]。歴史的に言えば，交換現象が現れる前には，個人の生産の数量や範囲は，自己の直接的なニーズを基準になされたので，ニーズを超えることはなかったのである[7]。こうした意味を踏まえて，ニーズが生産活動の源泉であり，市場成立の先決的な条件でもある。

　ニーズが生産活動の基準であり，その規模と範囲を限定する究極的標準であることは，現代の経済運行においてもその指導性が失われていない。工業化以来の大量生産体制による過剰生産が多数の危機を起こしたことも，その明確な証拠である。

第二．市場の成立からいうと，剰余生産品の出現はそれが支払いの手段と供給の商品になる可能性があることに過ぎず，まだ商品の交換に至っていない。というのは，何のために交換するかの問題が解決されていないからである。売る必要があっても，買う必要がなければ，交換は成立しない。この需要サイドのニーズこそ市場成立の前提であり，市場経済の原動力である。

第三．市場経済が発足した後の一般的市場活動の中に，供給がニーズを起こして市場行為をもたらすか否かは，ニーズによって決定されるのである。近代以来，直観的に，新しい供給品が新しいニーズを呼び出し，新しい消費市場を形成し，さらに新しい消費習慣を養成するケースが多い。そのため供給がニーズを創出するという簡単な結論が導かれるのである。そして，商品の生産が自らその部分の商品と同じの価値になる購買力を創出できる，すなわち，供給がニーズを創出するという，簡単な結論を出されるのである[8]。しかし，このような理論によれば，生産過剰は発生できず，経済危機の元にな

---

(5) マルクス・エンゲルス (1960)『マルクス・エンゲルス全集 (第3巻)』[M]。ペキン：人民出版社，p.514。
(6) マルクス (2000)『1844年経済学哲学手稿』[M]。ペキン：人民出版社，p.180。
(7) マルクス・エンゲルス (1960)『マルクス・エンゲルス全集 (第3巻)』[M]。ペキン：人民出版社，pp.32-33。
(8) Say, J-B. Commerce Defended [M]. London: C. and R. Bladwin, ch. VI.

らない。結局，経済危機の実在はニーズの根源性を逆に証明することになるのである。

第四．市場経済の過程を見れば，供給が実現した商品の数量，価値，そして生産の過程も含めて，それぞれがニーズによって決定されるのである。ニーズの規模に見合う供給分しか市場には売却されない。余剰分は，蓄えておき，ある程度になると経済危機をもたらし，そして，次の経済循環の繁栄が来る時点で新しい商品に取って代わられ，資源の浪費になるのである。ニーズは生産過程に対して，生産の規模だけではなく，技術の応用や加工技術をも要求している。例えば，農産物を買う時，残留農薬が多いものは拒否され，公害・汚染のないものが選択される。

⑤ ニーズ無視の貿易戦争

まとめてみると，市場経済の決め手がニーズであることは明らかである。この原理は，国際市場にも適用されてきた。しかし，終戦までの貿易理論は供給が市場を決める理論に沿って，進化していたのである。

アダム・スミスの「国富論」を源頭として，国際分業理論が「比較優位」の中心となっている。デヴィッド・リカードの「比較生産費原理」がその代表的なものである。さらに，オリーンの「要素賦存説」は，生産率を要素の賦存に簡略化し，供給の作用をさらに強調した。当然，レオンチェフの理論が「要素賦存論」を批判し，戦後の国際貿易理論に消費者の好みなどの視点をもたらした。

こうした理論の進化を無視して，トランプ大統領の起こした貿易戦争——実は対中だけではなく，全世界を対象にするものである——は，米国対外貿易の輸入超過を単なる供給の罪にする考え方である。そのため，貿易戦争が進めば進むほど，輸入超過を改善できなくなる。

第一．国際市場の成立は一般商品の市場と同様に，ウォンツ（欲求）やニーズ（必要性）によるものである。戦後の米国人は国際貿易市場から大きな利益を得ており，安価で品質の良いものを輸入して，生活を送っている。貿易戦

争をしても，こうした消費習慣を変えることはできない。世界中の工業国を見れば，安価な商品を生産するのは主に東南アジア諸国であるが，品質の高い製品を生産できるのはヨーロッパ諸国，日本，韓国，中国などと限られている。そして，安くて良いものを輸入する場合には，中国産の電気製品などの日用品は避けられない存在である。このため，貿易戦争が始まった後，米国対中貿易の輸入超過が急増するのは理解しがたくないことである。

第二．発展途上国の経済成長に従って，消費構造の向上も著しく進んでいる。特に，中国は改革開放の40年の成果として，4～5億の中産階級を創出し，全ヨーロッパの消費力と同等の市場を持つに至った。こうした膨大な市場を無視して，貿易戦争を起こしたトランプ大統領は中国市場を無視するという極端な結果を招いている。中国からの輸入が避けられない一方，中国に食糧や石油などの日常用品の輸出が阻止されることで，米国で対中輸入超過が起こるのは当然であろう。

第三．生活品質の向上を求めるニーズは世界中で基本的なものである。このことを前提とし，どの国でも経済成長の安定と国民生活の向上を図っている。また，中国のような完全な生産システムを持つ国はほとんどないため，他の国々にとって国際貿易上欠くことのできない存在である。しかし，生産や生活用品を輸入するには，国際的に通用力のある貨幣は欠くことができないものなので，ドルが国際通貨として各国で必要とされるのは自然であり，客観にみて論理的である。こうした国際経済の構造において，米国が輸入超過をなくす試みは，実際には世界通貨の地位を放棄することに相違ないであろう。当然，国際通貨を放棄することになる米国は，偉大な国家になる可能性も放棄することになる。

まとめて見ると，トランプ大統領の貿易戦争は，ニーズを無視してきたA.スミスによる市場原理の誤った理論をに依存し，輸入超過を改善することもできず，米国が世界の中心国としての地位も維持できないことに至るのである。

(2) 産業システムの検討

　経済社会はミクロの消費者個人と生産者（メーカー）を緊密に結びつけるシステムである。その中で，産業は，技術との関連性によって，産業システムを構成しているのである。同時に，技術的な理由でメーカーが生産拠点を選び，空間的な経済システムを構成している。そこで，産業システムを考える場合，産業の技術的システムと空間的システムを両方ともに考える必要がある。

① これまでの産業技術システムの進化

　これまでの産業技術システムは三回の産業革命によって，構築され，変化して来た。当然，いずれも，ニーズの変化に応じて進化してきた。

　第一次産業革命は紡績機の動作原理をソーステクノロジーとして，蒸気機関を産み出し，次々に新たな産業部門を出現させた。

　つまり，工業部門においては，「紡績産業（蒸気機関）−石炭産業−鉄鋼産業−機械加工業」という道筋をたどったのである。サービス部門においては，「水力の紡績機−近代商業−水運・海運業業−蒸気機関車−鉄道運輸＋蒸気船」と「大規模生産体制−金融産業−国際貿易−保険業」の道をたどった。

　第二次産業革命は自動車・電力・石油をソーステクノロジーとして，都市化と全面的工業化を起こし，近代産業システムの基礎を構築した。

　つまり，工業部門においては，「電力−水力発電−熱力発電−電線−電灯・電報・電話など−ケーブル」と「自動車産業−石油化学産業（ガソリン・タイヤ）・鉄鋼加工・機械加工・ガラスなど」，「自動車−道路−都市化−セメント・エレベーター」と「石油−化学工業−化学薬品・爆薬・合成繊維・ビニール・人造樹脂など」の順序で工業部門の基本的枠組みを完成させた。サービス部門においては，「電力−送電網−電気サービス」と「自動車−商業・保険業・修理」などのルートを辿ったのである。さらに，農業部門においては，「石油−化学肥料−農業革命」の展開が行われた。

　第三次産業革命はマイクロエレクトロニクス・新素材・新エネルギー・航空宇宙・バイオテクノロジー・海洋技術をソーステクノロジーとしていたこと

で，新たな産業システムの創出は行われず，第二次産業革命の構築した産業システムの上に新しい枝を増やしたに過ぎない。それらは，それぞれの「マイクロエレクトロニクス-ラジオ・テレビ-コンピューター-デジタル機器-産業ロボット」と「新素材-合金材料・非金属材料・複合材料」と「新エネルギー核・ソーラー・バイオエネルギー・風力エネルギー・海洋エネルギー・地熱エネルギー」と「航空宇宙技術-衛星-宇宙船-宇宙空間での実験」と「バイオテクノロジー-遺伝子・細胞・酵素・発酵工学」と「海洋技術-海洋資源開発・海洋空間・海洋環境保護・海洋救助・潜水・海中エンジニアリング」などの産業技術である。また，バイオテクノロジーの進歩が農業部門に遺伝子革命という新しい革命を起こした。

　IT革命は工業革命とは言えないが，工業部門をデジタル化・自動化・AI化させる同時に，サービス部門のインターネット，衛星によるナビゲーションなどの新部門を増やした。また，情報交換に革命的変化をもたらし，金融・商業・運輸・教育・医療などの部門をAI化させている。

② **これからの産業技術システムの行方**

　2010年代に起こった新産業革命は史上第4番目の産業革命であるが，その使命，いわば革命の最終目的は，単なるインテリジェントな革命ではなく，第二次産業革命によって確立された重化学工業の技術システムを全面的に改良し，代替するものであると考えられる。

　そのため，経済成長を活性化するだけではなく，持続可能な経済システムを目指し，市場ニーズを新しい技術で満足させようというものである。

　これまでの産業革命の展開を踏まえて，これからの産業革命は以下の四つの分野を中心に展開されるであろう。

　その一は，持続可能な経済システムの再構築，いわば再工業化をめぐる技術革命である。この分野には，重化学工業のソーステクノロジーである石油，エンジンなどを対象に電気自動車，ソーラーや原子力，新素材などの革新的技術で代替し，経済社会を改革するものである。

その二は，個別化，高度化の社会ニーズに応じて，伝統的な大量生産体制を改革する技術革新である。そのソーステクノロジーはフレキシブル生産システムである。

　その三は，少子高齢化化社会に対応するためのAI技術をソーステクノロジーとするものである。農業から工業，サービスの各部門において，人間の労働を代替する人工知能がその代表的なものである。

　その四は，現代社会の健康ニーズに応じるバイオテクノロジーをソーステクノロジーとする製薬産業や看護産業，メンタルケアサービス産業（旅行やクリエイティブな産業などを含む）一大健康産業である。もっと言えば，知的生活を含む生活様式を変革する技術革新である。

　総括すると，新産業革命は人類の持続可能な社会的ニーズと個性化，高度化，利便性の向上を図る個別のニーズにこたえるものであり，現段階における重化学工業技術システムを革新する一方，AIやバイオテクノロジーによって，在来の産業技術システムを補完するものである。

③ 産業空間システムの進化

　産業空間の変化は，産業技術と地域の異質性との組み合わせによってもたらされる。産業技術は産業空間を選定する一方，優位性のある産業空間も産業の成長，さらに新産業の創出に大きく貢献する。

　農業部門の空間はソーステクノロジーのおかげで，一部の農作物が気候の制約を超えることができたが，気候と土地に対する依存性が多くの国にとって変わらないのである。当然，地域の異質性のため，世界中の人口の食卓や紡績などの工業原料を満足する農業空間は均等に分布していない。そのため，国際貿易が必要である。農産物の貿易においては，中国は輸入国であるに対して，米国は主な輸出国であり，そして対中の農産物輸出は大きなシェアを占めている。

　工業化以来，工業部門の産業空間が技術の進歩に従って，著しく移り変わっている。第一次工業革命の時代には，水力紡績機の制約によって川の周辺が紡

績産業の最も優位性のあるところになった。しかし，地代が厳しい負担になっていた。そのため，蒸気機関が発明された後，水力による制約がなくなり，各地に紡績工場を設立することができた。また，石炭産業や鉄鋼業などの工業部門は資源の存在する場所に依存するので，鉱物の産地は基本的にその産業空間になるのである。なお，工業化の背景として，規模の大きい国際貿易が発達していたので，交通の便利な港や運河，鉄道周辺がメーカーにとって都合がよかった。第二次産業革命以後，石油化学工業には多量の工業用水が必要のため，産油地より川沿いや港がその生産拠点として優先的に選ばれた。また，海運の発達によって，鉄鋼業や一般の加工業も原料の世界調達を目指して港に工場を作るようになった。さらに，インターネットの発達で，一部の先端技術産業は人的資源の品質の高いところを好んだ。これは人材の集中を図るためである。

　サービス部門は人口の多い大都市部に集中する傾向があり，特にコストの削減や汚染などの公害問題の解決のため，大きな工業拠点は郊外や衛星都市に移るに従い，サービス部門はますます大都市に集中していく趨勢を見せている。

　なお，一般的な産業空間の進化において，世界各国に分布する産業はともに一つの大きなグローバル的産業システムを構成しているのである。この巨大な産業システムの中において，米国，日本，ドイツなどのヨーロッパ諸国では，その産業構造のトップの位置を先端技術によるハイエンド産業が占めており，プロフィットチェーンの上位に位置しているのに対し，新興工業国や新興経済国が，加工業や重化学工業により，それに次ぐ地位を占めている。

④ 産業進化に逆行する貿易戦

　以上の議論を踏まえてこのたびの貿易戦争を考えると，トランプ大統領の戦略は産業の進化の道筋を逆行していることがわかる。

第一．上記の分析のように，世界各国がお互いの資源，技術，資本，労働力の多様性によって，競争優位な商品を生産し，ともにグロバール産業システムを構築してきたのである。そのサプライチェーンとバリューチェーンのトッ

プに立つのは，米国をはじめとする先進諸国である。そのサプライチェーンとバリューチェーンの上位者が，より大きい利益を得，その利益を研究開発に投入し，その先進性を保つ好循環を構成しているのである。しかし，トランプ大統領の貿易戦略を実行したため，米国は自ら中国との産業関連を断ち切ることになり，中国の膨大な市場からの利益を放棄し，「優位性−利益−研究開発−優位性」という循環を弱め，さらに放棄する傾向を示している。

第二．現時点の産業進化はインダストリー 4.0 と言われる持続可能で知能化という方向であるのに対して，トランプ大統領の貿易戦略は第二次産業革命時代の自動車産業や第一次産業革命時代の鉄鋼業などの，放棄されるはずのものを米国に呼び返すということになってしまっている。当然，これは，第4次産業革命の進展を妨害するだけでなく，伝統産業の再建にたいしても効果は僅少である。というのは，投資家や起業家が未来の産業を想像し，インダストリー 4.0 へ向かっているのである。米国が中国からのサプライチェーンを断ち切ってしまったので，Tesla などの新産業が，中国へ移って事業を続けていくなどの，対中投資を拡大している。

第三．これからの産業革命では，人材の集中・活用が最も重要である。トランプ大統領の貿易戦略では，中国のハイエンド産業を阻止するため，在米留学生や研究者をスパイと見なし，雇用を禁止し，留学さえ毎年ビザを申請させようという厳しい政策が取られている。このため，中国の留学生や研究者の，米国からの帰国ラッシュが起こっている。米国におる優秀な人材を自ら放棄して中国に送還する政策は，中国の経済成長を抑制し，米国を偉大にするわけがないと思われる。

第四．米国は中国に対して，ハイテク技術を封じ込める政策を実行している。こうした政策によれば，中国はハイテク技術の国際連携のルートが断たれることになり，一国だけで行うしかなくなる。これまでの中国の動きから見ても，中国は先端技術の開発にはより多く投資する。今回の半導体にまつわる事件を例に挙げれば，中国は長い間米国の技術に頼ってきたが，突然の供給停止と商業訴訟に打撃を受け，その技術の欠如により厳しい状況におかれる

ことになり，企業も政府も半導体の自国開発に投資を注くようになり，そして何か月も経たずに自国開発に成功したのである。

まとめてみると，トランプ大統領の貿易戦略は，第四次産業革命の間際に，産業革命を放棄するような政策といえるだろう。そして，新産業システムへ移行する世界の流れを逆行するものでもある。

3. 中国の産業政策の行方

（1）産業システム建設へ移行

2017年10月，中国共産党第十九次全国代表大会で「現代化経済システムを建設しよう」という宣言がなされた。「現代化経済システム」とは，社会経済活動の各リンク，各レイヤー，各分野の相互関係や内在する関連によって結び付けられた有機体である。その中には，クリエイティビティがリードする協調発展する産業システム，統一的でオープンでルールに則った競争が行われる市場システム，効率的でし公平な収益の分配システム，優位性を強調し協調的に運行される地域の発展システム，省エネでエコな持続的成長システム，多様でバランスの取れた安全で効率的なフルオープンなシステム，市場の力を充分に働かせ，政府の作用をさらに善用する経済体制という七つの内容が含まれている。各システムは統一のとれた総体であり，ともに構築し，ともに進化させるべきものである。

以上の各システムの中に，産業システムは中心的重要性を持っている。近代的経済システムを建設するのは，国民の生活向上の意欲と発展の不充分・不平衡との矛盾を解決するためである。そのため，経済成長が第一の重要なポイントである，現時点では第四次産業革命に積極的に参入し，産業システムのステップアップを実現することが最も重要な任務になるのである。

具体的に，市場システムの建設は産業システムの市場環境の改善を図るものであり，収入分配システムの建設は人材の活用と地域不均衡の改善を目指すものである。また，地域発展システムは，産業システムの空間面であり，産業シ

ステムの建設そのものに含まれているはずである。持続的成長システムは，産業技術の進歩に依らなければならないので，これも産業システムの建設に含まれている。フルオープンなシステムの建設は国際市場の役割を安全で最大化する。そして，経済体制は市場の補完のための存在である。こうしてみれば，産業システムの中心的地位がわかる。

　総括すると，中米の貿易摩擦が発生しなくても，中国の産業政策は産業革命を進める同時に産業システムの建設に向かうものである。ただし，トランプ大統領が引き起こした貿易戦争は中国の産業政策を助けることになり，ハイエンド産業における先端技術を自力開発し，自力で産業システムの建設を徹底する中国の決意を強めたことに至ったと考えられる。

(2) 産業技術システムの建設

　現代化産業システムの建設には，先端技術の開発をベースにハイエンド産業を創出することと，地域優位性を善用してバランスの取れた経済成長を図ることの，二つの方向性がある。この二つのことは，同時に発生してきたものであり，硬貨の両面のような関係であると考えられる。その中で，産業技術システムの建設は決定的役割を果たしている。概に述べたように，産業技術においては，中国は産業革命を推進する同時に，「供給側改革」を進めている。

① 「供給側構造的改革」

　中国は「供給側構造的改革」を遂行し，産業革命を支援するように現時点の産業システムの調整をすすめている。「供給側構造的改革」は2015年に中国の中央財経指導チームの第11次会議が提出したのであり，その内容は「三去一降一補」にまとめられる。

　「供給側構造的改革」とは，改革の進め方のことで，で産業構造の調整を推進し，無効率そしてローエンド供給を減少させ，有効でミドル・ハイエンド供給を拡大して，供給構造のニーズ構造への適応性や柔軟性を増やすことである。「三去一降一補」とは，「（技術の古い，過剰な）生産能力，在庫，レバ

レッジ（金融の借入を指す）を削減し，コストを削減し，不足を補う」ことである。以上の五つの内容はお互いに関連しており，ともに推進する必要がある。

「供給側構造的改革」は著しい効果を挙げている。2018年，工業企業の利益が2桁の成長を維持し，2017年から10.3％増加した。そして，同指標は，2014年から増加傾向を見せている。2014年の工業企業の利益の増加は3.3％で，2015年は微小に下落し2.3％であったものの，2016年は8.5％と上昇に転じ，2017年は21％に急成長した。具体的に産業別で見れば，多数の産業において，利益は連続的に成長を見せている。その中で，石油・天然ガス鉱業では利益の増加は驚くべきことに440％，非金属は43％，黒金属精錬圧延は37.8％，化学原料・製品は15.9％，酒・ドリンク・精製茶は20.8％になり，5産業合わせて全体の77.1％に貢献した。また，金融面から見ると，大規模な工業企業の負債率は2018年の年末に前年より0.5％減少の56.5％となっている。また，コストダウン効果を見ると，2018年，規模以上の（統計の便利のため，年商100万以上の企業を規模以上企業として統計対称にする）工業企業のコスト・費用は主要営業利益の92.58％を占め，去年より0.18％減少したと同時に，コストは83.88％を占め，20％を削減されたのである[9]。

② **産業革命の関連政策**

産業革命の関連政策において，2008年の金融危機の直前そしてその後，中国政府はそれが産業革命に繋がる歴史的なチャンスにめぐりあっていることを認識した。そして，一連の政策や計画を打ち出している。その中に，＜中国科学院中長期発展規画綱要＞（2006年3月），＜自主的創新成果の産業化を促進する若干の政策に関する通知＞（2008年12月），＜戦略産業を加速に育てることに関する決定＞（2010年10月），＜企業の技術創新を進めて支持することに

---

(9) 2018年工业企业利润数据凸显供给侧改革成效［E］。http://www.cs.com.cn/cj/hyzx/201901/t20190130_5920669.html

関する通知＞（2011年11月），＜工業の転形昇級規画（2011～2015）＞（2011年12月），＜十二五国家戦略的新興産業発展規画＞（2012年7月），＜十二五国家自主的創新能力建設規画＞（2013年1月）などが挙げられる。その他，新エネルギー自動車やソーラー，バイオテクノロジーなどの重要な産業に対して，多数専門的な計画を行ってる。

　特筆すべきのは，＜中国製造2025＞（2015年5月）で，新通信技術，高度のNC機械，航空宇宙装備，高度の軌道交通装備，省エネと新エネルギー自動車，電力装備，農業機械装備，新材料，バイオメディカル及び高度の医療機器などの十大産業が取り上げられている。さらに，＜大衆創業，万衆創新を支えるプラットフォームの加速建成に関する指導意見＞（2015年9月）の公表によって，中国政府が，イノベーションの主体を企業から社会に広げる意図を表明した。また，2015年12月，中国政府は"供給側構造的改革"を打ち出し，新産業革命への道筋を明らかにしたのである。

　＜中国製造2025＞などの産業計画は国の産業発展の判断を示し，政策の傾向も民間投資や研究開発の方向性をリードする役割を果たしている。その結果，ハイテク技術の研究や開発は爆発的な成長を見せている（図表9-9）。

　図表9-9に示したように，中国の論文数が30分野において圧倒的優位性を持っている。しかし，ここで説明したいのは，論文の発表内容は，実用化・産業化まではまだ長い道のりを歩まなければならないということである。また，論文数と論文による創造力とは全く別のことである。すなわち，論文数の優位性は研究者人数の多さと研究の効率性しか説明できなく，成果自体の優位性を代表しないのである。いずれにしても，この一つの指標によって，中国のハイテク技術の研究開発の現状が窺われるのである。

　以上の議論を踏まえると，中国の産業革命政策には以下の三つの点に特色がある。一つ目は，早期に産業革命を明確な目標として政策を推進することである。中国は2006年にそれを明確にした。二つ目は，産業革命な分野に広さがあることである。中国は新通信技術，高度なNC機械，航空宇宙装備，高度の

【図表9-9】ハイテク研究論文発表ランキング

研究分野	産業分野	中国	米国	日本
ペロブスカイト	電池	1位(41.4)	2位(21.5)	4位(6.9)
単原子層	半導体	1(35.1)	2(32.5)	4(6.6)
ナトリウムイオン電池	電池	1(58.1)	2(17.4)	4(7.8)
ニッケルや鉄酸化物の触媒	新素材	1(54.2)	2(19.2)	8(3.6)
ジカウイルス感染症	バイオメディカル	3(9.1)	1(40.2)	20(1.0)
リチウム硫黄電池	電池	1(59.9)	2(23.7)	7(2.8)
ゲノム編集	バイオメディカル	2(22.6)	1(43.9)	3(8.0)
有機薄膜太陽電池	電池	1(31.8)	2(14.3)	6(3.8)
電気二重層コンデンサー	電池	1(65.3)	4(7.5)	10(2.0)
免疫療法	バイオメディカル	5(7.8)	1(43.3)	3(9.2)
酸化還元	化学	1(63.5)	2(14.1)	4(5.2)
光触媒	新素材	1(78.3)	2(5.3)	8(2.6)
水素発生触媒	新素材	1(69.4)	2(15.7)	9(2.5)
核酸を標的にしたがん治療	バイオメディカル	1(72.6)	2(15.7)	4(2.1)
腸内細菌	バイオメディカル	2(16.8)	1(31.1)	11(3.8)
カーボン量子ドット	新素材	1(61.5)	3(8.8)	13(1.3)
フレキシブル材料	新素材	1(36.0)	2(29.2)	4(5.9)
放射化分析	化学	1(45.6)	2(12.8)	4(7.7)
細胞間シグナル伝達	バイオメディカル	2(22.7)	1(33.4)	4(6.0)
光熱療法	バイオメディカル	1(69.8)	2(18.0)	15(1.0)
二酸化炭素の有効利用	化学	2(27.9)	1(34.0)	3(10.0)
微生物燃料電池	電池	1(37.2)	2(18.0)	9(3.1)
光電気化学	新素材	1(34.8)	2(23.7)	5(5.4)
コンデンサーへの炭素利用	電池	1(60.6)	2(11.1)	5(3.8)
有機金属構造体	化学	1(38.4)	2(18.8)	7(4.5)
レーザー溶融	新素材	2(20.0)	1(22.9)	12(2.5)
バイオ炭	環境	1(42.1)	2(19.3)	24(1.3)
ナノ発電機	新素材	1(50.9)	2(31.5)	9(2.0)
リチウムイオン電池	電池	1(41.6)	2(27.1)	5(5.7)
セルロースナノクリスタル	新素材	1(19.5)	2(16.4)	9(5.3)

出所:「先端技術研究 中国が先行」[N] 日本経済新聞2018年12月31日。

軌道交通装備，省エネと新エネルギー自動車，電力装備，農業機械装備，新素材，バイオメディカル及び高度な医療機器などの十大産業を中心としているのである。三つ目は，最終目標として，産業革命だけではなく，全産業の新産業システムを建設することである。

(3) 産業空間システムの建設

産業空間システムの建設は，地域発展システムと経済学的意味で一致すると思われる。ここで，中国の地域政策の調整を辿って，産業空間の行方を描くことにする。

① 社会矛盾の転換と地域戦略の移り変わり

中国の経済社会の発展を振り返してみると，これまで，3回の社会矛盾の転換があり，それに応じて3回の地域戦略が提示された。1回目は中華人民共和国が成立した後のことで，中国政府は当面の「先進的工業国と後進的農業国との矛盾」を認識し，沿海地域と内内陸部の関係を調整し，内陸部の工業発展を加速する地域発展戦略を実行した。二回目は，改革開放以後，中国政府が「人民の日増しに成長する物質的・文化的ニーズと発展が遅れている生産力との矛盾」を解決するために，沿海部優先の傾斜発展戦略を取った時期に当たる。三回目は，「十九大」以後の新時代に向かって，「人民の日増しに成長する快適な生活のニーズと不均衡で不充分な発展との矛盾」を解消するために，地域間の協調的発展を優先する戦略に移行するのである。

こうした政策の影響で，改革開放後の中国の地域発展は，東部での先行によって，東部と中西部そして東北地域との格差が拡大する段階を経て，「西部大開発」（2000.1），「東北振興」（2003.10），「中部幅起」（2004.3）などの戦略調整によって，発展の地域的不均衡問題が概ね解決された。しかし，こうした粗筋の戦略調整は，まだ地域の優位性を充分に発揮させられず，地域の多様性を強調する詳細な戦略が要求されているのである。そのため，地域視点の戦略が登場し，「京津冀協同発展」，「長江経済帯」，「ワンベルト・ワンルート戦

略」などの政策によって，従来の地域区分の殻を破って，異なる地域を連動させように進展している。

そして，中国の地域発展システムは多様な支点，経済軸・帯，そしてネット化した特徴を示している。多支点とは，21の都市群の計画が相次いで発表され，東・中・西・東北部の諸都市群で活発化されている。経済軸・帯とは，「京津冀協同発展」，「長江経済帯」，「ワンベルト・ワンルート戦略」に代表される交通ルートに頼って産業の協調を求めている。ネット化とは，上記の都市群や経済軸・帯のお互いの連絡，連携によって，空間的に産業の多重関係を構成している。

② これからの地域戦略

2017年以後，中国が三つの重大な地域戦略を発表した。それは，シィオンアン新区，粤港澳（広東・香港・マカオ）大湾区，上海自由港であり，これからの研究開発重視，協同重視，開放重視の考え方を示している。これによって，京津冀，珠三角，長三角という三大地域のビジョンを描いたのである。

こうして，中国の産業空間戦略は地域協調を中心に体系化されている。中国の地域発展戦略は重点的に地域援助の問題を解決するための特別地域の発展戦略，国土全般への考慮や大規模地域間の協調発展を中心にする「四大プレート戦略」，地域協同成長やイノベーション促進，及び経済関連の強化を図る経済帯発展戦略，地域発展の拡散と環境問題を解決するための都市化戦略，資源枯渇地域や衰退地域の発展を支える問題地域戦略，海洋の強国になるための陸海一括戦略などの内容によって構成されている。今後の課題は，上記の戦略を実行する際に政策の具体化であろう。

4. 結論

まとめると，トランプ大統領が貿易戦争を起こしてから，米国は期待する効果を納めていない。逆に，中国のハイテクの開発や対米輸出を促進し，米国の

輸入超過を悪化させている。これに対し米国の学者からも反対の声が多く寄せられているが，トランプ大統領は中米の国運の争いという視点から出発していることから，経済学を無視することにした。しかし，貿易戦争は経済分野の争いなので，トランプ大統領が，ニーズを無視してきたA.スミス市場原理の間違った理論を用いているため，輸入超過を改善することもできず，米国の中心国としての地位も維持できないという道を歩んでしまっているのである。また，トランプ大統領の貿易戦略は，この第四次産業革命の時代において，産業革命を放棄するような政策を取ってしまっている。そして，新産業システムへ移行する世界の流れを逆行する傾向を見せている。

　中国の産業政策の行方に関して言えば，中米の貿易摩擦が発生しなくても，中国の産業政策は産業革命を進める同時に産業システムの建設に向かうものである。ただし，トランプ大統領が起こした貿易戦争は中国の産業政策を推し進めることになり，ハイエンド産業における先端技術を自国開発を促し，自力で産業システムの建設を徹底する中国の決意を強めたといえる。

【参考文献】

Arnaud Costinot and Andrés Rodríguez-Clare (2018) "The US Gains from Trade: Valuation Using the Demand for Foreign Factor Services [J]", *Journal of Economic Perspectives*, pp.3-24.

Bertrand, J. (1883) "Thèorie Mathèmatique de la Richesse Cociale", *Journal des Savante*, 48.

Catherine Rampell (2019) The Trump administration learns that fighting gravity is hard [N], The Washington Post, 2019.1.28.

Cournot, A. (1838) Recherchs sur les Princips Mathèmatiques de la Thèorie des Richesses, Paris: M. Rivière.

David H. Autor, David Dorn, and Gordon H. Hanson (2013) The China Syndrome: Local Market Effects of Import Competition in the United States [J], American Economic Review, 103(6), pp.2121-2168.

Say, J-B. Commerce Defended [M]. London: C. and R. Bladwin, ch. VI.

Smith, A. (1776) An Inquiry into the Nature and Causes of the Wealth of Nations. Oxford: Oxford University, pp.73-78.

Stigler, G. (1957) "Perfect Competition, Historically Contemplated", *Journal of Political Economy*, 65.

Wayne M. Morrison (2018) China-U.S. Trade Issues [R], Congressional Research Service, 2018.7.30.

趙儒煜（2018）『知人時代』[M] 吉林大学出版社，pp.22-57.

2018年工业企业利润数据凸显供给侧改革成效 [E]
http://www.cs.com.cn/cj/hyzx/ 201901/ t20190130_5920669.html

マルクス・エンゲルス（1960）『マルクス・エンゲルス全集（第3巻）』[M] ペキン：人民出版社，pp.32-33, p.514.

マルクス（2000）『1844年経済学哲学手稿』[M] ペキン：人民出版社，p.180.

趙　儒煜

第10章
新しい情勢下での日中の産業補完と企業連携の展開

1.はじめに

　2017年10月に開催された中国共産党第19回全国代表大会において，習近平総書記（国家主席）は「新時代の中国の特色ある社会主義」思想を党規約に明記，自身の権威を一段と高めるとともに安定的な政治基盤を確立し，二期目をスタートさせた。同年の実質GDP成長率は6.8％となり，前年を0.1ポイント上回り，2010年以来7年ぶりに前年比で上昇に転じた[1]。

　しかし，改革開放40周年となる翌2018年，成長率は6.6％に減速，主要国際機関の予測によれば，建国70周年となる2019年はさらに落ち込み，6％台前半に低下すると見る向きが多い（図表10-1）。その要因の一つとして指摘されているのが，米国との貿易戦争であり，中国政府が直面する喫緊の重要政策課題ともなっている。習主席は1月21日，中央党校（中国共産党の高級幹部養成機関）で重要講話を行い，「現在，世界の大きな変化が加速し，深く変化しており，世界が動揺する原因とリスクポイントが増え，中国の外部環境は複雑で厳しい」と強調した[2]。ここでいう外部環境が米中貿易戦争を指すことは

---

(1) 当初の公表時（2018年1月18日）は6.9％であったが，2019年1月18日に下方修正された。詳細は国家統計局のウェブサイト（http://www.stats.gov.cn/tjsj/zxfb/201901/t20190118_1645555.html）を参照。
(2) 「新華社」（2019年1月21日）（http://www.xinhuanet.com/politics/leaders/2019-01/21/c_1124021712.htm）。

いうまでもない。

　他方，低下基調にあった日中の経済関係は2017年以降，底打ちしつつある。中国側の統計によれば，2018年の日中貿易は前年比8.1％増の3,277億ドル，日本の対中直接投資は16.5％増の38億1,000万ドルとなり，いずれも2年連続の増加となった。

　日本企業の事業拡大意欲も回復しつつある。国際協力銀行（JBIC）が2018年11月に公表した「わが国製造業企業の海外事業展開に関する調査報告」によれば，「中期的有望事業展開先国・地域」において，中国の得票率は52.2％となり，2年連続で第1位を獲得した。日本貿易振興機構（ジェトロ）が2018年12月に公表した「アジア・オセアニア進出日系企業実態調査」によれば，今後の事業展開の方向性について「拡大」と回答した企業の割合は，中国では48.7％となり，3年連続で増加した。

　こうした背景にあるのが，日中の政治・外交関係の改善である。日中平和友好条約締結40周年となった2018年は，5月に李克強総理が訪日，10月に安倍総理が訪中し，日中首脳会談が行われ，第三国市場協力やイノベーションなどの新たな分野で経済関係を強化していくことで一致した。日本経済新聞が2019年1月に公表した「日中韓経営者アンケート」によれば，2019年の日中関係が「改善する」と回答した割合は，日本が44.9％，中国では77.4％に達するなど，日中関係は改善傾向が鮮明になっている。

　日本の産業界は中国ビジネスの重要性を再認識する方向に転換しつつあったが，思わぬ誤算となったのが米中貿易戦争であった。中国経済は減速傾向を強めており，今後の米中交渉の成り行き次第では深刻なダメージを受ける可能性もあるだけに，日本企業にとって対中ビジネスの先行き不透明感が増している。加えて，貿易戦争の激化に伴い，グローバル経済のブロック化が進展するような事態になれば，日本企業は米中両国の間で非常に難しい立ち位置を求められることも予想される。

　本章は，こうした状況を踏まえ，まず日本企業の対中ビジネスの現局面について，日中の産業の補完性を日中貿易における主要品目から概観するととも

第10章 新しい情勢下での日中の産業補完と企業連携の展開

【図表10-1】主要国際機関による中国の実質GDP成長率予測

機関	2019年	2020年	各機関の見解	発表時期
世界銀行	6.2%	6.2%	2019年の成長率は，輸出の伸び悩みにより6.2%まで減速し，予測期間の終わり（2021年）までに，その潜在的なペースにほぼ沿って6%まで減速すると予測。 国内需要は，消費刺激策によって引き続き堅調に推移し，これまでに実施または発表された財政・金融政策は，関税引き上げの悪影響を大部分相殺すると予想。 しかし，追加的な刺激策は，レバレッジ解消およびリスク回避のプロセスの遅延という望ましくない影響をもたらす可能性もある。	2019年1月
国際通貨基金（IMF）	6.2%	6.2%	2018年に経済成長が減速した主因は，シャドー・バンキングの活動および地方政府の投資抑制のために行われた金融規制の厳格化。また，年末にかけて，米中貿易摩擦の過熱が減速に拍車をかけた。 2019年はさらなる成長の鈍化を予測。中国政府は金融規制厳格化の抑制，銀行の預金準備率引き下げを通じた流動性の供給，財政刺激策の実施，公共投資の再開によって減速に対応しているが，特に，貿易摩擦が緩和されない場合は，経済活動が予想を下回る可能性がある。	2019年1月
アジア開発銀行（ADB）	6.3%	n.a.	2018年の中国の成長率はシャドー・バンキングを通じた資金調達の継続的な抑制，住宅市場の制限およびインフラ投資の減少により，徐々に減速。 また，米国との貿易摩擦が消費者の信頼感に影響し，小売売上高の伸びが鈍化。 受注前倒しにより，2018年の対米輸出は順調に伸びたが，米国の対中輸入2,000億ドルの追加関税が3月に25%に引き上げられれば，2019年の対米国輸出は減少する可能性がある。2019年も対外的な逆風が続くため，成長率は6.3%と予測。	2018年12月
経済協力開発機構（OECD）	6.3%	6.0%	公式の銀行部門に含まれない「シャドー・バンキング（影の銀行）」による金融仲介のルールおよび地方政府による投資の承認プロセスの厳格化，中国の輸入に対する新たな米国の関税などにより，成長率が2018年を通じて鈍化。 景気刺激策と中央銀行による金融緩和が景気の鈍化を下支えし，軟着陸を成功させる可能性もあるが，財政の安定が脅かされる恐れもある。 中国の成長率が予測より急速に鈍化し，特に金融市場の状況が悪化した場合，世界の経済成長に深刻な打撃となる可能性がある。	2018年11月

出所：各国際機関の公表資料を基に作成。

に，投資統計やアンケート調査を基に，日系企業の対中ビジネスの方向性を検証する。

次に，日中の政治・外交関係の改善状況について，2018年の両国首脳の相互訪問の結果を基に確認する。また，中国の事業環境の変化および政策動向を踏まえた第三国市場協力やイノベーションなどの新たな日中企業連携の展開について，最近の具体的な事例を検討する。

その上で，米中貿易戦争が日中の企業に及ぼす影響をアンケート調査の結果などを活用しながら検証することで，新しい情勢下での日中の産業補完と企業連携の展開を包括的に考察していくことを目的とする。

2. 日中経済関係の現局面

日中の経済関係は現状ではどうなっているのか。まず，貿易統計を基に，日中の産業の補完性を概観するとともに，投資統計やアンケート調査の結果を参考に，日本企業の対中ビジネスの方向性を検証してみよう。

(1) 日中貿易の動向

中国海関統計によると，2018年の日中貿易総額は前年比8.1％増の3,277億ドルと，2年連続の増加となった（図表10-2）。輸出入別にみると，中国の対日輸出は7.2％増の1,471億ドルと2年連続，輸入は8.9％増1,806億ドルと3年連続で，それぞれ増加した。その結果，中国の対日貿易収支は335億ドルの赤字となり，対日貿易赤字は前年比で50億ドル増加した。

日中貿易の構造は依然として相互補完的な関係にある。中国の対日輸入を品目別（HSコード4桁ベース）にみると，2018年はスマートフォン向けの記憶素子などに使われる「集積回路（IC）」が前年比14.7％増の158億ドルで第1位となった。この他，上位20品目をみると，「自動車部品」，「半導体デバイス」，「電気回路用機器（コネクタ等）」，「液晶デバイス」，「コンデンサー」，「電話機の部品」といった基幹部品が並んでいる（図表10-3）。「自動車部品」

は10.9％増の80億ドルで第4位となった。70.6％を占めるギヤボックス・同部品が12.7％増と牽引した。集積回路やコンデンサーはパソコンやスマートフォン向けのみならず，自動車の電装化，製造現場の自動化などの用途が拡大していることを受け，対日輸入の拡大が続くことが見込まれる。

【図表10-2】日中貿易の推移

(単位) 100万ドル，％

	輸出額	伸び率	輸入額	伸び率	総額	伸び率	貿易収支
2009年	97,868	▲15.7	130,915	▲13.1	228,783	▲14.2	▲33,047
2010年	121,043	23.7	176,736	35.0	297,780	30.2	▲55,693
2011年	148,270	22.5	194,564	10.1	342,834	15.1	▲46,293
2012年	151,622	2.3	177,834	▲8.6	329,456	▲3.9	▲26,212
2013年	150,132	▲1.0	162,245	▲8.8	312,378	▲5.2	▲12,113
2014年	149,391	▲0.5	162,921	0.4	312,312	▲0.0	▲13,529
2015年	135,616	▲9.2	142,903	▲12.3	278,519	▲10.8	▲7,286
2016年	129,410	▲4.6	145,671	1.9	275,081	▲1.2	▲16,261
2017年	137,259	6.1	165,794	13.8	303,053	10.2	▲28,535
2018年	147,084	7.2	180,580	8.9	327,663	8.1	▲33,496

出所：国家統計局編「中国統計年鑑」各年版および中国海関統計より作成。

また，製造用機器の分野では，中国の産業高度化政策「中国製造2025」[3] の推進により，情報通信機器，新エネルギー車などの分野の成長が予想されることから，それらの製造に用いられる「半導体デバイス・集積回路・フラットパネルディスプレイ等の製造用機器」が49.9％増の104億ドルと大幅に伸び第2位となった。この他，「測定・検査用機器」（18.1％増），「マシニングセンター」（9.4％増）などの輸入が急増している。

さらに，完成品では，高級車を中心に輸入が堅調だった「乗用車」が10.2％増の101億ドルで3位となった。

---

(3)「中国製造2025」の詳細については，真家陽一「産業高度化に向けた政策の潮流―国家戦略「中国製造2025」の動向」（服部健治・湯浅健司・日本経済研究センター編著『中国創造大国への道―ビジネス最前線に迫る』文眞堂，2018年6月）等を参照されたい。

【図表10-3】中国の対日輸入上位20品目（HSコード4桁ベース）

(単位) 100万ドル，％

	HSコード	品目	2016	2017	2018	伸び率	シェア
1	8542	集積回路（IC）	13,714	13,807	15,832	14.7	8.8
2	8486	半導体デバイス・集積回路・フラットパネルディスプレイ等の製造用機器	4,913	6,932	10,394	49.9	5.8
3	8703	乗用車	7,573	9,144	10,075	10.2	5.6
4	8708	自動車部品	6,109	7,174	7,958	10.9	4.4
5	8541	半導体デバイス	4,332	4,244	4,251	0.2	2.4
6	8536	電気回路用機器（コネクタ等）	3,746	4,274	3,997	▲6.5	2.2
7	8479	機械類（産業用ロボット等）	2,751	3,862	3,849	▲0.3	2.1
8	9013	液晶デバイス	5,022	5,036	3,846	▲23.6	2.1
9	2902	環式炭化水素	2,559	2,962	3,671	23.9	2.0
10	8532	コンデンサー	2,520	2,958	3,495	18.2	1.9
11	3920	プラスチック製のシート，フィルム	2,066	2,367	2,613	10.4	1.5
12	9001	光ファイバーおよび同ケーブル	1,650	2,036	2,382	17.0	1.3
13	3304	化粧品等	674	1,212	2,321	91.4	1.3
14	8517	電話機（部品等）	3,544	3,225	2,234	▲30.7	1.2
15	8443	印刷機・プリンター・複写機およびファクシミリ	2,058	2,213	2,231	0.9	1.2
16	9031	測定・検査用機器	1,474	1,810	2,139	18.1	1.2
17	3824	化学工業において生産される化学品および調製品	1,809	2,015	2,037	1.1	1.1
18	8504	スタティックコンバーター（整流器等）およびインダクター	1,721	1,796	1,897	5.6	1.1
19	8481	コック・弁等に類する物品	1,242	1,542	1,782	15.6	1.0
20	8457	マシニングセンター	1,182	1,596	1,745	9.4	1.0

出所：Global Trade Atlasを基に作成。

　他方，対日輸出をみると，「電話機（携帯電話等）」が第1位，「自動データ処理機械（パソコン等）」が第2位となっているが，これらは輸入した部品を基に組み立てられた完成品がほとんどである。その他，輸出の上位20品目には，「ジャージー・カーディガン・ベスト等に類する製品」，「女性用の衣類」，「バッグ類」，「Tシャツ等の肌着」，「男性用の衣類」といった労働集約型の製品が少なくないのが現状である（図表10-4）。ただし，衣類については東南アジアなどへの生産拠点の移管も進展していることから，対日輸出は減少傾向にある。

第10章 新しい情勢下での日中の産業補完と企業連携の展開

【図表10-4】中国の対日輸出上位20品目（HSコード4桁ベース）

（単位）100万ドル，％

	HSコード	品目	2016	2017	2018	伸び率	シェア
1	8517	電話機（携帯電話等）	11,367	11,751	11,592	▲1.4	7.9
2	8471	自動データ処理機械（パソコン等）	6,268	7,515	8,330	10.8	5.7
3	8708	自動車部品	2,799	2,957	3,216	8.8	2.2
4	6110	ジャージー・カーディガン・ベスト等に類する製品	2,587	2,501	2,429	▲2.9	1.7
5	8541	半導体デバイス	3,360	2,590	2,344	▲9.5	1.6
6	6204	女性用の衣類	2,187	2,307	2,286	▲0.9	1.6
7	8443	印刷機・プリンター・複写機およびファクシミリ	2,344	2,088	2,089	0.0	1.4
8	8415	エアコンディショナー	1,613	1,711	2,013	17.6	1.4
9	8528	テレビ，モニター等	1,450	1,773	1,995	12.6	1.4
10	8543	電気機器（部品を含む）	757	1,269	1,831	44.2	1.3
11	8544	ケーブル類	1,801	1,766	1,812	2.6	1.2
12	4202	バッグ類	1,722	1,703	1,804	5.9	1.2
13	8542	集積回路（IC）	1,563	1,834	1,783	▲2.8	1.2
14	9401	腰掛け	1,590	1,646	1,678	2.0	1.1
15	6109	Tシャツ等の肌着	1,626	1,663	1,615	▲2.9	1.1
16	8516	電熱機器（オーブン等）	1,330	1,442	1,598	10.8	1.1
17	9504	ビデオゲーム用の機器	1,096	1,788	1,589	▲11.1	1.1
18	8504	スタティックコンバーター（整流器等）およびインダクター	1,404	1,451	1,490	2.7	1.0
19	6203	男性用の衣類	1,468	1,409	1,488	5.6	1.0
20	3926	その他のプラスチック製品	1,183	1,214	1,323	9.0	0.9

出所：図表10-3に同じ。

　主要品目から日中の貿易構造をみると，中国が基幹部品・素材や製造用機器などの生産財を日本から輸入し，それを基に組み立てた完成品や労働集約型の製品といった消費財を日本に輸出しており，依然として相互補完的な関係になっていることがわかる。

（2）日本の対中直接投資の動向

　中国商務部の統計によると，2018年の日本の対中直接投資は前年比16.5％増の38億1,000万ドルとなり，2年連続の増加となり，投資についても回復傾向がうかがわれる（図表10-5）。なお，国・地域別では第6位となり，前年の

5位から1つ順位を下げたが，これは英国が2.6倍の38億9,000万ドルと急増し，前年の9位から5位に順位を上げたことによるものである。

【図表10-5】中国の国・地域別対内直接投資

(単位）100万ドル，％

		2016年			2017年				2018年		
	国・地域名	実行額	シェア	伸び率	国・地域	実行額	シェア	伸び率	国・地域名	実行額	シェア	伸び率
1	香港	87,180	69.2	▲ 5.9	香港	98,920	75.5	13.5	香港	96,010	71.1	▲ 2.9
2	シンガポール	6,180	4.9	▲ 11.3	シンガポール	4,830	3.7	▲ 21.8	シンガポール	5,340	4.0	10.6
3	韓国	4,750	3.8	17.6	台湾	4,730	3.6	30.7	台湾	5,030	3.7	6.3
4	米国	3,830	3.0	47.9	韓国	3,690	2.8	▲ 22.3	韓国	4,670	3.5	26.6
5	台湾	3,620	2.9	▲ 17.9	日本	3,270	2.5	5.1	英国	3,890	2.9	159.3
6	マカオ	3,480	2.8	291.0	米国	3,130	2.4	▲ 18.3	日本	3,810	2.8	16.5
7	日本	3,110	2.5	▲ 3.1	オランダ	2,170	1.7	n.a.	ドイツ	3,680	2.7	139.0
8	ドイツ	2,710	2.2	73.7	ドイツ	1,540	1.2	▲ 43.2	米国	3,450	2.6	10.2
9	英国	2,210	1.8	104.6	英国	1,500	1.1	▲ 32.1	オランダ	1,290	1.0	▲ 40.6
10	ルクセンブルク	1,390	1.1	n.a.	デンマーク	820	0.6	n.a.	マカオ	1,290	1.0	n.a.
	その他	7,540	6.0	▲ 1.2	その他	6,440	4.9	▲ 14.6	その他	6,510	4.8	1.1
	全世界合計	126,000	100.0	▲ 0.2	全世界合計	131,040	100.0	4.0	全世界合計	134,970	100.0	3.0

（注）2014年以降のデータは1,000万ドル以上の単位で公表されているため，構成比および伸び率は実際の数値と異なる可能性がある。
出所：商務部「中国投資指南」ウェブサイトを基に作成。

（3）事業展開先国・地域としての中国の評価

国際協力銀行（JBIC）は海外事業に実績のある日本の製造業企業の海外事業展開の現況や課題，今後の展望を把握する目的で「わが国製造業企業の海外事業展開に関する調査」を1989年から実施している。第30回調査は，2018年6月に調査票を発送，7月から9月にかけて回収し（対象企業数1,012社，有効回答数605社，有効回答率59.8％），11月26日に公表した[4]。

ここでは，同調査における「中期的（今後3年程度）有望事業展開先国・地域」に関する回答結果から，中国での事業環境に対する日本企業の見方をみてみる。中国を有望と回答した得票率は52.2％となり，2年連続で首位を維持した（図表10-6）。とりわけ，増加幅は前回比6.5ポイント増と，主要国・地域の中で最大となった。業種別でみると，一般機械，精密機械などで得票率が上

---

(4) 本調査の結果については，国際協力銀行のウェブサイト（https://www.jbic.go.jp/ja/information/press/press-2018/1126-011628.html）で閲覧可能。

昇した。

　JBICはこの要因について，「『中国製造2025』のもとで設備投資が活性化する中，国外企業の技術・製品への需要が高まり，半導体や工作機械の販売が好調に推移したこと，また所得水準の上昇で，Eコマースを活用した一般消費財（衛生用品等）の販売や，乗用車など耐久消費財の販売が伸びたことも背景にある」と分析している。

【図表10-6】中期的(今後3年程度)有望事業展開先国・地域

	2016	得票率(%)	2017	得票率(%)	2018	得票率(%)
1	インド	47.6	中国	45.7	中国	52.2
2	中国	42.0	インド	43.9	インド	46.2
3	インドネシア	35.8	ベトナム	38.1	タイ	37.1
4	ベトナム	32.7	タイ	34.5	ベトナム	33.9
5	タイ	29.4	インドネシア	33.1	インドネシア	30.4
6	メキシコ	25.9	米国	26.1	米国	28.8
7	米国	19.3	メキシコ	18.2	メキシコ	13.7
8	フィリピン	10.6	フィリピン	10.6	フィリピン	10.0
9	ミャンマー	10.1	ミャンマー	9.0	ミャンマー	8.6
10	ブラジル	7.2	ブラジル, 韓国	6.3	マレーシア	7.6

出所：国際協力銀行「わが国製造業企業の海外事業展開に関する調査報告—海外直接投資アンケート調査結果」各年版より作成。

　同調査で有望理由について尋ねたところ，前回同様，第1位は「現地マーケットの今後の成長性」（72.9％），第2位は「現地マーケットの現状規模」（63.8％）となり，引き続き市場への期待は高い。以下，第3位は「組み立てメーカーへの供給拠点として」（24.0％），第4位は「産業集積がある」（22.2％），第5位は「現地のインフラが整備されている」（13.6％）となった（図表10-7）。

　他方，課題の第1位は「他社との厳しい競争」（62.6％）で，回答率は2015年度から上昇傾向にある。第2位は「労働コストの上昇」（61.1％）で，2013年度以降低下傾向にあるものの，引き続き60％超と高水準となっている。以

【図表10-7】中国の有望理由

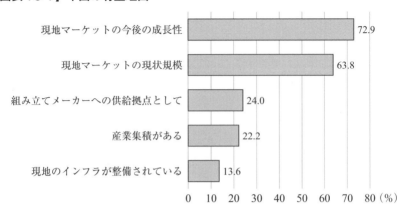

出所:国際協力銀行「わが国製造業企業の海外事業展開に関する調査報告—2018年度海外直接投資アンケート調査結果(第30回)」より作成。

下,第3位は「法制の運用が不透明」(46.9％),第4位は「知的財産権の保護が不十分」(37.4％),第5位は「為替規制・送金規制」(29.4％)となっているが,回答率は他国・地域と比較して高い水準となっている(図表10-8)。

(4) 日本の対中ビジネスの今後の方向性

日本貿易振興機構(ジェトロ)では,アジア・オセアニア地域における日系企業活動の実態を把握し,その結果を広く提供することを目的に,同地域の計20カ国・地域に進出している日系企業を対象とした「アジア・オセアニア進出日系企業実態調査」を年1回実施している。2018年度調査は,2018年10〜11月に実施し,合計5,073社(うち中国は756社)より有効回答を得て,12月20日に公表した[5]。ここでは,本調査の結果を基に日本企業の対中ビジネスの今後の方向性について考察する。

---

(5) 本調査の結果については,ジェトロのウェブサイト(https://www.jetro.go.jp/world/reports/2018/01/117eb326c5a7e5fd.html)で閲覧可能。

【図表10-8】 中国の課題

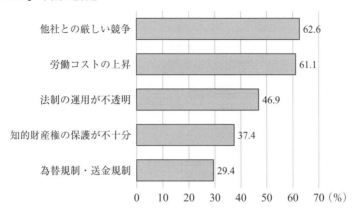

出所：図表10-7に同じ。

　今後の事業展開の方向性について，中国進出企業で「拡大」と回答した企業の割合は，2011年度は6割を超えていたが，2012年は反日デモの影響などもあり52.3％に低下，2015年度は38.1％と，1998年度の調査開始以来，初めて4割を割り込んだ。しかし，2016年度では40.1％に回復，2017年は48.3％，2018年度は48.7％と，3年連続で増加し，事業拡大意欲の持ち直しを示す結果となった（図表10-9）。

　5割弱の企業が中国で事業を「拡大」すると回答しているが，その理由を尋ねたところ，「現地市場での売上の増加」（85.4％）が最も多く，次いで「成長性，潜在性の高さ」（39.6％）となっており，市場に対する期待が拡大の理由となっていることがうかがわれる（図表10-10）。

　また，「現状維持」は前年度比0.5ポイント増の44.8％の微増となった。他方，「縮小」もしくは「移転・撤退」と回答した企業の割合は0.8ポイント減の6.6％と微減となった。このうち，「縮小」は5.1％，「移転・撤退」は1.5％となっており，その比率は必ずしも高くはない。

　なお，事業を「縮小」もしくは「移転・撤退」と回答した企業に，その理由を尋ねたところ，「コストの増加（調達コスト，人件費等）」（41.7％），「現地

【図表10-9】今後の事業展開の方向性

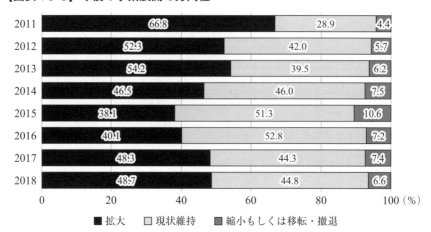

出所:ジェトロ「アジア・オセアニア進出日系企業実態調査」各年度版より作成。

【図表10-10】事業を拡大する理由

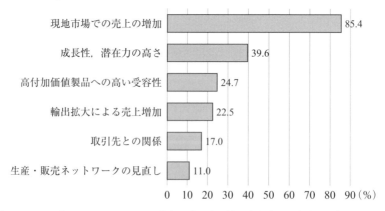

出所:ジェトロ「アジア・オセアニア進出日系企業実態調査」(2018年度調査)より作成。

市場での売上の減少」(37.5％)の2つの回答が多く,次いで「労働力確保の難しさ」(31.3％)が続いている(図表10-11)。

　日中の貿易関係は,依然として相互依存的な関係にあり,日本企業の対中直

【図表10-11】事業縮小もしくは移転・撤退の理由

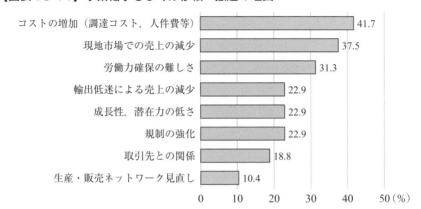

出所：図表10-10に同じ。

接投資についても，中国の市場開拓を志向した投資意欲は決して低下しているわけではないことが，JBICおよびジェトロによるアンケート調査からもうかがわれる。

3. 新たな局面を迎えた日中の経済関係

　2012年の尖閣諸島の国有化に伴う日中関係の悪化などを背景に，貿易・投資の減少基調が続くなど，日系企業の事業拡大意欲に低下傾向がみられていた両国の経済関係は，2017年以降，底打ちしつつある。こうした動きを後押ししているのが，日中の政治・外交関係の改善である。

　とりわけ，日中平和友好条約締結40周年となった2018年は，両国首脳の相互往来もあり，第三国市場協力やイノベーションといった新たな分野での経済関係強化で一致するなどの進展がみられた。

　ここでは，2018年の日中首脳会談の結果を基に，経済分野における日中の協力関係の深化を確認するとともに，日中の企業経営者による2019年の日中関係の見方について，アンケート調査を基に概観する。

(1) 李克強総理の訪日

2018年5月8〜11日,李克強総理が公賓として日本を訪問した[6]。5月9日に行われた日中首脳会談では,経済関係の強化について,新技術や急速な少子高齢化への対応の中での新たな協力分野の開拓で一致した。

具体的には,サービス産業における日中協力として,経済産業省と商務部との間で「サービス貿易協力強化に関する覚書」が署名され,「日中サービス貿易協力メカニズム」を構築し,サービス貿易・投資の環境を構築し,サービス分野の投資及び互恵協力を進めていくことに合意した。また,経済産業省と国家発展改革委員会の間で「サービス産業協力の発展に関する覚書」が署名され,「日中サービス産業協力メカニズム」を構築し,マクロ的な政策の交流を通じ,高齢化,教育等のサービス産業領域での協力を進めていくことで合意した。

また,両国は日中首脳会談で確認された認識に基づき,第三国における日中民間経済協力に関して覚書を締結[7]。日中ハイレベル経済対話の枠組みの下に,「日中民間ビジネスの第三国展開推進に関する委員会」を設け,省庁横断で民間部門も交えながら議論していくことや,日中の民間企業間の交流を一層推進するため,幅広い企業の経営者や関係閣僚等の出席する「日中第三国市場協力フォーラム」を設立・運営することで一致した。

(2) 安倍総理の訪中

安倍総理は2018年10月25〜27日,中国・北京を訪問した。本訪問は,多数国間会議への出席を除き,日本の総理大臣として約7年ぶりの訪中となった[8]。10月26日に開催された「第1回日中第三国市場協力フォーラム」におい

---

[6] 李克強総理訪日の全体概要については外務省のウェブサイト(https://www.mofa.go.jp/mofaj/a_o/c_m1/cn/page4_003999.html)で閲覧可能。
[7] 第三国における日中民間経済協力に関する覚書の内容については外務省のウェブサイト(https://www.mofa.go.jp/mofaj/a_o/c_m1/cn/page4_003987.html)で閲覧可能。
[8] 安倍総理訪中の全体概要については外務省のウェブサイト(https://www.mofa.

てスピーチを行った安倍総理は「両国の企業が競争するだけではなく，その力を組み合わせて協調することで，需要と課題の両方に応える可能性を高めていくことができる。例えば，電力インフラの分野では多くの国が大規模な投資を必要としており，日中の企業が激しく競い合ってきた。しかし，最近は，両国企業が，技術力，価格競争力，ネットワークなど，それぞれの強みを持ち寄って，協力してプロジェクトを進める例も現れている。今後，質の高い電力インフラの整備が進むことで，現地の発展に大きく貢献していく」と述べた。

その上で，安倍総理は「このような協力を進めるには，共通の考え方，すなわち土台が必要であることも忘れてはならない。インフラ投資において，開放性，透明性，経済性，対象国の財政健全性といった国際スタンダードに沿ってプロジェクトをつくることが重要」と表明した[9]。

同日に行われた李総理との日中首脳会談において，経済分野の協力では，第三国市場協力フォーラムの開催を歓迎するとともに，イノベーションおよび知的財産分野の協力を議論するため，日中イノベーション協力対話を新たに創設することで一致した[10]。

また，日本政府として，2018年度を以て全ての対中ODAの新規供与を終了することを決定した旨を伝達したが，同時に，新たな次元の日中協力として，開発協力分野における対話や人材交流の実施に向けた調整を進めていくことで一致した。

（3）日中関係に対する日本企業の見方

現在の日中関係について，企業経営者はどのように見ているのか。日本経済新聞が中国・人民日報系の日刊紙，環球時報と韓国の毎日経済新聞と共同で実

---

go.jp/mofaj/a_o/c_m1/cn/page4_004452.html）で閲覧可能。
(9) スピーチの本文については首相官邸のウェブサイト（https://www.kantei.go.jp/jp/98_abe/statement/2018/1026daisangoku.html）で閲覧可能。
(10) 日中イノベーション協力対話の立ち上げに関する覚書については外務省のウェブサイト（https://www.mofa.go.jp/mofaj/files/000413067.pdf）で閲覧可能。

施した「日中韓経営者アンケート」からみてみよう[11]。

　2018年に比べ、2019年の日中関係がどのようになると考えるのかについて尋ねたところ、「改善する」(「大いに改善する」および「若干改善する」の合計) と回答した割合は、日本が44.9％と4割を超え、他方、中国は77.4％と8割近くに達した。他方、「悪化する」(「若干悪化する」および「非常に悪化する」の合計) と回答した割合は、日本が0.0％、中国が2.4％となり、日中とも極めて低い回答率となった (図表10-12)。

　日中関係改善の背景には、米中貿易戦争が激化する中、他国との協力維持を図りたい中国としては、日本との関係悪化を回避したいという思惑があると思われる。加えて、訪日中国人の増加 (2018年は過去最高の838万人) に伴う対日感情の改善も、もう一つの背景として指摘できる。他方、日本政府も拉致問題解決に向けた中国の協力取り付けや、中国での商機を探る日本の経済界の要望に応えるべく、「第三国市場協力」の形で中国の広域経済圏構想「一帯一路」[12]に協力する姿勢を示すなど、日中関係改善に努めていることも要因として考えられる。

　ただし、日本企業としては、安全保障上、東シナ海の緊張状態が解消されたわけではなく、歴史問題など何らかの問題を契機に日中関係が悪化するリスクが依然あることや、対米関係にも配慮して、慎重な対応を余儀なくされている。「わからない」との回答が日本側で20.5％ (中国は0.0％) と、一定程度あることがその実情を反映しているといえる。

---

(11)「日本経済新聞」(2019年1月8日)。日本経済新聞、韓国の毎日経済新聞、中国・人民日報系日刊紙の環球時報の3紙が共同で2018年11月27日〜12月13日に実施した。日中韓の合計316社の経営者が回答した。なお、本章では日中の経営者の回答結果を中心に考察する。

(12) かつてシルクロードが欧州とアジアをつなぐ重要な交易路だったことに着目して、インフラ整備を中心に沿線各国との地域経済統合を推進する構想。陸のシルクロードである「シルクロード経済圏」を「一帯」、海のシルクロードである「21世紀海上シルクロード」を「一路」と呼ぶ。カバーエリアはアジア・大洋州、アフリカ、欧州の60カ国・地域以上に渡る。

【図表10-12】2019年の日中関係に対する見方

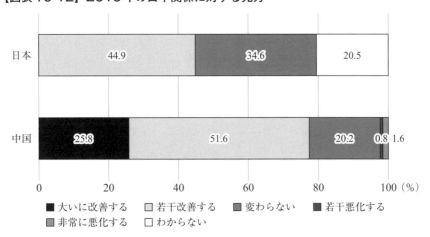

出所：日本経済新聞「日中韓経営者アンケート」（2019年1月）。

4. 新たな経済協力分野と日中企業の連携

　日中首脳会談の結果から，経済関係の発展が両国の最も重要な基盤の一つであることが再確認されたといえる。具体的な分野としては，第三国市場協力およびイノベーションが新たな経済協力分野として謳われている。ここでは，この2分野に焦点を当てて，最近の日中企業連携の事例を検証する。

(1) 中国「新時代」における日中の協力

　中国共産党は，経済発展が「新時代」に入っており，その基本的特徴は，「高度成長」段階から「質の高い発展」段階へ転換だとみている。そして，「質の高い発展」の推進は，経済の持続的で健全な発展の維持，中国社会の主要な矛盾の変化への対応および「小康社会」（いくらかゆとりのある社会）の全面的な完成，現代的社会主義国家の全面的な建設，経済の規律に従った発展における「必然的要求」であると強調している。

　加えて，現在および今後一定期間における，発展の道筋の確定，経済政策の

制定，マクロコントロールの実施における「根本的要求」とも指摘している。

「質の高い発展」を追求する上で，中国は環境問題，少子高齢化問題，食品・薬品の安全問題など，さまざまな政策課題を抱えているが，それらは日本がいわゆる「課題先進国」として解決に取り組んできた分野であり，その改善に向けて，中国が最も参考にできる国は日本にほかならない。こうした中で，イノベーション，第三国市場協力，環境・省エネ，医療・介護，農業・食品といった分野が新たなビジネスチャンスになりつつあり，日本企業が技術や経験，ノウハウを生かしてビジネスとしての参入を図りつつ，中国の政策課題の解決に向けて貢献していく動きが活発化することが期待される。

そうしたポジティブな事業環境の変化は顕在化しているものの，中国は実質的に共産党一党独裁の中央集権国家であり，政策には共産党や政府の方針や考え方が色濃く反映されるケースも少なくない。中国でのビジネス展開に当たっては，中国政府の政策や方針を踏まえることが重要であり，そういう意味では中国の政府や企業との連携が欠かせない。

習近平政権の二大政策が「一帯一路」と「中国製造2025」である。2013年3月の全人代で国家主席に就任した習近平氏は，「中国の夢」すなわち「中華民族の偉大な復興」という民族主義的スローガンを掲げた。「中国の夢」における対外政策の一環として，同年9～10月に打ち出されたのが広域経済圏構想「一帯一路」であり，同構想は対外開放面での政策と捉えられる。

また，中国政府は2015年5月，「中国製造2025」を公表し，2025年までの10年間で製造業の全体的なレベルを大幅に引き上げ，「製造強国」の仲間入りを果たすことを目標として掲げた。「中国製造2025」は経済・産業分野での改革を志向した政策とみることができる。すなわち，日中首脳会談で合意された第三国市場およびイノベーションでの協力は，中国の政策の方向性とも合致するものといえる。

(2) 第三国市場協力の現状と今後の課題

中国は近年，価格競争力を背景に，対外工事請負契約額を急速に増加させて

おり，2017年の契約額は2,653億ドル（約29兆円）と，ここ10年で3.4倍に達した（図表10-13）。習主席が提唱する「一帯一路」による政府の支援も受けて，今後もさらなる受注の拡大が見込まれている。

他方，日本の2017年度の海外建設受注額は1兆8,510億円にとどまっている。統計の集計方法が異なることから，単純には比較できないものの，日本の受注額は中国の数％程度の水準となっている。ただし，中国企業は低コストでの建設工事力には優れるものの，技術力や工程管理力は相対的には劣るといわれている。日本企業がこういった点を補完することで，日中企業のアライアンスによる受注拡大を図ることも期待できる。

新たな経済協力分野として注目される第三国市場協力は，2017年11月11日にベトナム・ダナンで開催された日中首脳会談で「第三国でも日中のビジネスを展開していくことが，両国のみならず対象国の発展にとっても有益」との点で一致したことが嚆矢となっている。これを受けて，12月7日には，都内で「第三国市場日中民間経済協力説明会」が開催され，日本政府としても，日中の民間企業のビジネス協力を後押ししていく考えが示された。

また，12月24日に東京で開催された「第11回日中省エネルギー・環境総合フォーラム」においては，「日中の第三国市場協力」が新たな分科会として設置された[13]。中国の通商政策を担う商務省の高燕次官は「両国企業が第三国での経験を共有するよいスタート」と強調。中国企業からも「実務協力を深化する。日本企業は材料，技術，資金，中国企業は市場開拓，製造技術，コスト管理で優位性がある」（グリーンエネルギーの運営サービス企業，協鑫集団の朱共山董事長）との期待が表明された。

同分科会では，三井物産が，太陽光パネル大手「天合光能」を共同出資者として応札し，11月23日付で受注内示があったメキシコでの太陽光発電事業や，三菱商事が中国最大手の建材メーカー「中国建築材料集団」の傘下企業と合弁

---

(13) 同分科会における発言資料は，日中経済協会のウェブサイト（http://www.jc-web.or.jp/jcbase/publics/index/169/）で閲覧可能。

【図表10-13】日中の海外での建設工事請負額の推移

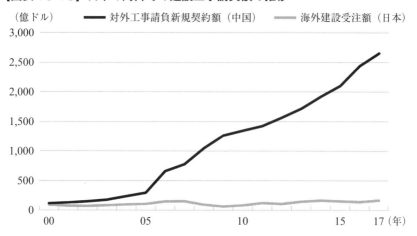

(注) 1. 日本は海外建設協会会員（対象50社）が海外で受注した建設工事（1件1,000万円以上）の合計額（海外法人受注を含む）
    2. 為替レートは1ドル＝110円で算出
出所：中国は「中国商務年鑑」各年版，日本は海外建設協会資料を基に作成。

で設立した「上海凱盛節能」が11月28日に契約したインドネシアでのバイオマス発電事業といった最新の案件も紹介された。

　2018年10月26日に北京で開催された「第1回日中第三国市場協力フォーラム」には，日中の財界トップを含め，約1,500名の参加を得て，活発な議論が行われた。フォーラム開催にあわせ，両国の政府関係機関・企業・経済団体等の間で52件の協力覚書が署名交換された。これらの覚書はインフラ，物流，IT，ヘルスケア，金融など，幅広い分野に渡っている[14]。

　この中で，タイ王国アマタ・スマートシティ・チョンブリ工業団地におけるスマートシティ化に関する日中泰3者覚書は，「YOKOHAMA URBAN SOLUTION ALLIANCE（YUSA）」[15]，タイの大手ディベロッパー「AMATA

---

[14] 締結された協力覚書については経済産業省のウェブサイト（http://www.meti.go.jp/press/2018/10/20181026010/20181026010.html）で閲覧可能。
[15] 横浜市が打ち出したY-PORTセンターの機能強化の動きに呼応し，海外インフラ

Corporation」，江蘇省の建設会社「江蘇嘉睿城建設管理（JSCC）」の3者間で締結した案件である。YUSAは「今回の3者協力覚書は，日中泰3国でそれぞれの強みを生かしながら，3者がAll winとなるビジネス機会創出を目指したものとなる」(16)と強調している。YUSAのまちづくりノウハウや環境技術，JSCCの低コストの建設力という互いの強みを生かすことで，タイのスマートシティ開発に貢献していくことが期待される。

　第三国市場協力は構想段階から実施段階に入りつつある。他方，「一帯一路」は構想が提起されてから，さまざまな問題が顕在化しており，見直し機運も出てきている。習近平主席は2018年8月27日，「『一帯一路』建設推進工作5周年座談会」に出席し，「海外リスク防止を高度に重視し，安全リスク防止体系を整備し，海外安全保障・リスク対応能力を全面的に高めなければならない」と強調した(17)。国務院新聞弁公室が同日に開催した記者会見において，「一帯一路」建設推進工作指導小組弁公室の寧吉喆副主任は，「個々の国が個々の面で『一帯一路』構想を疑問視しており，中国企業の海外投資や経営もいくつかの困難な問題に直面している」と率直に表明した(18)。

　中国は「一帯一路」の下，これまで先進国があまり援助・投資をしてこなかった国・地域に入り込んでプロジェクトを実施してきた。また，それゆえに歓迎されていた面もあった。しかし，「一帯一路」の沿線国はカントリーリスクが高い国が少なくないだけに，プロジェクトが具体化していく中で，さまざまな問題が表面化してきたことも事実である。例えば，パキスタンの道路建設プロジェクトでは汚職を理由に中国側がファイナンス供与を一時停止した。ま

　　ビジネスの機会の拡大と，新興国の都市課題解決に貢献するため，市内中小企業が中心となって，2017年7月6日に設立した法人。
(16) YUSAウェブサイト（https://www.yusa.yokohama/single-post/2018/10/29/第一回日中第三国市場協力フォーラムにおける協力覚書締結について）。
(17) 「新華社」2018年8月27日（http://www.gov.cn/xinwen/2018-08/27/content_5316913.htm）。
(18) 詳細は中華人民共和国中央人民政府のウェブサイト（http://www.gov.cn/xinwen/2018-08/27/content_5316921.htm#1）で閲覧可能。

た，インドネシアの高速鉄道プロジェクトでは当局による土地収用が進まず，工事が大幅に遅延した。さらに，スリランカのハンバントタ港の開発では，債務返済の代わりに港湾権益を長期租借したことが「中国債務のわな」であると批判された。

中国は必ずしも当初から，「中国債務のわな」を狙ったわけではなかったようだが，返済能力を十分考慮せずに，プロジェクトを実施したことで，結果的に植民地化のような形になってしまった。中国側にも受け入れ国側にも問題があったとはいえ，「一帯一路」の覇権主義に対する警戒感が沿線国および欧米諸国から高まりつつある。

こうした中で，日中が第三国市場協力のかたちでプロジェクトを推進することで，国際社会の批判を緩和しつつ，「国際スタンダード」に合致する案件を形成していくことも期待される。ただし，「一帯一路」の沿線国には，法制度や商習慣はもちろん，宗教や文化も異なる国が多く，ビジネスとして取り組む上で，投資リスクは決して低くはないだけに，案件ごとの見極めを慎重に行い，リスクとチャンスを見極めながら，是々非々で対応していくことが肝要といえる。

(3) イノベーション協力

中国では，第4次産業革命を担うデジタル技術の分野で世界最先端を走る民営企業が続々と誕生している。世界のIT企業の時価総額ランキングで上位に入り，頭文字を取って「BAT」とも称される百度（バイドゥ），アリババ集団，騰訊控股（テンセント）がその代表格だ。それぞれインターネット検索，電子商取引（EC），交流サイト（SNS）という異なるサービスを主力事業として展開している。中国にはBATに次ぐ成長が期待される民営のスタートアップ企業も多数控えている。

こうした中で，日本のデジタル技術の海外活用対象国・地域として，中国の重要性が増している。日本貿易振興機構（ジェトロ）が2018年3月に公表した「2017年度日本企業の海外事業展開に関するアンケート調査」によれば，

【図表10-14】最も影響が大きいデジタル技術

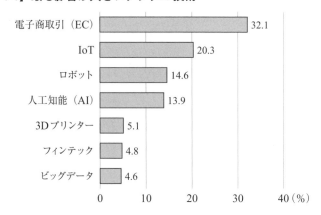

出所：ジェトロ「2017年度日本企業の海外事業展開に関するアンケート調査」（2018年3月）を基に作成。

デジタル技術が，中長期的（5～10年程度）に自社のビジネスに与える影響について尋ねたところ，「影響が大きいデジタル技術がある」との回答が48.7％で約5割に達した。回答企業に最も影響が大きいデジタル技術について聞いたところ，ECが最多で，以下，IoT（モノのインターネット），ロボット，AI，3Dプリンター，フィンテック，ビッグデータの順位となった（図表10-14）[19]。また，海外ビジネスにおける活用対象国・地域をみると，すべての技術で中国が首位となった（図表10-15）。

デジタル技術を始めとした中国の産業高度化を推進している政策が「中国製造2025」だ。2017年1月には「対外開放の拡大と外資の積極的利用の若干の措置に関する通知」を公表。外資系企業と中国企業に「中国製造2025」の政策措置を同等に適用し，「スマート製造」や「グリーン製造」への投資を奨励する方針も打ち出した。

---

(19) 同調査の概要はジェトロのウェブサイト（https://www.jetro.go.jp/world/reports/2018/01/1a4c649d0721464c.html）で閲覧可能。

【図表10-15】海外ビジネスにおけるデジタル技術の活用対象国・地域

	電子商取引（EC）		IoT		ロボット		ビッグデータ	
1	中国	52.7	中国	34.6	中国	42.7	中国	33.3
2	米国	29.9	米国	27.5	タイ	24.5	米国	23.3
3	台湾	23.7	タイ	26.4	米国	21.7	タイ	21.7
4	香港	19.7	西欧	15.9	ベトナム	16.1	シンガポール	16.7
5	シンガポール	15.6	ベトナム	13.2	インドネシア	14.7	インドネシア	14.2
	人工知能（AI）		3Dプリンター		クラウド・ファンディング			
1	中国	34.6	中国	31.0	中国	34.5		
2	タイ	23.1	米国	23.9	タイ	23.6		
3	米国	22.1	タイ	16.9	米国	23.6		
4	シンガポール	16.3	ベトナム	14.1	シンガポール	16.4		
5	香港	14.4	インドネシア	12.7	ベトナム	14.5		

出所：図表10-14に同じ。

「中国製造2025」のプロジェクトや重点分野には，今後の中国ビジネスにおける有望分野のほか，日本企業が優位性を持つ分野も数多く含まれており，技術を必要とする中国企業と提携しつつ，市場開拓を推進することがビジネスチャンスにつながると考えられる。

「中国製造2025」を通じた中国の産業高度化の動きに，日本企業はいかに対応しているのか。富士通，日立製作所，三菱電機の3社のケースを基に，企業，地方政府，研究機関に分けて，具体的な連携事例を見てみよう。

① 企業間連携の事例

富士通は2018年3月，国有大手企業の上海儀電集団とスマート製造に関するサービスを提供する合弁会社を設立した[20]。両社は，スマート製造分野において，2015年から協業を開始し，2017年にはその枠組みを拡大し，スマート製造・スマートシティ等の分野における全面的な協業に合意した。今回の共同

---

(20) 富士通プレスリリース（2018年3月9日）（http://pr.fujitsu.com/jp/news/2018/03/9.html）。

出資会社の設立は，2社の中国スマート製造市場の開拓に向けた協業の新たなステージとして位置付けられている。

　富士通は同社が持つIoT，ビッグデータ，AIなどのICT（情報通信技術）と上海儀電集団が持つ80年を超える製造現場で培ったノウハウを結びつけ，中国の製造業に向けトータルソリューションを提供することにより，顧客の製造の最適化，工場効率化，きめ細かい製造管理によるコスト削減の実現を目指している。

　また，スマート製造エコシステムの構築を通じて，中国におけるスマート製造分野の業界標準の確立と模範企業になることを目指し，「中国製造2025」の実現に貢献していく意向も示している。

　日立製作所は2018年9月，騰訊控股（テンセント）と戦略的提携することで合意した[21]。今回の合意に基づき，日立グループとテンセントは，長期的な提携関係のもと，スマートシティの構築や製造・物流分野のスマート化など，さまざまな事業分野でのIoT化に向けて，両者が有する技術・資源を活用し，新たな市場開拓に協力していくとしている。

　日立は，長年培ってきたITとOT（制御・運用）の経験・ノウハウを有し，スマートシティやスマートビルディングなどの分野におけるトータルソリューションを提供することができる。他方，テンセントは，テンセントクラウドなどのIoTに関する先進技術を開発した実績を有している。日立とテンセントは，昇降機や空調設備などの製品や生体認証技術などに，テンセントのIoTシステムを導入する検討を進めており，さらに今後，健康養老やスマート製造，スマート物流，法人向けアプリケーション「WeChat（企業微信）」[22]の展開に向けた技術交流・協力を実施していくことを計画している。

---

(21) 日立製作所プレスリリース（2018年9月10日）（http://www.hitachi.co.jp/New/cnews/month/2018/09/0910b.html）。
(22) 2012年テンセントが企業向けにリリースしたSNSアプリケーション。

② 地方政府との連携事例

　日立製作所は地方政府との連携も推進している。2018年8月，四川省と産業・流通，ヘルスケア，アーバン分野におけるデジタル化について協力していくことで合意した(23)。今回の合意に基づき，日立グループは今後，四川省の経済・情報化委員会の指導の下，産業・流通，ヘルスケア，アーバン分野におけるデジタル化を四川省の関連企業および機関と協力し，積極的に活動していくとしている。

　日立は現在，中国西南部を中心に，昇降機やエレクトロニクス産業向けの材料および自動車関連部品などの事業を展開している。他方，四川省は電子情報や生産設備製造などの5つの分野における産業を数兆元規模に発展させており，またデジタル経済など新興産業を加え，「『5+1』現代産業体系」(24)の育成を加速している。今回の調印を機に，日立は，中国の対外開放戦略と密に連動し，中国政府・企業との協創をさらに加速することで，美しい中国，健康中国の実現に積極的に関与し，IoTを活用したソリューションを提供することで製造業の高付加価値化と社会イノベーション事業の拡大を図る方針だ。

③ 研究機関との連携事例

　三菱電機は2018年7月，政府直轄の研究機関，機械工業儀器儀表綜合技術経済研究所と「中国製造2025」の実現に向け協力するため，スマート製造の標準化推進に関する戦略的パートナーシップを締結した(25)。三菱電機はこれに先立ち，2017年に同社のFA統合ソリューション「e-F@ctory」(26)のコンセプ

---

(23) 日立製作所プレスリリース（2018年8月30日）（http://www.hitachi.co.jp/New/cnews/month/2018/08/0830a.html）。
(24)「5+1」現代産業体系：2018年6月に四川省が発表した，電子情報，生産設備製造，食品飲料，先進材料，エネルギー・化学の5つの分野における産業を数兆元規模に発展させるとともに，デジタル経済などの新興産業も加えた発展戦略。
(25) 三菱電機ニュースリリース（2018年7月6日）（http://www.mitsubishielectric.co.jp/news/2018/0706.html）。
(26) FA技術とIT技術を活用し，開発・生産・保守の全般にわたるトータルコストを削減するFA統合ソリューション。三菱電機はファクトリーオートメーション（FA）

トに基づいたスマート製造のモデルラインを同研究所の中に設けており，多くの政府関係者が視察している。

戦略的パートナーシップはこうした協力関係をさらに強化するためのもので，今後は，引き続き同社の最新の製品や技術を提供し，同研究所内のモデルラインでエッジコンピューティングやAI（人工知能）など先端技術のスマート製造への適用を共同で検証するとともに，標準化を進め，中国製造業のスマート化拡大を支援する意向を示している。

5. 米中貿易戦争の日中連携への影響

ここまで見てきたように，日中関係が改善し，中国新時代の中で，第三国市場協力やイノベーションが新たな経済協力分野として浮上する中，日本の産業界は中国ビジネスの重要性を再認識する方向に転換しつつあった。

しかし，思わぬ誤算となったのが米中貿易戦争である。中国は現在，最大の貿易相手国である米国との間で貿易摩擦問題を抱えており，相互に追加関税を発動し合う中で，経済は減速傾向を強めている。今後の米中交渉の成り行き次第では中国経済に深刻なダメージを与える可能性もあるだけに，日本企業にとって対中ビジネスの先行き不透明感が増している。

ここでは，米中貿易戦争が日中の企業に及ぼす影響をアンケート調査の結果なども活用しながら検証してみる。

(1)「貿易戦争」は「経済戦争」へエスカレート

米中は現在，相互に追加関税を発動し合うだけでなく，中国企業による対米投資規制の強化という新たなステージへとエスカレートしつつあり，まさに「貿易戦争」から「経済戦争」ともいえる段階に突入している。

事業を切り口として「中国製造2025」に関与しようとしており，2015年12月には，「e-F@ctory」を推進するための組織「e-F@ctory Alliance」の中国版を80社以上の中国企業とともに立ち上げている。

トランプ政権が通商法301条に基づき，中国からの輸入品に対して制裁措置を発動する目的は，中国の技術移転に関する法令や政策および慣行の是正とされる。2018年3月22日付で公表された米通商代表部（USTR）による301条の調査報告書には，発動の根拠となった中国政府の法令・政策・慣行が明記されている。報告書は「中国製造2025」において，中国企業が占めるべきシェアの目標値を定め，資金援助を含む政策や制度面での権限を用いながら，目標達成に向けて中国企業による海外技術の獲得を支援していることなどを問題点として指摘している。

　2018年8月13日には国防予算の大枠を決める「国防権限法」が可決，同法に盛り込こまれる形で「外国投資リスク審査近代化法」および「輸出管理改革法」も成立しした。前者については，対米外国投資委員会（CFIUS）[27]の権限が強化され，外国企業による対米投資の審査がさらに厳格化されることになった。これについて，CFIUS議長を務めたことがあるクレイ・ローリー氏が10月9日，都内で講演し，権限強化の背景には「中国からの投資急増がある」との見解を示した。さらにローリー氏は，中国企業との合弁企業を持つ日本企業が今後，対米投資を行う場合，CFIUSの審査が厳しくなる可能性も示唆したという[28]。

　他方，後者については，既存の輸出規制でカバーしきれない「新興・基盤技術」のうち，米国の安全保障にとって必要な技術を輸出規制対象とすることなどを定めている。これらの措置は，「将来の技術覇権を狙う中国を念頭に置くが，規制の対象国に線引きはない」とされるだけに[29]，その影響は中国以外の企業にも及ぶことが懸念されている。

---

(27) 財務省や国防総省などが管轄する独立機関で，外国企業の対米投資を審査する。安全保障上のリスクがあると判断すれば，大統領に投資中止を勧告できる。
(28) ジェトロ「ビジネス短信」2018年10月10日（https://www.jetro.go.jp/biznews/2018/10/503d6870f88a05f4.html）。
(29) 日本経済新聞，2019年1月11日。

（2）アンケート調査にみる貿易戦争の日中企業への影響

　米中貿易戦争は日中の企業にどのような影響を与えているのか。前述の日本経済新聞の「日中韓経営者アンケート」を基に見てみよう。2019年のビジネスの不安要因について尋ねたところ，日本は「米中の保護貿易主義の強化」が67.0％と最も多く，次いで「中国の経済成長の鈍化」が50.0％で2位となり，この2項目が多かった。他方，中国は「中国の経済成長の鈍化」が68.5％と最も多く，次いで「人件費の上昇」が50.0％で，この2項目が多い結果となった（図表10-16）。

　また，米国の自国優先政策と米中間の貿易摩擦が自社の経営に及ぼす「今まで」および「今後」の影響について聞いたところ，日本は「さほど影響はない」との回答が今までは63.5％を占めたが，今後については11.9％と大幅に減少する一方，「若干悪影響を及ぼす」との回答は36.5％から77.4％に上昇した。

　中国も「さほど影響はない」との回答が31.5％から17.7％に減少する一方，「若干悪影響を及ぼす」が45.2％から57.3％へ上昇した（図表10-17）。

　さらに，貿易摩擦が最も大きな影響を及ぼす分野について尋ねたところ，日本企業の回答は「関税引き上げによる売上・利益減少」（32.2％）が多く，次いで「為替」（16.0％），「保護主義の拡大によるグローバル戦略の修正」（13.6％）となっている（図表10-18）。なお，日本企業の回答では「その他」との回答が34.5％と最多となっている。日本経済新聞ではその内容については聞いていないが，筆者が日本企業にヒアリングしたところでは，「貿易摩擦の悪化（長期化）による世界経済の悪化」など，マクロ的な懸念を指摘するところが多かった。

　貿易摩擦が大きな影響を及ぼす関税引き上げに対して，関税品目を扱う日本企業の主な対応としては，「生産地や調達の切り替え」など4項目が挙げられる（図表10-19）。具体的な生産地や調達の切り替えの事例としては，三菱電機が米国に輸出する一部の工作機械の生産を中国から日本の名古屋製作所に移

【図表10-16】貿易摩擦が最も大きな影響を及ぼす分野

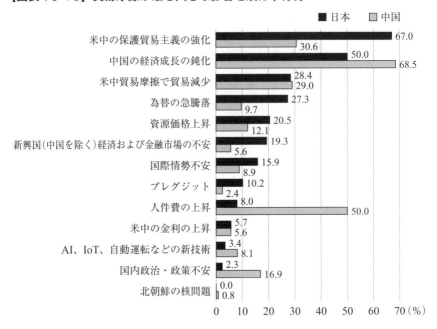

出所：図表10-12に同じ。

した事例などが報じられている[30]。同社は、米国向け輸出のうち放電加工機は7割、レーザー加工機は3割を大連で生産していたが、米国の追加関税の対象となったため、中国での生産は不利になると判断したという。なお、同社を含む生産地や調達の切り替えの事例を報道から整理したのが図表10-20である。

他方、中国企業は「保護主義の拡大によるグローバル戦略の修正」が58.5%と6割近くに達し、最多となった。人件費を始めとしたコストの上昇を背景に、労働集約型の企業は生産拠点を他の開発途上国にシフトする動きが出ていたが、追加関税の回避を目的に、こうした企業が中国からの移転をさらに加速させる可能性がある。

---

[30] 日本経済新聞、2018年8月29日。

第10章　新しい情勢下での日中の産業補完と企業連携の展開

【図表10-17】米中貿易摩擦が自社の経営に及ぼす影響

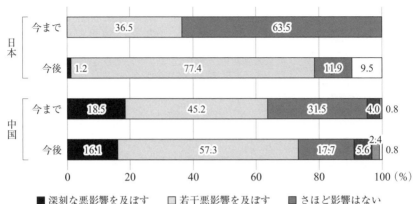

出所：図表10-12に同じ。

【図表10-18】貿易摩擦が最も大きな影響を及ぼす分野

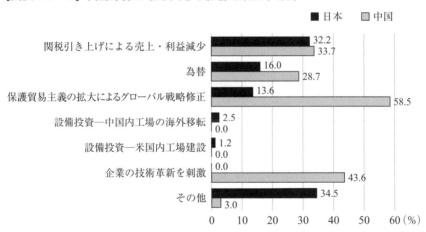

出所：図表10-12に同じ。

【図表10-19】関税品目を扱う日本企業の主な対応

生産地や調達の切り替え	製造拠点を米国や中国から，日本国内や第三国に変更
現地生産を拡張	米国や中国の生産拠点を拡張や新設する。即時対応は難しい
適用除外の申請	関税の適用除外を米政府に申請できる。申請は毎年必要で，許諾取得には時間もかかる
関税を支払う	負担額が比較的軽微な場合や代替コストが多大な場合は関税支払いも

出所：日本経済新聞，2018年8月28日。

【図表10-20】日本企業の生産地や調達の切り替えの事例

企業名	対応策
三菱電機	米国輸出向け放電加工機とレーザー加工機の生産を大連から名古屋製作所に変更
旭化成	米国向けの樹脂原料の生産を中国拠点から水島製造所（岡山県倉敷市）に切り替え
コマツ	米国で生産する油圧ショベルで，中国で生産していた一部の溶接部品などを米国や日本，メキシコなどに移管
アイリスオーヤマ	米国向けの空気清浄機や扇風機などの家電の生産を，19年に完成予定の韓国工場に移管
東芝機械	米国向け射出成型機の生産を上海から沼津やタイに移管
スター精密	米国向け工作機械の生産を大連からタイに移管する方向で検討
日本プラスト	追加関税が課される米国向け金型の値下げを中国メーカーに要請するとともに，調達先の変更も検討
村上開明堂	中国から調達している米国工場向け部品を北米調達に切り替えることを検討

出所：日本経済新聞，2018年8月28日，8月29日，10月6日を基に作成。

次いで挙げられたのが「企業の技術革新を刺激」（43.6％）であった。米国が中核部品を中国に輸出できないように規制を強化したり，技術獲得を目的とした対米投資を制限することが却って中国があらゆる手段を利用して「国産化」に走ることを加速化する側面もあることがうかがわれる。

(3) 懸念されるGVCへの影響

貿易摩擦が大きな影響を及ぼす分野について，日中の企業が「保護主義の拡

大によるグローバル戦略の修正」を挙げている背景にあるのが「グローバル・バリュー・チェーン」(GVC)の拡大である。

近年の生産工程は,一国だけで完結することは少なく,国を跨いで国際分業を行うGVCが拡大している。先進国企業は,安価で豊富な労働力といった新興国の優位性を活かした生産を行うべく,直接投資を通じた工程間分業を進めてきた。これがGVCを発展させ,ひいては貿易を拡大させてきたのである。中国も海外から調達した部品を組み立て,最終市場へ輸出を行う「世界の工場」としての位置付けを高めてきた。2018年の中国の対外貿易のうち,輸出の41.7%,輸入の43.6%は中国に進出した外資系企業によるものである。

追加関税の対象品目には,半導体など多国籍企業の「グローバル・バリュー・チェーン」(GVC)に関わる部品・素材や製品も含まれている。このため,追加関税の発動は,米中企業のみならず関係国の企業にも打撃を与えつつある。

米国と中国は世界第1位と2位の経済大国であり,GVCの拡大の中で,両国の貿易・投資は関係国も含めて複雑に絡み合い,相互依存も深まっている。こうした中で,米中貿易戦争が長期化すれば,その打撃は両国のみならず,世界中に拡大することは確実といえる。しかし,問題の本質は貿易不均衡の是正ではなく,次世代のハイテク産業をめぐる米中の覇権争いであるだけに,双方は簡単には妥協できないだろう。

6. むすび―米中貿易戦争をめぐる今後の焦点

米中貿易戦争の行方は不透明だが,日本にとって米中両国はともに経済的には重要なパートナーであり,基本的にはニュートラル(中立的)なスタンスを保持すべきである。米国の味方も中国の味方もせず,国際ルール(WTOルール)にのっとった対応を訴えていくことが肝要といえよう。

とはいえ,経済の理屈だけでは動かないのが政治・安全保障の世界だ。今後の焦点としては,「米中を中心としたグローバル経済のブロック化」が懸念さ

れる。トランプ政権は国防権限法を根拠に，華為技術（ファーウェイ），中興通訊（ZTE），海能達通信，杭州海康威視数字技術，浙江大華技術を対象に，2019年8月13日以降，この5社の製品やその部品を組み込んだ製品を政府調達から排除することを決定した。2020年8月13日以降は，5社の製品やサービスを社内で使用している企業も政府調達から排除する方針を打ち出している。米国政府は同盟国政府に対しても，安全保障上の理由から中国製品の使用を避けるよう強く要請したとされる。

日本経済団体連合会（経団連）の中西宏明会長は，「技術覇権の問題は関税の引き上げとは違った類いの争いだ。特にファーウェイについては，関連する企業への波及が出てくる。グローバル経済のブロック化が生じる。過去に米国はこういう手を何度も打った。日本経済の強みをどういう形でどう発揮するのか。高らかに宣言してやらないと変なことになる」と述べている[31]。

今後，米国が各国の政府や企業に対して，どの程度まで同調するか否かの選択を迫ってくるのか，また，米国が中国への輸出・技術供与の制限や中国製品使用の抑制をどの程度求めてくるのか，が懸念されるところである。米中を中心としたグローバル経済のブロック化がさらに進展するようなことがあれば，日本企業は非常に難しい立ち位置を求められることも予想されるだけに，今後の動向を慎重に注視していくことが重要だと考える。

【参考文献】
経済産業省（2018）「通商白書2018」2018年7月
国家発展改革委員会，外交部，商務部（2015）「シルクロード経済帯と21世紀海上シルクロードの共同建設推進のビジョンと行動」2015年3月（http://www.ndrc.gov.cn/gzdt/201503/t20150328_669091.html）
国際協力銀行（2018）「わが国製造業企業の海外事業展開に関する調査報告―2018年度海外直接投資アンケート調査結果（第30回）」2018年11月26日
国務院（2015）「『中国製造2025』に関する通知」2015年5月（http://www.gov.cn/

---

[31] 日本経済新聞，2019年1月1日。

zhengce/content/2015-05/19/content_9784.htm#）
日本貿易振興機構（ジェトロ）（2018）「2017年度日本企業の海外事業展開に関するアンケート調査」（ジェトロ海外ビジネス調査）2018年3月
日本貿易振興機構（ジェトロ）（2018）「ジェトロ世界貿易投資報告2018年版」2018年7月
日本貿易振興機構（ジェトロ）（2018）「2018年度アジア・オセアニア進出日系企業実態調査」2018年12月
真家陽一（2018）「産業高度化に向けた政策の潮流―国家戦略「中国製造2025」の動向」（服部健治・湯浅健司・日本経済研究センター編著『中国創造大国への道―ビジネス最前線に迫る』）文眞堂，2018年6月
真家陽一（2018）「米中経済の相互依存関係を踏まえた貿易戦争の現状と今後の展望」『CISTECジャーナル』2018年9月

真家陽一

索　引

あ行

IC（集積回路）　107
曖昧な制度　163
アウトソーシング的イノベーションシステム　183
アダム・スミス　293
アリババ　2, 39
委託設計　116
一汽グループ　117
一帯一路　27, 30, 53, 82, 156, 332, 334, 335, 337, 338
イノベーション　22, 23, 25, 26, 27, 56, 64, 69, 190, 198, 225, 318, 320, 329, 331, 333, 334, 338, 343
イノベーション力　224
インキュベーター　85
インダストリー4.0　306
エクイティファイナンス　18
エマージング技術　230
エクソン・フロリオ条項　217
エンゲル係数　271, 272

か行

ガーシェンクロン・シュンペータージレンマ　167
外国投資リスク審査近代化法　230
開発コスト　138
革新的な駆動戦略　59
革新モデル　116
課題先進国　334
GATT　220, 222, 224, 225
株の持ち合い　215
河北鉄鋼集団　28, 29

完全競争市場　293
基幹産業　134
企業債務　50, 51
技術覇権　195, 196, 199, 206, 213
技術優位確保戦略　245
供給側構造的改革　308
行政指導　213, 218, 220, 221
競争産業　73
グローバル経済のブロック化　318, 349, 350
グローバルバリューチェーン（GVC）　349
経済成長の新旧動力　59
系列　212, 213, 214, 215, 216
構造改革　213, 214, 217
構造化された不確実性　163, 177, 185
構造調整　189, 215
構造的問題　59
高速鉄道　100
高度成長　263
国際特許出願件数　225
国防権限法　230, 344, 350
国家資本主義　199
固定資産投資　210, 214

さ行

財政赤字　210, 218
サブプライム（問題）　189, 218
サプライサイド（の改革）　189, 214, 218
サプライチェーン　136
三去一降一補　1, 13, 190, 214
産業構造と消費構造　268, 270, 273
産業高度化　5
産業システム　307

産業進化に逆行する貿易戦　305
産業政策　199, 207, 213, 218, 221, 222
山寨携帯　161, 165, 184
「散乱汚」企業　79
CA-PDS　138
吉利汽車　119
シェアリング経済　32, 33, 34
自主イノベーション（自主創新）　99, 169, 173, 183, 186
自主開発　156
自主開放　121, 122, 123
自主保障　96, 105
市場原理の検討　293
市場参入ネガティブリスト制度　87
市場秩序維持協定（OMA）　277, 282
市場ルールの真相　297
実体経済　68
社会融資規模　206, 212, 214
シャドーバンキング（影の銀行）　198, 215
上海自動車　139
習近平（政権）　54, 55, 291
重厚長大産業　2
消費パターン　260, 269, 271, 274
小米科技　44
所得分配政策　260, 282
新旧駆動能力　84
新興産業　198, 213, 217
人工知能（AI）　108, 226
垂直分裂　165, 183
スマート製造　339, 340, 341, 342, 343
生産誘発効果　275
製造業回帰　77
製造強国（化）　94, 224
成長寄与度　265
製品開発能力　118
潜在的競争産業　76
接続産業連関表　265, 266, 280

先進国への直接投資・M&A　44
戦略的新興産業　5, 85, 97
相関関係　210, 212, 214, 215
"双創"　85
ゾンビ企業　1, 18, 19, 20, 47, 86

た行

第5世代（5G）　43, 107, 227, 226
第三国市場協力　318, 320, 329, 330, 331, 332, 333, 334, 335, 336, 337, 338, 343
第二世代イノベーション　161, 166, 167, 175, 177, 184
対米外国投資委員会（CFIUS）　344
対米輸出超過　291
WTO　286, 290
地域発展の格差　40, 42
地方融資平台（LGFV）　209, 215
中華V7　144
中間所得層（ミドルクラス）　258, 259, 260, 264, 276, 282
中興通訊（ZTE）　182, 227, 230, 288
中国債務のわな　338
中国製造2025　22, 35, 44, 93, 187, 181, 225, 229, 250, 285, 290, 334, 339, 340, 341, 342, 344
中国製造2025重点領域技術ロードマップ　103
中所得国の罠　257, 262
中米貿易　287
超LSI　239
超LSI研究プロジェクト　211, 214, 222
通貨供給量（M2）　212
通商法（スーパー）301条　201, 207, 215, 219, 224, 225, 229, 247, 344
通商法232条　247
DRAM　208, 211, 214, 215, 216, 218, 220, 236, 242

353

デジタル経済　10, 36, 43
デレバレッジ　3, 5, 189, 191, 192, 209, 218
天安門事件　1, 3
電子制御システム　139
独占禁止法　204, 214, 216, 218, 220, 221
都市化率　41, 42
トランプ政権　91, 289

な行

内外需両輪型成長　257, 260
ニーズの限界　299
ニーズ無視の貿易戦争　300
二次開発　146
二重構造　2, 39
二重の不確実性　162, 177
日米構造協議　203, 221
日米ハイテク（貿易）摩擦　223, 231, 235, 252
日米半導体摩擦　203, 207
日米半導体交渉　247
日米貿易摩擦　257, 277
日中首脳会談　318, 329, 330, 331, 333, 334
日本異質論　213, 241
日本型経済システム　243
ニューノーマル　1

は行

バーチャル経済　68, 69
ハイエンド産業　69, 314
ハイテク産業　66
ハイテク摩擦　195, 196, 203, 204, 207, 219, 223, 224, 225

半導体貿易協定　215
BAT（バイドゥ，アリババ，テンセント）　338
BMW　117
華為技術（ファーウェイ）　91, 92, 195, 199, 202, 227, 230
VRC　129
平行輸入車　150
米中技術覇権の争い　45
米中ハイテク摩擦　223, 235, 248, 252
米中貿易戦争　317, 318, 332, 343, 345, 349
米中貿易摩擦　3, 5, 8, 9, 189, 190, 214, 220, 282
ペンス副大統領　91, 97
包　164, 177, 183

や行

USMIT　153
輸出管理改革法　230
輸出自主規制（VER）　203, 224, 277, 282
輸出主導型成長　257, 260
輸入自主拡大　216, 220
4つの開発経路の比較　123

ら行

理財商品　204, 206
労働者の配置転換
ローエンド産業　69
ロードマップ　103, 104
ロボット　109

【著者紹介】

郭　四志（かく　しし）……………………………… 全体編集；はしがき，第1章執筆

帝京大学経済学部教授

1999年，法政大学大学院社会科学研究科博士後期課程修了（経済学博士），東京大学社会科学研究所外国人研究員。2001年，日本エネルギー経済研究所研究員2003年，同主任研究員，2008年，同研究主幹。現在，帝京大学経済学部・大学院経済学研究科教授。専門は国際経済，中国経済，エネルギー経済。著書に，『日本の対中国直接投資』（明徳出版社1999年），『中国石油メジャー』（文眞堂2006年），『中国のエネルギー事情』（岩波新書2011年），『中国原発大国への道』（岩波ブックレット2012年）『中国経済の新時代：成長パターンの転換と日中連携』（共著；文眞堂2017年）など。

付　保宗（FU BAOZONG）……………………………………………………… 第2章執筆

国家発展改革委員会産業経済・技術経済研究所工業研究室主任，研究員

2001年，東北財経大学卒，経済学修士号取得。2001年～2004年国家計画委員会経済導報社勤務。2007年，中国社会科学院大学院修了，経済学博士号取得。2007年～現在，国家発展改革委員会産業経済・技術経済研究所にて産業経済，産業政策，産業競争力などの研究に従事。またドイツのUniversity of Trier（German: Universität Trier）と韓国対外経済政策研究院の客員研究員を歴任。著書に，『中国工業発展の段階的変化』（経済科学出版社2017年），『中国経済の新時代：成長パターンの転換と日中連携』（共著；文眞堂2017年），「供給側構造性改革摘基本理論内含和逻輯」，宏観経済管理』2017年9月，「協同発展摘産業体系内含与特徴—基於実体経済，科技創新，現代金融，人力資源的協同機制』『経済縦横』2018年12期（共著）など。

丸川　知雄（まるかわ　ともお）……………………………………………… 第3章執筆

東京大学社会科学研究所教授

1987年，東京大学経済学部経済学科卒，アジア経済研究所に入り2001年まで所属。1991～1993年に中国社会学院工業経済研究所客員研究員として中国に駐在。2001年，東京大学社会科学研究所助教授となり，2007年から教授。専攻は中国経済。著書に，『現代中国の産業』（中央公論新社2007年），『労働市場の地殻変動』（名古屋大学出版会2002年）（2003年度大平正芳記念賞受賞），『現代中国経済』（有斐閣2013年），『チャイニーズ・ドリーム』（筑摩書房2013年），『中国経済の新時代：成長パターンの転換と日中連携』（共著；文眞堂2017年）など多数。

趙　英（ZHAO YING）……………………………………………第4章執筆

中国社会科学院工業経済研究所研究員・教授
1982年，北京放送学院（現在の中国伝媒大学）新聞系卒。1984～1994年，中国教育報記者，中国汽車工業公司政策研究室研究員，工業経済研究所研究員等を歴任。1995～1998年，『経済管理』雑誌副編集長，社長。1998～2013年，中国社会科学院工業経済研究所工業発展室主任・研究員，大学院教授などを歴任。2000～2001年日本貿易振興会（ジェトロ）アジア経済研究所客員。主要研究分野は国家安全戦略，産業経済。
著書に，『中国産業政策実証研究』（中国社会科学文献出版社2000年），『中国製造業技術標準と国際競争力研究』（経済管理出版社2008年），『中国産業政策変動趨勢実証研究（2000～2010）』（経済管理出版社2012年），『新能源汽車合資需要慎重斟酌』（中国社会科学院参閲研究報告2017年），『中国経済の新時代：成長パターンの転換と日中連携』（共著；文眞堂2017年），「従行走的機器到行走的機器人」『汽車人』2018年2月，「迈向汽車強国还有哪些软肋」『破晓—中国汽車品牌向上実録』（人民日報出版社2018年）など。

三竝　康平（みつなみ　こうへい）……………………………………………第5章執筆

帝京大学経済学部講師
2015年，神戸大学大学院経済学研究科博士課程後期課程修了，博士（経済学）。著書に，中兼和津次・三竝康平「民営化，市場化と制度化の連鎖関係—民営化は市場の発展に必要か」加藤弘之・梶谷懐編著『二重の罠を超えて進む中国型資本主義—「曖昧な制度」の実証分析』第7章（ミネルヴァ書房2016年）など。

邵　永裕（しょう　えいゆう）……………………………………………第6章執筆

金融機関エコノミスト
1995年，京都大学大学院経済学研究科修士課程修了（経済学修士）。2001年，東京大学大学院総合文化研究科博士課程単位取得退学。2007年，東京大学博士（学術）学位取得。2001年から現職，中国経済・産業調査・研究に従事。専門は中国経済・産業及び地域政策。著書に『中国の都市化と工業化に関する研究：資源環境制約下の歴史的・空間的展開』（多賀出版社2012年），「国際金融危機下における中国金融政策の展開」福井県立大学編『東アジアと地域経済2009』（京都大学出版会2009年），『中国経済の新時代：成長パターンの転換と日中連携』（共著；文眞堂2017年）など。

堀内　英次（ほりうち　えいじ）……………………………………第7章執筆

帝京大学経済学部准教授
1994年，一橋大学経済学研究科博士課程単位取得退学。帝京大学講師，帝京大学非常勤講師，武蔵大学非常勤講師，一橋大学COE研究員を経て，2008年より現職。博士（経済学）。専攻は国際経済学，産業政策。論文，著作はEiji Horiuchi, Jota Ishikawa, "Tariffs and Technology Trans-fer through Intermediate Product" 2009年｜Review of International Economics 17(2), 310-26,「南北合弁企業における所有比率規制と参入促進政策」COE/RES Discussion Paper Series No.266, 一橋大学『中国経済の新時代：成長パターンの転換と日中連携』（共著；文眞堂2017年）など。

長田　博（おさだ　ひろし）……………………………………第8章執筆

帝京大学経済学部教授
1972年，名古屋大学大学院経済学研究科修士課程修了。1972年，アジア経済研究所入所。1991年，名古屋大学大学院国際開発研究科助教授。1996年，名古屋大学大学院国際開発研究科教授。1999年～2002年，名古屋大学大学院国際開発研究科長。2012年，帝京大学経済学部経済学科教授。博士（経済学）。専攻分野は開発経済学，国際経済学。特に開発途上国のマクロ経済運営，および対外経済政策。対象地域は主に東アジア，特にインドネシア。著書に，『グローバリゼーションと開発』（共著；勁草書房2009年），『アジア経済論（新版）』（共著；NTT出版2001年），『中国経済の新時代：成長パターンの転換と日中連携』（共著；文眞堂2017年）など。

趙　儒煜（ZHAO RUYU）……………………………………第9章執筆

中国吉林大学北東アジアセンター教授・副センター長
1996年，吉林大学経済学院卒（経済学博士）。2000年～2009年，環日本海経済研究所（ERINA）客員研究員，西南学院大学経済学部客座教授，ハーバード大学Fairbank Center客員研究員を歴任。著書に『破壊から共生へ：東北地域産業技術システム変革道路研究』（吉林大学出版2008年），『中国産業競争力報告』（吉林大学出版社2008年），『中日産業発展比較』（吉林大学出版社2008年），『誰決定栄衰―産業構造演進与経済増長』（中国経済管理出版社2017年），『中国経済の新時代：成長パターンの転換と日中連携』（共著；文眞堂2017年），『智人時代―予期支配的市場原理』（吉林大学出版社2018年）など。

真家 陽一（まいえ よういち） ………………………………………… 第10章執筆
名古屋外国語大学外国語学部教授（前ジェトロ北京事務所次長）
1985年，青山学院大学経営学部卒業。銀行系シンクタンク等を経て，2001年，日本貿易振興会（ジェトロ，現・日本貿易振興機構）入会。海外調査部中国北アジア課上席課長代理を経て，2004年4月，北京事務所次長（調査担当）。2009年1月，海外調査部中国北アジア課長。2014年4月より再度，調査担当次長として北京事務所に勤務。2016年9月より現職。専門は中国のマクロ経済，中国の経済産業政策，日本企業の対中ビジネス戦略。著書に『米金融危機が中国を変革する』（毎日新聞社2009年），『中国改革の深化と日本企業の事業展開』（編著；日本貿易振興機構2014年），『中国経済の新時代：成長パターンの転換と日中連携』（共著；文眞堂2017年）など。

2019年4月30日　初版第1刷発行

米中摩擦下の中国経済と日中連携
──産業高度化及び日中産業・ビジネス連携の新動向──

　　　　　　　　　　　　　　Ⓒ編著者　郭　　四　志
　　　　　　　　　　　　　　　発行者　脇　坂　康　弘

発行所　株式会社　同友館

〒113-0033 東京都文京区本郷3-38-1
TEL.03（3813）3966
FAX.03（3818）2774
https://www.doyukan.co.jp/

落丁・乱丁本はお取り替えいたします。
ISBN 978-4-496-05414-3

三美印刷／東京美術紙工
Printed in Japan

本書の内容を無断で複写・複製（コピー），引用することは，
特定の場合を除き，著作者・出版社の権利侵害となります。